아함경으로 배우는 불교

비는 불교에서 짓는 불교로
아함경으로 배우는 불교

반영규 지음

도서출판 **솔바람**

머리말

　이 세상에는 수많은 종류의 생물이 살고 있지만, 스스로 공작工作을 하고 사색을 하여 삶을 보다 편리하고 풍요롭게 하는 생물은 인간 밖에 없을 것이다. 물론 나뭇가지를 꺾어다 둥지를 틀거나 진흙을 물어다가 보금자리를 만드는 생물이 없지는 않으나 그들은 그 이상의 것은 하질 못한다.
　인간도 그러했었다. 다른 생물들처럼 겨우 보금자리나 만들고 사냥으로 근근이 연명하면서 종족을 보전保全하는 본능적인 삶을 살았으나, 차츰 지능이 발달하여 사고하는 능력이 생기게 되고 언어를 구사하며 갖가지 도구를 만들고 불을 쓸 줄 알게 되면서 문명해지기 시작했다. 그리하여 오늘날에는 그야말로 꿈같은 세상에서 살고 있다.
　그러나 삶이 편해지고 문명해질수록 세상은 복잡해져서 옛날처럼 단순하고 한가롭지 못하고, 편안해진 만큼 몸은 나약해지고 정신적으로는 감당하기 어려울 정도로 고단해졌다. 현대인들은 이런 아이러니 속에서 살면서 차츰 아름답고 풍요로웠던 정서를 잃어버리고 그야말로 본능과 기능만을 지닌 인공 로봇 같은 기계로 전락하고 말았다.
　따라서 편리해진 기계문명 속에서 하루하루를 본능적인 향락이나 즐기려는, 이른바 세기말적인 현상이 그 어느 때보다도 두드러져서 윤리니 도덕이니 하는 말은 이제 화석이 되어가고 있다.
　그래서 많은 사람들이 삶의 목적도 방향도 모두 상실한 채 갈등 속에서 방황하거나, 고도로 발전한 문명의 소용돌이에 밀려 정처없이 표류하게 되었다. 진정한 삶의 목적은 무엇이며, 삶의 보람은 무엇일까? 어떻게 사는 것이 올바른 삶의 길인가?

참다운 인생을 살고자 하는 이, 또는 이미 불교에 입문했으나 아직 분명하게 이해하지 못하고 있는 이, 불교가 너무 복잡해서 이해하기 어렵다고 생각하는 이, 처음으로 불교를 알고자 하는 이들을 위해, 가장 초기에 성립된 경전인 《아함경》阿含經에 있는 석가세존의 생생한 육성을 통해 그 해답을 찾아보고자 하는 것이다.

본래 전문적으로 불교를 연구한 불교학자도 아닌데다가 그렇다고 철저하게 불교수행을 한 불자도 아니면서 이런 치기稚氣를 부리는 것은 오로지 불교를 알게 된 뒤로 세존께서 우리에게 설하신 그 메시지에 많은 감동을 받았기 때문이다.

또한 사람들이 세존의 가르침대로 살아간다면 작게는 개인의 행복에서부터 크게는 한 사회 한 국가 더 나아가 전 인류가 안락하고 평화롭게 살아갈 수 있을 것이라는 것을 확신하게 되어, 아는껏 세존의 가르침을 전해주어야겠다고 생각하게 된 것이다.

더러 세존의 참뜻을 잘못 이해했거나 엉뚱하게 이해한 점도 없지 않아 있을 것이며, 또 불교학자나 스님들이 보기에 치졸한 점도 있을 것이다. 불교를 아끼는 한 사람의 치기로 너그러이 보아 주시고 많은 가르침을 베풀어 주시기 바란다.

이 한 권의 책으로 불교를 이해하기란 거의 불가능하겠지만 가장 기본적인 불교교리를 이해하고 다음 단계로 나아가는, 말하자면 불교의 입문서가 될 수 있기를 바라는 바이다.

요즘같이 어려운 때에 기꺼이 이 책의 출판을 맡아주신 도서출판 솔바람의 동출스님과 직원 모두에게 깊은 감사를 드린다.

불기 2553(2009)년 2월

쇠귀골에서
도하 반 영 규 합장

차 · 례

서·장
아함경으로 불교를 배우려는 까닭
1. 불교란 어떤 종교인가? · 11
2. 왜 아함경으로 배우려는 것인가? · 25
3. 아함경의 기본사상 · 33

제·1·장
불교의 역사와 기본사상
1. 불교의 시작 · 45
2. 불교교단의 성립 · 48
3. 불교의 발전 · 51
4. 대승불교 · 53
5. 인도의 말기불교 · 57

제·2·장
붓다가 본 인간
(五蘊)
1. 어린 인간, 성숙한 인간 · 61
2. 오온으로 이루어진 인간 · 64
3. 무거운 짐을 벗어라(일체개고) · 78
4. 네 가지 성스러운 진리(사성제) · 86
5. 행복으로 가는 길(팔정도) · 98

제·3·장
존재의 법칙
(緣起法)
1. 이것이 있으므로 저것이 있고(상의성) · 109
2. 두레박 없는 우물(아라한) · 126
3. 부처가 세상에 나오건 나오지 않건 정해진 법 · 131
4. 고가 생기는 것, 고를 없애는 것 · 134
5. 등잔불의 이치 · 146

제·4·장
우리가 사는 세상
(世間)
1. 윤회하는 인간의 세계 · 155
2. 세계는 위태롭고 약하며 무너지는 것 · 160
3. 무엇이 이 세상을 움직이나 · 169

4. 거북이의 교훈 · 179
5. 섶나무가 다하면 불은 꺼진다 · 185

제·5·장
지혜로운 삶
(깨달음)

1. 범부와 지혜있는 사람의 차이 · 197
2. 나무토막을 서로 비비면 불이 일지만 · 205
3. 마음을 성찰하는 법을 설하소서 · 213
4. 광대가 죽으면 천계에 난다고 하는데 · 220
5. 물에 던진 기름항아리 · 228

제·6·장
저 언덕으로 가는 사람
(修行)

1. 눈 먼 거북이의 항해 · 247
2. 강심으로 흘러가는 나무 · 252
3. 다섯 뿌리 · 261
4. 스스로를 의지하라 · 269

제·7·장
다함께 불도를
성취하고지고
(廻向)

1. 이 공덕을 모든 사람에게 · 279
2. 더불어 살려면 · 289
3. 어둠의 사람, 밝음의 사람 · 299
4. 굶주려 여위었을 때는 먹으면 되듯이 · 305

제·8·장
모든 사람의 행복을 위해
(밭을 가는 농군처럼)

1. 어떤 빛이 으뜸인가 · 317
2. 밭을 가는 농군처럼 · 328
3. 진정한 공덕을 지으려면 · 336
4. 좋은 벗은 수행의 전부다 · 340

맺·는·말

맺는말 · 353

일·러·두·기

* 본문 중에 나오는 경 이름·책 이름 등은 《 》로 묶었음.
* 경 이름 다음의 제목에 붙인 번호, 예를 들면 《잡아함경》〈일체〉―切 : 12-319의 12-319는 동국역경원에서 간행한 한글대장경 《잡아함경》 중의 12권 319경을 나타낸 것임.

서 장

아함경으로 불교를 배우려는 까닭

서 장
아함경으로 불교를 배우려는 까닭

1. 불교란 어떤 종교인가?

불교란 어떤 종교인가?
 일반적으로, 불교는 복이나 비는祈福 미신이며 허무주의 · 은둔주의라고 생각하기 쉽다. 심지어 어떤 사람은 무속巫俗과 다를 바 없는 종교라고 생각하는 사람도 있다. 이는 불교를 바르게 알지도 못하면서 단편적이고 피상적인 편견을 가지고 자의恣意로 판단한 결과다.
 물론 오늘의 불교현실이 그런 오해의 소지를 지니고 있는 것도 사실이지만 이는 종교의 속성상 부득이한 일면이기도 하다. 또 토속신앙이 부분적으로 혼합되어 자칫 불교가 미신인 것처럼 잘못 알게 된 탓도 있을 것이다.
 더구나 광복 이후 서구문물을 지나치게 과대평가한 반면 면면히 이어져 온 전통을 지나치게 폄하貶下한 데에 기인한 문제점이기도 하다. 서구의 문물은 무조건 우월하고 서구의 학문을 해야만 선진적인 문화인이 된다고 생각한 데서 비롯된 편견이다.

게다가 우리말로 된 불교가 없었던 것도 그런 편견의 보편화에 일조를 한 것이 사실이다. 불교용어 자체가 범어의 음사音寫 아니면 한자어인데다가 그나마 우리말로 번역된 불교서적이 거의 없었으니 일반 대중이 감히 들여다볼 엄두도 못냈던 것이다.

그래서 일반인들에게 불교는 그저 너무 어렵고 현학적이며, 게다가 경전도 하도 많아서 무엇부터 어떻게 공부해야 하는지 통 갈피를 잡을 수 없는 그런 종교였다.

또 한 가지 이유를 든다면 불교의 역사가 오래된 만큼 지역적으로도 광범위한데다가 그 갈래도 매우 복잡하고 다양하여 마치 우거진 숲에 들어가면 헤매기 일쑤인 것처럼 바른 길을 찾아 공부하기가 어려운 점도 한 몫 했다고 생각된다.

그러나 정작 관심을 가지고 불교를 대하면 지레 짐작한 것처럼 철학적이거나 생활과 괴리된 현학적인 종교가 아니며 기복일변도의 미신은 더더구나 아니라는 것도 알게 될 것이다. 불교야말로 과학적이고 자주적이며 지극히 현실적인 생활종교인 것이다.

이 책이 지향하고자 하는 바는 바로 이와 같은 불교의 원래 모습을 보다 많은 사람들에게 알림으로써 불교를 바로 보게끔 하고자 하는 데 있다. 더 나아가 석가세존께서 우리에게 제시하고자 했던 기본적인 메시지가 무엇이었으며 또 걷잡을 수 없이 빠르게 변화하는 현대 물질문명 속에서 자아를 잃고 방황하는 현대인들이 어떻게 하면 마음 편하게, 이웃과 평화롭게 살 수 있는지 그 바른 길을 찾아나서고자 하는 것이다.

그렇다면 불교란 정말 어떤 종교인가?

매우 난삽難澁한 문제다. 한두 마디로는 설명하기 어렵지만 우선 다음과 같은 측면에서 살펴보는 것은 어떨까.

불교에서 독송하는 《무상계》無常戒가 있다. 불교의 사상이 총괄적으로 집약되어 있어 많은 것을 생각하게 하는 글이다.

무상계는 열반에 이르는 문이며	夫無常戒者 入涅槃之要門
고해를 건너는 자비의 배다	越苦海之慈航
그래서 모든 부처가	是故一切諸佛
이 계를 인연하여 열반에 드셨고	因此戒故 而入涅槃
일체의 중생들도	一切衆生
이 계에 의지하여 고해를 건넌다	因此戒故 而度苦海

고 시작되는 이 무상계는

광대한 우주도 겁이 지나면	
괴멸하고 불타버리며	劫火桐燃 大千俱壞
높고 거대하던 수미산도 무너지고	

망망대해도 남김없이 없어지거늘　　　　須彌巨海 磨滅無餘
　　하물며 이 작은 몸이 어찌 생로병사와　　何況此身 生老病死
　　근심 · 슬픔 · 고뇌를 피할 수 있겠는가?　　憂悲苦惱 能與遠違

라고 일깨워 준다. 아무리 견고하고 영원할 것 같은 것도 세월이 흐르면 변화하여 붕괴되고 만다. 단단하다는 돌이나 쇠도 시간 앞에서는 맥을 추지 못하는데, 하물며 인간이 무슨 수로 생로병사의 변화를 피해 존재할 수 있겠느냐는 것이다.

　진秦나라의 시황제始皇帝가 불로초를 구하기 위해 우리 나라에 사람을 보냈었다는 이야기는 잘 알려져 있거니와, 그 시황제가 과연 얼마나 오래 살았던가. 만리장성을 쌓고 천 년 만 년 권력과 영화를 누리려던 중국 전국시대의 영웅 호걸들이 과연 얼마나 오래 살았던가. 저 유럽을 주름잡고 영화를 누렸던 로마제국의 역대 왕들이 과연 얼마나 오래 살았던가.

　인류가 이룩한 불가사의 중의 하나인 이집트의 스핑크스나 피라미트 그리고 수수께끼 같은 잉카문명을 비롯하여 지구상에 남아 있는 갖가지 문명의 유적들은 당시의 찬연했던 영화를 짐작케 할 뿐 다만 세월의 무상함을 일깨워 준다.

　인간이 용케 장수한다 해도 기껏 100년을 넘기기 어렵다. 이처럼 무상한 인생이면서 인간들은 천 년, 만 년이나 살 것처럼 착각을 하고 산다. 그래서 무슨 수를 써서라도 재물을 움켜쥐고 영화를 좇는다.

「죽을 때 재물을 짊어지고 갈 것도 아닌데……」 하면서도 재물에 대한 애착을 버리지 못한다. 재물뿐인가. 권력·명예에 대한 집착도 이만저만이 아니다. 인생을 걸고 집착한다. 그러다가 뜻을 이루지 못하면 세상을 원망하고 괴로워하며 실의에 빠진다.

무상한 인생, 100년도 넘기지 못하는 덧없는 인생인데 재물이나 명예에 생사를 걸고 그토록 집착할 가치가 있는 것일까. 더구나 남에게 극심한 피해까지 입히면서. 그렇다면 되는 대로 살다가 죽으면 그만일까? 자칫 자포자기自暴自棄하거나 염세주의厭世主義나 무기력한 숙명론에 빠질지도 모른다. 그러나

 이 세상의 모든 현상諸行은 무상하나   諸行無常
 이 현상이 바로 생·멸의 이치이므로   是生滅法
 이 생멸을 극복하면   生滅滅已
 바로 열반에 이른다   寂滅爲樂

고 했다. 열반이란 불교가 지향하는 절대행복의 경지다. 비록 짧고 덧없는 인생이지만 그 본질을 명백하게 파악하고 무상에서 벗어나기 위한 노력을 한다면 진정한 절대행복에 이를 수 있다고 깨우쳐 준다. 또

 이 세상 모든 이치의 본 바탕은 본래   諸法從本來
 고요하고 청정하여 때가 없으므로   常自寂滅相

불자들이 부지런히 닦고 닦으면 　　　　　佛者行道已
내세에는 반드시 부처가 된다 　　　　　　來世得作佛

고 했다. 곧 무상에서 벗어나 이 세상에서나 다음 생에서 안락하고 보람있는 삶을 누릴 수 있는 길이 있다는 것을 일깨워 주신 것이다.

그렇다면 인생은 왜 그토록 무상한 것인가. 「오랜 옛적부터 오늘에 이르기까지 무명無明에서 헤어나질 못했기 때문」이라고 했다.

무명이란 글자 그대로 빛이 없는 상태 곧 어둠을 말한다. 여기서 말하는 어둠이란, 인간을 비롯한 모든 존재 그리고 갖가지 현상의 실상實相:眞理을 모른다는 뜻이다.

비록 살아 있는 동안에는 이 무명에서 헤어나질 못했지만 생전에 불법을 바르게 닦았다면, 혹 닦지 못하고 죽었더라도 불법에 따라 장례를 치른다면

이 무명덩어리인
오음五陰:五蘊의 껍질을 벗고 　　　　　脫却五陰殼漏子
밝게 드러난 신령한 의식으로 　　　　　靈識獨露
청정한 불타의 계를 받았으니 　　　　　受佛無上淨戒
이 어찌 통쾌하지 않겠느냐 　　　　　　豈不快哉

며 죽음을 서러워하거나 애석해 하지 말고 오히려 죽음을 계기로 괴로움에서 벗어나(해탈) 열반에 이르도록 하라고 격

려한다.

 이처럼 불교에서는 괴로움에 짓눌리거나 죽음에 쫓기는 것이 아니라 오히려 그 괴로움이나 죽음을 통해 자신의 실체를 정확하게 인식하고 확인함으로써 참다운 행복을 추구하는 계기로 삼으라고 가르친다.

 우리 인간의 처지로서는 죽음이야말로 엄청난 변화다. 그러나 이 엄청난 변화조차도 의연하게 맞아야 한다는 것이다. 과연 그럴 수가 있는 것일까.

 무상계는

```
미묘한 이들 실체는 담연하여
그 어떤 것에도 얽매이지 않으니          妙體湛然無處所
산과 강과 대지 등 대자연 그대로가
바로 본연의 모습일세                   山河大地現眞光
```

라는 게송偈頌;詩으로 끝을 맺었다.

 지구가 속해 있는 태양계를 비롯한 우주의 모든 현상과 이 우주 안에서 살아가는 인간을 비롯한 동·식물의 생태生態 그리고 산·들·바다·사계절의 변화 등 이 모든 현상 그대로가 바로 진리라는 뜻이다. 인간은 이 평범한 진리―지극히 평범하지만 엄연한 진리를 잊고 오로지 삶에 집착한 나머지 삶의 원뜻을 제쳐놓고 하루하루 먹고 사는 데만 골몰하며 살고 있는 것이다.

 산과 들에 자라는 나무 한 그루, 풀 한 포기, 돌 하나, 그 사이를 흘러내리는 물줄기……. 모든 것은 있는 그대로라야 아름답다. 인간이 나무를 옮겨 심고 바위를 날라다 꾸미고……, 아무리 재주를 부리고 꾸며도 자연 그대로의 아름다움을 흉내낼 수는 있어도 자연의 실상을 그대로 재현할 수는 없다. 그래서「산하대지 현진광」인 것이다.

그러나 인간들은 오랜 세월 살아오면서 여러 현상(진리)을 연구하여 꽤 많은 실상을 알아냈다. 인간의 뇌세포가 1조억 개나 되고, 흙 1 g 속에 5천만 마리의 박테리아가 살아 있다는 것도 알아냈다. 달에도 다녀왔고 지금 목성을 향해 탐사위성이 날아가고 있다.

그뿐 아니라 인공적으로 인간의 생명을 잉태孕胎시키기도 하고, 유전자를 조작해서 복제양을 탄생시키기도 했다. 그만큼 비밀스럽던 자연현상이나 생명에 관한 연구가 활발하게 이루어지고 있다.

지금 이 원고도 손으로 일일이 쓰는 것이 아니고 이른바 PC라는 마술상자 같은 기계로 줄줄이 글자를 찍고 있다. 이 원고는 다시 전자조판이라는 과정을 거쳐 조판이 되고 편집이 되어 아주 수월하게 인쇄될 것이고 인쇄물은 자동제본기에서 접지가 되고 표지까지 씌워져 완성된 책이 되어 나올 것이다.

이런 정도는 이제 이야깃거리도 되지 않는다. 인체의 수술도 훨씬 간편하게 한다. 예전에는 배를 가르고 갈비뼈를 자르고 환부患部를 찾아내는 등 메스로 절개하던 큰 수술을, 지금은 아주 정밀하게 만들어진 로보트를 인체에 넣어 레이

저광으로 출혈없이 간단하게 절개한다. 상처도 없다.

그러나 아직도 모르는 것이 얼마나 많은가. 앞으로 인류가 살아가면서 얼마나 더 많이 알아내게 될는지 모르지만, 3천 년 전에 붓다佛陀 샤카무니釋迦牟尼께서는, 우리가 아직도 모르고 있는 이런 신비를 이미 다 꿰뚫어 보았으니 이 얼마나 놀라운 일인가.

이는 결코 견강부회牽强附會하거나 아전인수我田引水격으로 과장한 말이 아니다. 한 예를 들어보자. 신라의 의상 대사는 불교의 우주관을 설한《대방광불화엄경》大方廣佛華嚴經을 요약한〈법성게〉法性偈에서는「한 티끌 안에 시방세계가 들어있다一微塵中 含十方」고 했다.

흙 1g 안에 5천만 마리의 생물이 있다는 사실과 연계해서 생각할 때 '과연' 하고 감탄하지 않을 수 없다. 아주 상식적인 이야기지만, 눈에는 보이지 않아도 현미경으로 보면 그 안에 놀라운 현상이 일어나고 있는 것을 볼 수 있다는 것을 모를 사람은 없을 것이다.

이렇듯 불교에서는 사물을 포함한 모든 현상의 실상을 파악하고, 그런 실상들은 반드시 원인이 있고 조건이 갖추어져서 일어나는 필연生成說이지, 어떤 초월적인 존재의 힘이나 기적으로 이루어지는 것創造說이 아니라고 했다.

그러므로 불교에서는 초인적인 어떤 힘에 의지하여 구원을 받는 것이 아니라 갖가지 현상을 보다 깊이 있게 관찰하고 사색함으로써 그 본질―실상―을 깨닫고, 이 깨달음에 이르면 인간 본래의 실체인 불성佛性이 드러나게 되어 열반—상자적멸상常自寂滅相—을 누리게 된다고 한다.

  열반이란 흔히 말하듯 죽은 뒤에 복락福樂을 누리는 것을 이르는 말이 아니라 모든 번뇌의 속박을 벗어나解脫 진리를 체득한 상태를 말한다.

  석가세존世尊께서는

『현세에서 괴로움을 여의고 안락을 누려라. 죽은 뒤의 일
  을 걱정하지 말아라.』

라고 하셨다. 그래서 브라만婆羅門이나 외도外道들이 인간의 전생과 다음 생에 대해 집요하게 질문을 하면 늘 묵묵부답默默不答이었다고 한다.

  한 예를 들어보자. 《잡아함경》에 〈일체〉一切 ; 12-319라는 경이 있다.

  세존이 수라바스티舍衛國의 제타숲祇陀林에 있는 아나타핀디카祇園精舍 ; 祇樹給孤獨園에 계실 때였다. 생문生聞이라는 브라만이 찾아와서

『고타마시여, 이른바 일체란 어떤 것입니까?』

하고 물은 적이 있었다. 브라만이 고타마라고 부른 것은 세존의 성姓이다. 세존 당시는 세존을 '고타마' '벗親友' '사문沙門 고타마' '대덕大德' 이라 불렀다고 한다.

  이 때 세존께서 이렇게 대답했다.

『일체란 십이처十二處요. 눈眼과 색色·귀耳와 소리聲·코鼻와 냄새香·혀舌와 맛味·몸身과 감촉觸·생각意과 관념法, 이 12가지를 일체라고 하오. 만일 어떤 사람이 「그렇지 않다. 나는 고타마가 말하는 일체가 아닌 다른 일체를 말하겠다」고 말한다면 그것은 다만 말 뿐일 것이오. 그 말을 듣는다 해도 의혹만 더할 것이오. 왜냐 하면 그것은 경계境界가 아니기 때문이오.』

세존은 우리의 여섯 감각기관六根과 그 대상인 여섯 경계六境를 합한 12가지十二處를 벗어난 초월적인 것은 있을 수도 없고 있지도 않은 것이라고 했다.
그래서 세존은 현실을 초월한 신적인 존재나 신의 구원을 바라는 것이 아니라, 스스로 사색하여 실상을 관조觀照하고 실천을 통해 그 실상을 바르게 보면 모든 괴로움에서 벗어나解脫 열반에 이른다고 가르쳤다. 그야말로 리얼리스틱한 사상가가 아닐 수 없다.
불교는 신의 종교가 아니고 인간의 종교이며 현실적인 종교라고 하는 까닭이 바로 여기 있는 것이다. 그래서 어떤 학자가 세존을 리얼리스트라고 했다고 한다.
이것이 곧 불교의 특성이기도 하다.
한 마디로 불교는 스스로가 구원하는 것이지 어떤 절대자가 구원해 주는 것이 아니다. 한 예가 있다. 파리어의 《소부경전》小部經典 중에 〈여시어경〉如是語經 ; 92이라는 경에 있는 세존의 말씀을 들어보자.

『비구들이여.
한 비구가 나의 옷자락을 잡고 내 뒤에서 내 발자국을
따른다 해도,
그가 만약 욕망의 격정激情을 품고
성내는 마음과 삿된 생각으로 방일하여
깨닫는 바가 없다면
그는 나와 멀리 떨어져 있는 것이다.
나는 그와 멀리 떨어져 있는 것이다.
그 까닭은 무엇인가.
비구들이여. 그는 법을 보지 않기 때문이다.
법을 보지 않는 자는 곧 나를 보지 않는 자이기 때문이다.
또 비구들아.
혹 한 비구가 멀리 백 리나 떨어진 곳에 있더라도
그가 욕망의 격정을 품지 않고
성내는 마음, 삿된 생각이 없어 방일하지 않고
깨달은 바가 있다면
그는 나와 가까이 있는 것이다.
나는 그와 가까이 있는 것이다.
그 까닭은 무엇인가.
비구들이여. 그는 법을 보기 때문이다.
법을 보는 자는 곧 나를 보는 자이기 때문이다.』

다시 말해서 불교를 바르게 믿는 사람이라면 마땅히 법(진리)을 알고 법을 보고 법에 따라 실천하라고 하신 것이다. 이는 또한 그 당시 제자들에게 나를 예배하거나 옷자락을 잡고 시봉侍奉이나 하면 나의 제자라고 생각하면 잘못이라는 경고의 의미도 포함되어 있는 것이다.
 이런 일화가 있다.

 한 제자가 중한 병에 걸려 앓아 눕게 되자 세존께서는 대중들이 수행하는 정사精舍에서 멀지 않은 곳에 방을 마련하고 거기서 요양을 하도록 했다. 같이 수행하던 한 도반道伴이 곁에서 간호를 해주었다. 간병을 하는 도반은 헌신적으로 간호를 했으나 병이 낫질 않고 점점 더 심해졌다. 기력이 다한 그 제자는 간병을 해주는 도반에게 눈물을 흘리며
 『친구여, 내게 소원이 하나 있는데 꼭 좀 들어주게.』
하고 애원을 했다. 그 도반은 고개를 끄덕이며 환자의 두 손을 꼭 잡아주었다.
 『무슨 소원인가. 내 꼭 들어주겠네. 어서 말해 보게.』
 간호를 하던 도반도 눈물을 흘리며 말했다.
 『죽기 전에 세존을 한 번 뵙는 것이 원일세. 그런데 보다시피 내가 기력이 없어 찾아가 뵈올 수가 없으니 이를 어쩌면 좋겠나?』
 그 도반은 곧바로 정사로 가서 세존을 뵙고 사정을 아뢰었다. 그러자 세존께서는 당장 그 제자가 있는 곳으로 가시었다.
 세존께서 몸소 오신 것을 본 그 제자는 죽을 힘을 다해서 일어나 앉으려고 했으나 워낙 기력이 쇠해서 일어날 수가

없었다. 그러자 세존께서는

『그냥 누워 있거라. 일어나지 않아도 된다.』

고 하시자, 그는 누운 채 눈물을 흘리며 가냘픈 소리로 세존께 아뢰었다.

『거룩하신 세존이시여. 이렇게 누운 채 뵙게 되니 송구하기 짝이 없습니다. 대자비로 용서해 주십시오. 이렇게 세존을 뵈었으니 이제 안심하고 눈을 감겠습니다.』

세존께서는 그 제자에게 마지막이 될 법을 설하시었다.

『제자여, 잘 듣거라. 사대로 이루어진 이 덧없는 육신은 보아서 무엇하겠느냐. 내가 가르쳐준 법을 보도록 하지 않고.』

조용히 타이르시는 세존의 이 한 마디를 듣고 그 제자는 회심의 미소를 지으며

『세존이시여. 이제야 알았습니다. 세존께서 설하신 법의 참뜻을 이제야 알았습니다. 이렇게 기쁠 수가 없습니다.』

하고 미소를 지었다. 그는 마침내 깨달은 것이다.

참으로 감동적인 한 편의 드라마가 아닌가. 이 장면을 상상만 해도 가슴이 떨린다. 이것이 불법의 진수다. 누가 나를 구원해 줄 것인가. 나 스스로 깨쳐야 하는 것이다. 이것이 바로 불교라는 종교의 진면목이다.

2. 왜 아함경으로 배우려는 것인가?

그럼 왜《아함경》으로 불교를 배워야 하나? 도대체《아함경》이란 어떤 경인가?

《아함경》을 원시불교경전이라고도 한다. 〈원시불교〉란 세존께서 교단을 이끌고 교화하던 시절부터 세존이 입멸한 뒤 100년쯤 지나서 부파가 갈리기 전까지의 불교라는 뜻이다. 또 더러는 기원전 3세기 아쇼카 왕阿育王시대까지의 초기불교를 〈원시불교〉라 하기도 한다.

그런데 〈원시불교〉라고 하면 어쩐지 차원이 낮은 미개한 원시종교를 연상하게 되어 그다지 적합한 표현이라고는 생각되지 않는다. 불교가 차원이 낮은 원시적인 종교에서 비롯되어 차차 고급종교로 발전한 종교가 아니기 때문이다.

어쨌거나 여기서 〈원시〉라고 한 것은 〈최초〉〈원초적〉이라는 뜻이지 종교의 수준을 표현한 말은 아니다. 그래서 일부에서는 〈근본불교〉라고도 하는데 이 역시 적합한 표현은 아니라고 생각한다. 왜냐 하면 〈근본불교〉 이후의 불교는 근본에서 벗어난 아류적인 불교라는 이미지를 풍길 수도 있기 때문이다.

차라리 〈초기불교〉〈초기경전〉이라 표현하는 것이 타당하다고 생각한다. 하여간 이《아함경》이 최초의 경전, 불교 초기의 경전인 것이다.

이렇게 최초로 편찬된《아함경》이란 어떤 경전인가?

〈아함〉阿含이란, 산스크리트어나 파리어의 〈Agama〉를 한

자로 음사音寫한 말이다. 〈아가마〉란 〈전해 내려온 가르침〉 또는 〈전해 내려온 가르침을 집대성集大成한 성전聖典〉이라는 뜻이다. 세존 당시는 모든 가르침이 구전口傳되었을 뿐 문자로 편찬되지 않았으므로 세존의 가르침을 〈전해 내려온 가르침〉 즉 〈아가마〉라고 한 것이다.

그러던 것이, 세존이 입멸한 뒤 처음으로 문자로 기록되었는데 그것이 바로 《아함경》이다. 따라서 이 경이야말로 세존이 직접 설한 가르침直說을 집대성한 경전이라 할 수 있다.

여기서 경이라는 말의 뜻을 살펴보기로 하자. 경은 sūtra라는 범어를 음사한 수다라修多羅를 번역한 한자어다. 수트라의 원 뜻은 〈꿰매다〉縫 〈꿰다〉貫라는 동사에서 온 명사로 〈가르침의 내용을 간결하게 요약하여 암기하기 좋도록 정리한 글〉이라는 뜻이다. 그리고 이것을 집대성한 것을 Sūtra-pitaka, 즉 경장經藏이라고 한다.

《아함경》은 대체로 4세기 무렵부터 5세기 사이에 중국에서 한역漢譯되었다고 한다.

① 《중아함경》; 60권 224경 상가데바僧伽提婆 역 (4세기)
② 《증일아함경》; 51권 472경 상가데바 역 (4세기)
③ 《장아함경》; 22권 30경 부다야사佛陀耶舍
  축불념竺佛念 역 (5세기)
④ 《잡아함경》; 50권 1,362경 구나바다라求那跋陀羅 역
  (5세기)

이 외에도 《별석別釋 잡아함경》(16권 364경) 《잡아함경》(1권 27경) 등이 있다. 이처럼 《아함경》은 길고 짧은 경을 다 합하면 그 수가 무려 183권 2,088경이나 되는 방대한 양이다. 이런 방대한 경이 중국에서 거의 완역完譯되었다고 할 수 있는데 그렇다면 왜 빛을 못보고 거의 사장되다시피했던 것일까.
　이 많은 양의 《아함경》이 빛을 보지 못한 것은 비단 중국에서만이 아니다. 중국불교의 영향을 받은 우리 나라에서도 최근까지 빛을 보지 못했었다. 물론 우리 나라의 영향을 받아 불교가 성했던 일본도 마찬가지였다.
　《아함경》이 오랜 세월 이처럼 부당한 대우를 받은 것은 한 마디로 소승불교경전이라는 이유 때문이었다. 소승불교에 관해서는 '제1장 불교의 역사와 기본사상'을 참고하기 바란다.
　《아함경》이 소승불교의 경전으로 몰려 천대를 받게 된 것은 천태天台대사 곧 지의智顗 : 538~597 수나라가 주창한 이른바 〈오시팔교〉五時八敎의 영향을 받았기 때문이다. 이를 〈오시판교〉五時判敎라고도 한다.
　오시팔교란 무엇인가. 고려의 체관諦觀 스님이 지은 《천태사교의》天台四敎儀에 「천태 지자 대사는 동류東流 일대一代의 성교聖敎를 오시 팔교五時八敎로 판석判釋하고…….」라고 했다. 오시란
　　① 화엄시華嚴時
　　② 녹원시鹿苑時

③ 방등시方等時

　④ 반야시般若時

　⑤ 법화 · 열반시法華涅槃時

등을 이른다.

즉 세존이 일생 동안 가르침을 설한 시기에 따라 화엄시 · 녹원시 · 방등시 · 반야시 · 법화 열반시의 다섯으로 구분한 것이 〈오시〉이고, 가르침의 형식에 따라 구분한 돈교頓敎 · 점교漸敎 · 비밀교秘密敎 · 부정교不定敎의 4가지와, 가르침의 내용에 따라 구분한 장교藏敎 · 통교通敎 · 별교別敎 · 원교圓敎의 4가지를 합한 8가지가 〈팔교〉다.

천태 대사가 주창한 〈오시〉의 내용을 살펴보면 다음과 같다.

보리수 아래서 크게 깨치고 나서 3 · 7일 동안에 깨달은 내용을 설한 것이《화엄경》인데 이 시기를 〈화엄시〉라고 한다. 그런데 이《화엄경》의 내용이 매우 심오하고 난해해서 무지無智하고 근기根機가 낮은 세상 사람들이 이해하질 못했다. 무지는 무명無明과 같은 말로 불교의 가르침을 모른다는 뜻이며, 근기란 쉽게 말하자면 세존의 가르침을 듣고 이를 이해하고 깨닫는 능력을 말한다.

그래서 다시 그 수준을 낮추어서 12년에 걸쳐 일반 대중이 알아들을 수 있도록 실생활과 밀접한 비유를 들어 설한 것이 바로《아함경》이며 이 시기를 〈녹원시〉라 한다.

다음에는 차차 수준을 높여가면서 8년 동안《유마힐경》維摩詰經《승만경》勝鬘經 등의 대승경을 설했으며 이 시기를 〈방등시〉라 한다는 것이다.
 다음에는 22년에 걸쳐 여러《반야경》般若經을 설했으니 이 시기를 〈반야시〉라 한다.
 마지막 8년 동안에《묘법연화경》妙法蓮華經을 설한 뒤 하루 낮 하룻밤 사이에《열반경》涅槃經을 설하니 이 시기가 〈법화열반시〉다.
 이처럼 천태 대사가 말하는 〈오시팔교〉에 따르자면《아함경》이라는 경전은 결국 근기가 낮고 무지한 사람들을 위해 비근卑近하고 구체적으로 설한 수준 낮은 가르침인 것이다. 그래서 중국이나 우리 나라에서는 이《아함경》을 거의 무시하게 된 것이다.
 그러나 후대로 내려오면서 오시팔교의 영향이 차차 수그러들고 교학연구가 진전되면서《아함경》에 다시 주목하게 되었다. 즉《아함경》이야말로 세존이 직접 설한 가르침의 원형을 거의 완전하게 유지하고 있어 불교의 원 모습을 알 수 있는 귀중한 자료이자 부처님 가르침의 진수라는 것을 알게 된 것이다.
 이처럼《아함경》이 다시 각광을 받게 된 또 하나의 연유는 이른바 〈남방불교〉가 세상에 알려지면서부터다. 인도에서 시작된 불교가 서역·중국을 거쳐 우리 나라에 전해지고 다시 일본으로 전해진 불교를 이른바 〈북방불교〉라고 하며, 이에 대해 세이론, 지금의 스리랑카를 중심으로 동남아와 태국 등 인도 남쪽 여러 나라에 전해진 불교를 〈남방불교〉라고 한다.

북방불교권에 속했던 중국이나 우리 나라에서는 이른바 남방불교에 대해 거의 모르고 있었으나 19세기에 유럽의 학자들이 파리어로 편찬된 불교경전을 연구하기 시작하면서 남방불교에도 관심을 갖게 되었다. 파리성전협회 학자들이 파리어삼장三藏을 속속 번역 간행해 낸 것이다.
　이러한 파리어경전의 연구는 곧 초기불교의 연구였다. 왜냐 하면 스리랑카에 전하는 파리어삼장은 이른바 〈상좌부〉上座部의 경전이므로 후대의 대승불교가 전혀 포함되지 않은 것이었다.
　일본은 명치유신 때부터 유럽과 교류하는 과정에서 이미 이 파리어경전에 대한 연구가 시작되었으나 우리 나라에서는 최근에야 겨우 인도나 스리랑카 등에 유학한 스님이나 불교학자들에 의해 그 중요성이 재인식되기 시작했다.
　파리어삼장 중 세존이 설한 가르침敎法을 집대성한 경전을 오부五部(pañca-nikāya)라고 한다. 그 구성은 아래와 같다.

① 《장부경전》長部經典　　　　　　　　　　34경經
② 《중부경전》中部經典　　　　　　　　　　152경
③ 《상응부경전》相應部經典　　56상응　7,762경
④ 《증지부경전》增支部經典　　11집集　9,557경
⑤ 《소부경전》小部經典　　　　　　　　　　15분分

　파리어삼장 중의 오부와 앞에서 든 사아함을 비교해 보면 다음과 같은 사실을 알게 된다.

① 파리오부의《장부경전》과 한역 사아함의《장아함경》은 경의 수가 비슷하고 경의 내용이 거의 일치한다.
② 파리오부의《중부경전》과 한역 사아함의《중아함경》역시 경의 수가 거의 비슷하고 경의 내용 역시 거의 일치한다.
③ 파리오부의《상응부경전》과 한역 사아함의《잡아함경》은 우선 그 명칭부터가 다르며 경의 수도 다르다. 그러나 이《잡아함경》은 더러《상응아함》이라고도 하며 중요한 경의 내용은 일치하는 것이 많다. 경의 수가 다른 것은 후대에 증감되었을 것으로 보면 이 두 경전도 서로 같은 것이었다고 할 수 있다.
④ 파리오부의《증지부경전》과 한역 사아함의《증일아함경》은 그 명칭부터가 같다. 곧 증지anguttara나 증일ekottarā이 모두 수數를 뜻하는 말이고 1부터 11까지의 숫자를 기준으로 해서 경을 분류 편찬한 편찬형식이 서로 같다. 다만 두 경전에 수록된 경의 수가 크게 다른 것은《증지부아함경》에서 경의 수를 세는 방법이 특이하기 때문이다.
⑤ 파리오부의《소부경전》은 파리오부의 여러 경전 중 가장 후대에 편찬된 경으로 추정되며 앞의 네 경전에 수록되지 않은 여러 경을 수록한 경이다. 따라서 한문 경전에는 이《소부경전》에 해당되는 경이 없다. 다만《사분율》四分律이나《오분율》五分律 중의《잡장》雜藏에《소부경전》의 내용과 같은 것이 많다.

결론적으로 말해서 이 파리오부 중 사부는 한역 사아함과 같은 경전이라는 것을 알 수 있다(增谷文雄 著 阿含經典 全4卷. 筑摩書房 刊 중에서).

위에서 본 바와 같이 한역 사아함과 파리오부는 틀림없이 같은 경전이었으며, 이들 두 경전의 원본(텍스트)은 적어도 부파불교 이전에 성립되었던 경전이며, 제1결집結集 때의 형태를 고스란히 유지하고 있다고 추정할 수 있는 여러 가지 자료가 있으나 여기서는 일일이 열거할 겨를도 없거니와 또 그런 전문적인 것은 학자들에게 미루기로 한다.

참고로 좀더 자세한 것을 알려면 《아함경전》총4권. 增谷文雄 著을 참고하기 바란다.

이렇듯 사아함은 세존께서 직접 설한 당시의 가르침을 거의 원형 그대로 유지하고 있는 가장 오래된 경전이므로 결코 무시되거나 소외되어서는 안 되는 귀중한 가르침이라는 것을 알 수 있다.

따라서 이 사아함이야말로 가장 진솔한 세존의 가르침이기에 이것으로 불교의 근본을 공부한 후에 차차 깊은 공부를 하는 것이 순서라고 생각한다. 특히 이 사아함은 불교문학의 한 전형으로서도 매우 중요하다는 것을 부연해 두는 바이다.

3. 아함경의 기본사상 - 그 가르침의 특징

《아함경》은 그 옛적 세존께서 가르침을 설했을 때의 체취를 느낄 수 있을 만큼 당시의 형태를 고스란히 간직하고 있는 경이다. 따라서《아함경》의 기본적인 사상은 곧 불교의 기본적인 사상인 동시에 불교만의 특징이기도 하다.

첫째 불교는 〈지혜의 도〉道다. 불교에서는 무명과 대비되는 〈혜〉慧 : 般若를 매우 중요하게 여긴다. 특히《아함경》에서는 더욱 그렇다.《법구경》(제40게)에 이런 게송이 있다.

이 몸은 질항아리처럼 깨지기 쉬운 것
마음을 성곽처럼 튼튼하게 지키며
지혜의 검을 들어 마라魔王와 싸워라.
항복을 받은 뒤에는 감시를 게을리하지 마라.

지혜로 자신을 지키라고 했다. 세존께서 출가하게 된 동기도 생로병사라는 인간의 괴로움을 통감하고 그 괴로움에서 벗어나는 길을 찾기 위해서였다. 한정된 생애를 생로병사라는 불안 속에서 살아야 하는 인간은 도대체 어떻게 해야 괴로움에서 벗어나서 안락하게 살 수 있을까 하는 것이 세존의 최대 과제였다.

세존은 이 과제를 어떻게 풀었는가. 기적을 바라거나 신에 의지하거나 또는 구원해 달라고 빌지 않았다. 자신의 이성理性으로 사색하고 지혜로 그 길을 찾았다. 인간이 안고 있는 현실—질항아리처럼 깨지기 쉬운 육신을 인정하고 직시했다. 그리고 그 사실을 외면하거나 비켜간 것이 아니라 강직하고 의연한 이성—마음을 성곽처럼 지키며—으로 불안과 맞서서 지혜의 검을 들고 마라와 싸운 것이다. 그리하여 마침내 마라의 항복을 받고 〈크나큰 해결〉을 성취한 것이다. 그래서 불교를 〈지혜의 도〉라고 하는 것이다.

이처럼 불교가 이성적理性的이며 분석적인 지혜의 도라는 것을 알 수 있는 경이 있다. 길을 잃고 망망한 광야에 이르렀을 때 나그네는 어찌해야 하는가. 어떤 사람은 엉엉 울면서 이리저리 방황할지도 모른다. 아니면 울부짖으며 쓰러질 때까지 덮어놓고 내달릴지도 모른다. 또 어떤 사람은 그 자리에 주저앉아서 신이여 나를 구원하소서 하고 빌지도 모른다. 과연 어떻게 하는 것이 그 광야에서 벗어나는 현명한 방법일까.

세존께서는 냉정하게 마음을 가라앉히고 자신이 처한 위치를 확인한 뒤 사방을 둘러보고 가야 할 방향을 살피라고 했다. 그리고 가야 할 방향이 결정되었거든 한눈 팔지 말고 열심히 저쪽 목적지를 향해 부지런히 걸어서 광야를 벗어나라고 했다. 그러면 거기에 편안함과 행복이 있다고 가르치셨다.

세존께서는 광야에서 어찌할 바를 몰라 괴로워하고 있는 나그네에게 눈을 뜨고開眼, 지혜를 내서發智, 바른 길을 찾아 마침내 그 광야를 벗어나 자유의 경지寂靜涅槃에 이르는 길을 가르쳐 주신 것이다. 이것이 바로 불법이다.

둘째로 불교는 중도中道의 가르침이다. 세존께서 가르쳐 주신 지혜의 도는 바로 중도의 가르침이다.

대각을 이루시고 녹야원에서 같이 수행하던 다섯 비구에게 최초로 법을 설하실 때, 욕망에 치우치는 것도 잘못이지만 고행을 일삼는 것도 또한 바른 길이 아니라고 하시었다. 곧 욕망에 탐착하는 것은 열등劣等한 짓이며 비천한 범부의 소행이니 성스럽고 슬기로운 사람이 할 짓이 아니며 도리에도 맞지 않는다고 했다.

또 스스로 고행을 일삼는 것도 괴로움이며 성스럽고 슬기로운 사람이 할 짓이 아닐 뿐 아니라 이 역시 도리에 맞지 않는다고 했다. 그래서 세존도 이 두 극단을 떠나서 중도를 깨달았다고 자신있게 선언하신 것이다.

『나는 붓다다. 아직 그 누구도 깨치지 못한 도를 깨달았다. 아무도 말하지 않았던 진리를 말할 것이니 잘 들으라.』

그리고 기회 있을 때마다 이 중도를 강조하시었다. 《잡아함경》〈유수〉流樹 : 43-1174라는 경에 이런 대목이 있다.

세존께서 아비사강 가에서 큰 나무토막이 강물에 떠내려가는 것을 보시고 한 비구에게 말씀하시었다.
『저 강물에 떠내려가는 나무토막을 보느냐?』
『예, 보고 있습니다.』
『저 나무가 이쪽 강가에도 닿지 않고 저쪽 강가에도 닿지 않고 소용돌이에 빠지지도 않고 썩지도 않고 물길을 따라 큰 바다에 다다르겠느냐?』
……
그 비구가 여쭈었다.
『세존이시여. 이쪽 언덕이란 무엇이며 저쪽 언덕이란 무엇이며…… 썩지도 않는다고 하신 뜻을 설해 주소서.』
『이쪽 언덕이란 안의 6가지 감관六根이며, 저쪽 언덕이란 밖의 6가지 경계六境;六塵다. 소용돌이에 빠진다는 것은 속세의 일에 탐닉하는 것을 말하며, 썩는다는 것은 계율을 범하고 악한 짓을 저지르고 사문이 아니면서 사문인 체하고 범행인梵行人이 아니면서 범행인인 척하는 것을 말한다.』

큰 법의 바다―적정열반에 이르려거든 중도를 지키라는 가르침이다. 중도를 지킨다는 것은 어느 한쪽에 치우쳐 집착하지 않는 것을 말한다. 내가 처한 현실을 직시하되 그 현실에 지혜롭게 대처하도록 가르치셨다.
한시도 쉬지 않고 무엇인가를 바라고 갈구하는 내 몸六根에 집착하지 말아라. 그리고 끊임없이 자극을 주어 우리의 마음을 유혹하는 외부의 현상六塵에도 현혹되지 말아라. 이렇게 경고하셨다.
요즘의 우리 현실은 어느 것이 선이고 어느 것이 악인지, 또 어떤 것이 정의고 어떤 것이 부정인지 판단하기 어려울 정도로 매우 혼란스럽다. 그래서 많은 사람들이 이성을 잃고 탐욕에 휩쓸려 어리석은 짓을 저지르는 것을 흔히 본다. 참으로 안타까운 일이 아닐 수 없다. 세태가 이러하니까 제법 주관이 뚜렷하다는 사람도 때로는 길을 잃고 헤매기가 일쑤다.

이른바 정법正法·상법像法시대가 지나고 이제 투쟁鬪爭만 남은 말법시대다. 오탁五濁의 악세에서는 중도를 지키기가 그만큼 어려운 것이다.

셋째, 불교는 맹목적인 신앙이 아니라 현실적으로 볼 수 있는 가르침現見이다.

세존의 제자나 신도들은 맹목적으로 세존을 따른 것이 아니다. 〈법을 듣고, 법을 보고, 법을 알고, 법을 깨닫고, 모든 의혹을 풀고〉 확고한 신념 아래 믿고 따랐다. 진리라는 확신이 선 다음에 흔쾌히 세존을 따른 것이다.

『훌륭하십니다. 대덕大德이시여. 마치 넘어진 것을 일으키듯이, 덮힌 것을 드러내듯이, 길 잃은 자에게 길을 가리키듯이, 어둠 속에서 등불을 밝혀 눈 있는 자는 보라고 하듯이 갖가지 방편(비유)으로 법을 밝혀주셨습니다. 이제 저는 세존께 귀의합니다. 또 그 가르침과 교단에 귀의합니다.』

우리가 지금도 무슨 때마다 소리 높이 외는 〈삼귀의〉가 바로 위와 같은 이야기이다. 《아함경》에는 세존의 가르침을 듣고 눈을 뜬 사람들이 환희에 넘쳐서 이렇게 외치는 감동적인 장면이 많다. 오늘날 우리가 그저 형식적으로〈거룩한 부처님께 귀의합니다……〉하고 부르는 삼귀의가 아니다. 새로운 세계를 발견한 기쁨에 자신도 모르게 외친 감격적인 고백이 바로〈삼귀의〉인 것이다.

예수의 12제자는, 나를 따르라는 예수의 말을 듣고 덮어놓고 따라나섰지만 세존의 제자나 신도들은 세존의 가르침을 듣고 이해하고 깨닫고 난 뒤 확고한 신념을 가지고 귀의한 것이다.

극락왕생의 도리는 모르면서 무조건〈나무아미타불〉을 외면 사후에 극락에 갈 수 있다며 덮어놓고 부처의 신통을 믿으라는 그런 가르침, 추상적이며 모호한 이론이나 막연한 기대가 아니라 현실적으로 입증되고 볼 수 있는 현실에 입각한 가르침이다. 의심의 여지가 없다고 확신이 섰을 때 모든 것을 버리고 환희하는 마음으로 귀의하는 것이다.

예컨대 세존이 설한〈고〉는 엄연한 현실이었다. 보이지도 않는 신을 믿으라든가 천국이 가까웠다느니 하는 말은 하시지 않았다.〈고의 멸진〉〈고의 멸진에 이르는 길〉역시 매우 현실적인 문제였다. 조금만 생각하고 현실을 직시한다면 눈에 보이는 사실인 것이다. 보지도 않고 볼 수도 없는 환상적인 것을 믿으라고 한 것이 아니다. 이렇듯 세존의 가르침은 현실적으로 볼 수 있고 입증—現見이라고 한다 - 되는 가르침이다.

넷째 불교는 자력自力의 신앙이다. 다른 종교와는 달리〈자신을 의지처로 삼으라. 법에 의지하라〉고 했다. 여타의 모든

종교는 〈신〉을 믿고 신에 매달리고 신에게 모든 것을 맡기라고 한다. 그러나 세존은

『그대들은
　자신을 주洲로 삼고 자신을 의지처로 삼고
　법을 주로 삼고 법을 의지처로 삼되
　다른 것을 의지처로 삼지 말라.』

고 했다. 세존께서 만년에 사리푸트라와 목갈라나의 부보訃報를 듣고 제자들에게 한 당부다. 그 후 세존께서는 열반을 앞두고 다시 제자들에게 이렇게 당부하셨다(대반열반경. 장아함경). 이른바 〈자귀의 법귀의〉自歸依法歸依다. 매우 중요한 불교의 근본이념이라 할 수 있다. 이와 관련하여 이런 《법구경》(제160게)이 생각난다.

　자신의 의지처는 자신 뿐
　달리 또 어떤 의지처가 있으랴.
　자신을 잘 조어調御했을 때
　사람은 얻기 어려운 의지처를 얻는다.

불교가 〈지혜의 도〉이며 〈자주적인 도〉임을 분명히 하는 근본이념이다. 이를 현대적으로 표현하자면 〈인간의 자기형성의 길〉이라 할 수 있지 않을까. 여기서 부연의 말로 후세에 성립된 것이겠지만 너무나 유명한 〈탄생게〉를 한 번 되짚

어보자.

하늘과 땅 사이에	天上天下
나 홀로 존귀하다	唯我獨尊
삼계는 모두 고다	三界皆苦
내가 이를 안락하게 하리라	我當安之

이는 비단 세존 만의 선언이 아니라 모든 사람의 선언일 수 있다고 생각한다. 앞에서 본 것처럼 〈자기형성〉을 성취한 사람이라면 누구나 능히 세상의 괴로움을 구해줄 수 있기 때문이다.

다섯째, 불교는 개인과 대중 모두를 위한 가르침이다. 나만의 이익自利을 추구한다는 이른바 소승의 이념과 남의 이익利他을 위해 노력한다는 보살정신—대승사상을 생각해보자. 대중부 불교 곧 대승불교는 비록 나는 성불을 못하더라도 모든 중생을 구원하겠다下化衆生는 보살정신을 강조한다.

이에 비해 상좌부 불교는 나 혼자만의 성불上求菩提을 추구하는 소승적인 불교라는 비교우위론은 무의미하다고 생각한다. 이런 논쟁은 이미 세존 당시에도 있었다. 여기 그러한 논의를 한 경이 있다. 《중아함경》의 〈상가라경〉傷歌邏經：35-143이다.

세존께서 제타숲의 아나타핀디카에 계실 때였다. 어느날 상가라 마납이라는 브라만이 세존을 찾아뵙고 예배를 한

다음 이런 질문을 했다.

『대덕이시여. 브라만은 신 앞에 제사를 지내고 공양을 바치고, 자신을 위하고 타인을 위해 재앙을 물리치고 복을 비는 도를 닦습니다. 그런데 세존의 제자들을 보니 오직 자신을 조어하고 자신을 확립하고 자신의 괴로움을 멸하는 수행에만 전념하고 있는 것 같습니다. 그렇다면 자기 자신 만을 위한 도가 아닙니까?』

『그렇다면 내가 그대에게 묻겠소, 브라만이여. 이 세상에 여래·정각자正覺者가 나타나서 이것이 도다, 이것이 실천이다, 나는 이 길, 이 실천을 통해 번뇌를 이미 멸하여 자유(해탈)를 얻었다. 그대들도 와서 함께 이 길을 가고 이 실천을 통해 번뇌를 멸하고 자유를 얻으라고 설하자 많은 사람들이 그 길을 가고 그 실천을 통해 자유를 얻는다면 브라만이여, 그대는 어찌 생각하오. 이 도를 자신만을 위한 도라 하겠소? 아니면 만인을 위한 도라 하겠소?』

그 브라만은 그렇다면 세존의 가르침과 수행도 만인을 위한 도라 하지 않을 수 없겠습니다 하고 대답했다.

이 브라만은 후일 불교 내부에서 커다란 논란을 일으켰던 문제를 날카롭게 지적하고 따진 것이다. 그러나 세존의 대답으로 그런 의구심—개인과 대중의 문제점—은 한낱 기우라는 것을 명백하게 알 수 있게 된다.

결국 불교는 〈상구보리 하화중생〉의 가르침이므로 굳이 소승이니 대승이니 하고 갈라서 따지는 것은 별 의미가 없다고 본다. 아함경은 대승경전 못지않게, 아니 그 이상으로 대승적인 가르침인 것이다.

끝으로 불교는 〈분석의 가르침〉이다. 최초의 법문인 〈사성제〉가 그렇고 〈12연기〉가 그렇다. 세존은 모든 문제를 분석을 통해 관찰한 끝에 그 해답을 얻었다. 이에 관해서는 따로 부연하지 않더라도 앞으로 여러 곳에서 언급이 되겠기에 더 부연하지 않기로 한다.

세존께서 〈눈 있는 자는 보라〉고 설한 것처럼 아함경은 현실을 바탕으로 한 가르침이다. 지혜있는 사람이라면 스스로 알 수 있는 가르침이며, 이 가르침을 배우고 따르면 틀림없이 열반에 이를 수 있는 가르침이다.

제1장

불교의 역사와 기본사상

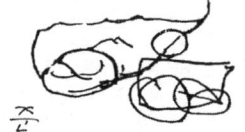

제1장
불교의 역사와 기본사상

1. 불교의 시작

불교의 시조始祖는 누구나 다 아는 바와 같이 한자식으로 석가모니라고 일컫는 샤캬무니釋迦牟尼 ; Sākyamuni다. 성은 고타마瞿曇 ; Gotama고 이름은 싯달타悉達多 ; Siddhārtha로 히말라야산 남쪽 기슭 지금의 네팔에 있던 카피라바투迦毘羅衛 ; Kapila-vastu라는 조그만 부족국가의 왕자로 태어났다.

샤캬무니는 샤캬족 출신의 성자muni라는 말이다. 태어난 해生年에 대해서는 기원전 624년을 비롯하여 564년 · 544년 · 463년 등 여러 설이 있다.

지금 세계적으로 쓰고 있는 불교의 공식 기원佛紀은 1998년이 2542년이다. 여기서 한 가지 주의할 점은 서기는 예수가 태어난 해를 기원으로 하지만 불기는 석가세존이 돌아가신 해를 기원으로 삼는다는 점이다.

따라서 세존이 80세에 돌아가셨으니까 태어난 해는 2542년에 80을 더한 해 즉 2622년이다. 서기는 1998년 밖에 안 되니까 2622년 전은 서기가 시작되기 전 즉 기원전 624년에 해당된다.

아버지 슛도다나 왕淨飯王 : Śuddhodana은 40이 넘도록 후사後嗣가 없어서 걱정을 하던 중 왕비 마야摩耶 : Māyā부인이, 흰 코끼리가 품 속으로 들어오는 태몽을 꾸고 싯달타를 낳았다. 그러나 마야 부인은 왕자를 낳은 지 이레 만에 세상을 뜨고 이모인 마하파자파티摩訶波闍波提 : Mahāprajāpatī가 싯달타를 양육했다.

천성이 총명했던 싯달타는 당시의 인도 학문인 〈오명〉五明을 통달했으며 무예에도 뛰어난 재능을 발휘하여 왕자의 소양을 착실하게 갖추어 나갔다.

그러나 싯달타는 왕궁의 사치와 환락에는 흥미가 없어 즐기지 않고 늘 사색에 잠기는 일이 많았다. 부왕은 이런 싯달타의 마음을 돌이키기 위해 서둘러 결혼을 시키기로 했다.

싯달타는 부왕의 뜻에 따라 이웃 나라 코리拘利 : Koli의 왕녀인 야쇼다라耶輸陀羅 : Yasodharā와 결혼을 하고 아들 라후라羅睺羅 : Rāhula를 낳았으나 여전히 부귀영화富貴榮華에는 관심이 없고 오로지 인간이 겪어야 하는 고뇌에 대해서만 깊이 사색하던 끝에 29살이 되던 해에 마침내 궁전을 떠나 머리를 깎고 수행 사문沙門 : Śramaṇa이 되었다.

세속의 모든 것―권세·영예·재물·청춘까지도 버린 출가수행자 싯달타는 맨발로, 유명하다는 여러 수행자를 찾아

다니며 사사師事하기도 하고 6년 동안 난행難行 · 고행을 하기도 했다. 그러나 인생에 대한 회의를 해결하지 못하자 모든 것을 포기하고 네란자나강尼連禪河 ; Nairañjanānatī 가에 있는 가야伽耶 ; Gayā의 한 보리수 아래에 앉아 명상을 하던 중 크게 깨닫고 붓다佛陀 ; Buddha가 되었다.

붓다가 된 싯달타는 중인도를 중심으로 여러 지방을 유행遊行하면서 45년 동안, 위로는 왕에서부터 아래로는 불가촉不可觸 천민賤民에 이르기까지 차별하지 않고 고루 교화하다가 80살로 생을 마쳤다.

이것이 불교의 시작이다. 당시—기원전 6세기 무렵의 인도는 사회적 변동기였다. 갠지스 강을 중심으로 크고 작은 도시가 생겨나면서 상공업이 발달하고 화폐경제가 정립되자, 이 신흥도시들을 중심으로 크고 작은 국가가 형성되어 사회적으로 새로운 질서가 생겨나고 물질적 생활이 윤택해지기 시작할 때였다.

그 때까지 인도를 정복한 아리안들은 카스트四姓라는 제도 아래 자신들을 신의 사제司祭 즉 브라만婆羅門 ; Brāhmaṇa이라 자처하고 대중 위에 군림하고 있었으나 차츰 이들에 대한 비판이 일어나 그 권위가 붕괴되기 시작할 때였다.

더구나 상공업이 활발히 일어나면서 부를 축적한 상인들이 사회적으로 세력을 누리게 되었고, 또 한편으로는 무사武士계층인 크샤트리아刹帝利 ; Kṣatriya들이 자신의 영토를 확장하여 국력이 막강해지자, 지금까지의 지배계층이었던 브라만의 권위를 능가하게 되었다.

이처럼 기존의 사회질서에 변동이 생기기 시작하자 일반 대중들은 풍요로워진 경제에 편승하여 물질적 향락에 젖어 도덕적으로 퇴폐해지기 시작했다. 또 브라만교의 절대적인 성전聖典이었던 베다吠陀 ; Veda를 부정하는 고행주의 · 유물론 · 도덕부정론 · 숙명론 · 회의론 등 자유사상이 일어나기 시작했다.

이들 새로운 사상가들 중 대표적인 6사람의 사상가를 육사외도六師外道라고 하며, 이들은 후일 불교와 더불어 인도 문화에 적지 않은 영향을 미치게 되었다. 불교도 이러한 새로운 사상 중의 하나였다.

2. 불교교단의 성립

세존을 믿고 따르는 제자出家者들과 재가在家 신도의 수가 날로 늘어 상당한 교세를 이루게 되자, 세존은 교단敎團을 형성하게 되었는데 이를 상가僧伽 ; Saṃgha라고 한다. 상가란 원래는 공화제共和制를 가리키는 일반용어였으나 불교에서 그 조직과 운영법을 받아들이면서 불교 특유의 조직인 교단이 된 것이다.

불교의 상가는 출가한 남녀 수행자 즉 비구比丘 ; Bhikṣu와 비구니比丘尼 ; Bhikṣunī 그리고 재가의 남자신도인 우파사카優婆塞 ; upāsaka와 여자신도인 우파시카優婆夷 ; upāsika로 구성되었다. 이를 통틀어 사부중四部衆 또는 사부대중이라고 한다.

초기의 출가자는 집을 떠나 조용한 숲 속이나 동굴에서 독신으로 수행을 했다. 그러다가 차차 그 수가 늘어나자 절精舍, 僧院 ; vihara을 짓고 그 안에서 공동생활을 하게 되었다.

출가자는 세속의 직업을 가져서는 안 되었다. 따라서 생산을 하거나 장사를 하는 등 경제생활을 할 수 없었으며 규정된 육물六物 외에는 지닐 수 없었다. 육물이란 탁발托鉢을 하는 발우鉢盂 · 상가리僧伽梨 ; 大衣 · 울다라鬱多羅 ; 上衣 · 안타회安陀會 ; 內衣 등 세 벌의 옷三衣과 깔거나 덮는 좌구坐具, 이를 닦을 때 쓰는 이쑤시개楊枝의 6가지를 말한다.

이들은 독송讀誦 · 탁발 · 오후불식午後不食 · 명상坐禪 그리고 세존이나 장로長老의 설법을 듣는 것이 하루의 일과였다. 우기에는 비를 피해 일정한 곳에서 집단으로 생활安居하면서 재가신도들에게 불법을 설해주고, 매달 보름과 그믐에는 계율을 한 조목 한 조목 열거하면서 자신이 이를 잘 지켰는지를 반성하는 포살布薩을 행했다.

이렇듯 교단이 성립되자 비구는 250항, 비구니는 500항목이나 되는 계율을 지키도록 확정을 했다. 이에 대해 재가신도는 5개항의 계五戒를 지키고 건전한 직업에 종사하면서 근검절약하여 착실하게 가정을 다스리되, 나의 이익 못지않게 다른 사람의 이익도 생각하는 등 정당하게 재산을 이룩하고 정당하게 명예를 얻어야 한다고 가르쳤다.

그리고 일상생활을 하는 가운데 주술呪術이나 마법 또는 점을 치는 따위의 미신적인 행위를 삼가고, 베다성전에 따라 동물을 제물로 바치는 제사를 해서는 안 된다고 금했다.

또 사회적인 윤리로서 부모와 자식·남편과 아내·친구 사이·고용자와 피고용자·출가자와 재가신도들이 각기 자신의 처지에서 마땅히 지켜야 할 의무와 질서를 설했다. 이는 유교에서 말하는 삼강·오륜과 다를 바 없다. 그리고 사회의 경제질서와 공정성을 위해 번 돈의 일정율을 사회에 환원하라고 설했다. 소득의 공정한 재분배를 설한 것이다.

특히 자신이 진 빚은 반드시 갚아야 한다고 설했다. 이렇듯 국가나 권력자가 강제적 규제法律로 구속하기 전에 윤리와 도덕을 바탕으로 한 자발적인 실천을 생활화하라고 유도했다. 오늘날의 인권·평등·자율적인 질서의식을 강조한 것이다.

교단 안에서는 카스트의 계급이나 신분적인 구분이 없었다. 출가자 중에는 브라만·왕족·부호長者 출신이나 상당한 수준의 학자 지식인도 있는 반면에 사회에서 천대받던 천민출신도 있었지만 그런 신분적 차별은 일체 없었다. 오직 출가하여 수행한 햇수―이를 법랍法臘이라고 한다―에 따라 위계位階를 유지했다. 출가자들은 극단적인 고행보다는 깊이 있는 사색을 통해 인간의 기본적인 덕성을 쌓도록 했다.

교단은 재가신도들이 보시하는 재물·토지·건물 등을 재원으로 하여 운영했다. 초기에는 단순히 음식의 탁발 그리고 각 출가자 개개인의 일상생활 용품을 얻어 쓰는 데 그쳤으나 교단의 규모가 커지고 승려의 수가 늘어나게 되자 집단으로 수행할 절이 필요하게 되어 국왕·귀족·장자 그리고 상인들의 보시를 받아 충당하였다.

여기서 한 가지 특기할 것은 교단과 국왕과의 관계다. 경에는 국왕과 도적盜賊에게 핍박받는 일반 백성들의 이야기가 많이 나온다. 당시 인도의 왕들은 사회계약에 의한 일종의 공화체제였으나 차츰 국토가 확장되고 막강한 군사력을 갖게 되면서 권력을 남용하거나 부富를 축적하기 위해 백성들을 수탈하는 횡포를 부리게 되었고 백성들은 왕이나 도적을 똑같이 혐오스러운 존재로 생각하게 되었다.

그래서 세존은 백성 위에 군림하여 백성을 괴롭히는 왕이 아니라 법에 따라 공정하게 다스리고 보호하는 왕이야말로 바람직한 왕이라고 했다. 이런 훌륭한 왕을 일러 전륜성왕轉輪聖王이라고 했다. 경에는 세존의 교화로 이상적인 왕이 된 일화가 많이 나온다.

3. 불교의 발전

세존이 입멸한 뒤 100년쯤 지나자 교단은 두 파로 갈리었다. 전통적인 계율을 고수하려는 보수파와, 계율을 융통성 있게 변경하자는 자유주의적인 경향의 진보파였다. 전자를 〈상좌부〉上座部라 하고 후자를 〈대중부〉大衆部라고 한다.

상좌부는 현재 동남아 일대에 유포된 이른바 남방불교의 뿌리로 정확히 말하자면 장로파Sthavirāh다. 후에 대중부파 Mahāsaṃgika에서는 보수적인 장로들의 상좌부파 불교를 이른바 〈소승小乘불교〉라고 낮추어 부르고 자신들을 〈대승大乘불교〉라고 자부하게 되었다.

기원전 3세기 무렵, 전 인도를 통일한 아쇼카 왕阿育王 : Aśoka, B.C.268~B.C.232이 불교에 귀의歸依하여 적극적으로 후원하면서 불교는 급속하게 발전하여 인도의 국교가 되다시피 했다.

상좌부와 대중부는 각각 발전하면서 다시 여러 갈래로 갈리어, 기원전 1세기 무렵에는 총 20부파로 세분되었다. 이 중 〈설일체유부〉說一切有部 · 〈경량부〉經量部 · 〈독자부〉犢子部 · 〈정량부〉正量部가 특히 유명했으며 이 시기를 부파불교시대라고 한다.

상좌부의 보수적인 불교는 아쇼카 왕 때 교역로交易路를 따라 중앙인도에서 서인도의 항구로 전해졌고, 이는 다시 뱃길로 남인도의 해안지방으로, 다시 더 나아가 지금의 스리랑카인 세이론으로 전해져 오늘날까지 이어져오고 있다.

한편 발전과 변화를 거듭한 대중부의 설일체유부, 일체達磨는 유有라고 설하는 부파—사실은 상좌부 불교와 크게 다르지 않다—는 주로 북인도로 전파되어 마침내 간다라와 캐시미르 지방에서 꽃을 피웠다.

이 파는, 불교에서 상정想定하는 일체의 법法 : Dharma(보통 75가지로 분류하므로 칠십오법이라고 한다)은 과거 · 현재 · 미래에 걸쳐 실재實在한다고 주창했다.

이들 각 파에서는 각각 독자적으로 세존의 가르침을 해석하거나 주창하는 바를 편찬한 교리서를 편찬하게 되어 교리가 매우 다양해졌으며 그 양도 방대해졌다. 이러한 각 파의 교리서教理書를 논論; abhidharma이라고 하며, 세존이 설한 경전經典; sūtra · 승단의 규율을 집대성한 율律; vinaya을 합해서 삼장三藏; tripitaka이라고 한다.

　이런 변화를 거치는 동안 불교의 교단이 점점 독선적으로 흐르게 되자 일반 대중의 심성에서 멀어지기 시작하였고, 대중들은 세존을 초인적인 존재로서 신앙하려는 경향이 일기 시작했다. 여기서 이른바 탑塔; Stūpa신앙이 싹트기 시작했다.

　어쨌든 이렇게 발전한 북방불교는 서역西域과 중국 그리고 티베트로 전해졌으며, 우리 나라에는 고구려 소수림왕小獸林王 2년(372)에 전진前秦의 부견符堅이 보낸 순도順道가 불상과 불경을 전한 것이 정사正史에 나타난 우리 나라 불교의 시작이다.

4. 대승불교

• 대승불교의 시작

　기원전 180년 무렵에 막강했던 마우리아 왕조王朝가 붕괴되자 서북쪽의 이민족들이 침입하여 북인도의 대부분을 차지하게 되었다. 특히 쿠샨 왕조(1~3세기) 때에는 동 · 서양 여러 나라 민족의 문화교류가 활발해지면서 통화通貨의 단위가 로마의 통화단위와 같아지기도 했다.

이렇게 정치적, 사회적으로 큰 변화가 나타나자 세존의 가르침에 대해서도 새로운 견해가 나타나기 시작하였고, 이런 조짐은 차츰 자각적인 운동으로 발전하여 1세기 무렵에는 새로운 모습의 불교가 나타나기 시작했다. 이들은 자신들이야말로 모든 대중 곧 중생을 구제하는 위대한 수레大乘: Mahāyāna라 자칭하고, 정통 보수파의 불교는 하잘 것 없는 작은 수레小乘: Hinayāna라고 폄하貶下했다.

즉 자신의 깨달음만을 위해 수행自利하는 성문聲聞과 연각緣覺, 獨覺은 소승이며, 깨달음을 이룩하여 부처가 되고 더 나아가 모든 사람을 구원利他하려는 보살菩薩정신이야말로 바로 대승이라는 것이다.

성문이란 직접 세존의 설법을 들은 제자나 승원僧院에서 집단생활을 하면서 수행하는 사문沙門 곧 출가자를 말한다. 그리고 연각은 출가하여 혼자 산림山林에서 수행하여 연기緣起의 이치를 깨달은 사문을 말한다.

불교는 미혹한 중생들을 고뇌의 세계인 이쪽 언덕此岸에서 깨달음의 세계인 저쪽 언덕彼岸으로 건네주는 가르침이라 해서 탈 것yāna에 비유하는데 한자로도 승乘이라고 번역했다. 때문에 대승불교가 일어나면서 자신들은 평등—무차별—하게 모든 중생을 구제해 주는 위대한 야나大乘라고 한 것이다. 이후 성문을 성문승乘, 연각을 연각승乘, 보살을 보살승乘이라고 일컫게 되었으며, 이를 통틀어 삼승三乘이라고 한다.

전통을 고수하려는 상좌부 불교가 교학에 치우친 나머지

여러 부파로 갈라지고 다양한 교학을 양산하는 동안에 정작 구원을 받아야 할 대중들이 소외되었으므로, 대중부에서는 이를 두고 소승이라고 폄하한 것이지 상좌부가 스스로 소승 이라고 한 것은 아니다. 따라서 남방불교를 두고 소승불교 라고 하는 것은 적절하지 못한 표현이라고 생각한다.

한편 남방불교권에서는, 대승불교라고 자부하는 이른바 북방불교권의 불교를 엄밀한 의미의 불교가 아니라고 말하 기도 한다.

• 대승불교의 특징

전통적 · 보수적인 상좌불교 이른바 소승불교와 민중의 불 교라고 자처하는 대승불교는 어떻게 다른가. 전통적인 보수 파에서는 세존을 포함한 과거 칠불七佛이론이 있긴 했어도 오직 세존만을 붓다로 신앙하고 있으나, 이에 반해 대승불 교에서는 시방에 무수한 붓다가 있으며 세존은 그 중의 한 붓다에 지나지 않는다고 했다. 그래서 과거는 물론 미래세 에도 무수한 붓다가 있으므로 제불諸佛 · 제보살諸菩薩을 신 앙한다.

또 상좌부에서는 세존이 과거세에 여러 생을 거듭하면서 무량한 공덕을 쌓았다고 생각했으나 대승에서는 그 본원本源 을 추구했다.

즉《반야경》般若經에 따르면 붓다도 궁극적으로는 공空이 며, 공이기에 거기서 붓다가 출현할 수 있다고 했다.《법화 경》法華經에서는, 역사적 인물로서 이 세상에 출현한 세존은 단지 중생들을 교화하기 위한 방편으로 모습을 보인 가체假體일 뿐 그 근본은 영원불멸의 본불本佛이 있으며, 그 본불이 제도濟度:救援할 중생 또는 그들의 원願에 따라 여러 모습化身으로 나타난다고 했다. 이 본불을 〈구원실성〉久遠實成의 부처라고 했다.

이러한 불신관佛身觀에서 붓다의 〈삼신설〉三身說이 나왔다. 삼신불이란 다음과 같다.

① 법신불法身佛 : 궁극의 진리 그 자체를 말한다. 개념이나 사고思考 그리고 언어의 표현을 초월한 존재를 말한다. 진언밀교眞言密敎에서는 법신이 태양처럼 널리 시방세계를 두루 비춘다遍照고 해서 이를 대일여래大日如來라고 한다.
② 보신불報身佛 : 여러 생에 걸쳐 지극하게 수행한 끝에 원만한 공덕을 완성한 과보로 얻는 부처의 몸을 말한다. 법장法藏비구가 세자재왕불世自在王佛의 감화를 받아 48가지 큰 원48大願을 세우고 210억이나 되는 많은 국토에서 오랜 수행을 한 끝에 성불하여 아미타불이 된 것이 그 예다.
③ 응신불應身佛 : 중생을 교화하기 위해 중생의 모습으로 화현化現하는 부처 즉 세존이 바로 응신불이다. 화신불化身佛이라고도 한다.

한편 상좌불교인 전통적 불교에서는 재가신도가 5계戒 10

선善을 실천하여 그 과보로 천상에 태어나며 출가 수행자는 계율을 엄정하게 하여 여러 생에 걸쳐 수행하면 마침내 최고의 성자聖者 즉 아라한阿羅漢; Arhan이 된다고 했다.

5. 인도의 말기불교

인도에서 시작된 불교가 쿠샨 왕조 때까지는 매우 융성했으나 구푸타 왕조 시대(320~500년 무렵)에 힌두교가 점차 융성하면서 불교가 쇠퇴하기 시작했다.

구푸타 왕조가 성립되면서 중앙집권적인 국가체제를 확립하고 브라만교를 국교로 정하자 불교도 브라만교나 힌두교적인 요소와 민간신앙을 받아들이지 않을 수 없게 되어 이윽고 밀교密敎가 성립되었다. 그러자 불교의 특성이 차차 퇴색하여 힌두교와 구별할 수 없게 타락했고 불교 사원 옆에 힌두교 사원이 나란히 세워지기에 이르렀다.

마침내 이스람이 인도를 완전히 지배하게 되자(1193년) 불교는 거의 소멸하고 말았다. 7세기 이후에는 힌두교에서 발생한 이른바 〈탄트라〉라는 비밀교와 혼합된 밀교가 생겨났다. 탄트라는 진언眞言; mantra 혹은 다라니陀羅尼; dhāraṇī라는 주문呪文, 어떤 의미를 상징하는 손 모양手印, 印相 그리고 불·보살과 천신天神을 그린 만다라曼茶羅; maṇḍala를 수행의 방법으로 삼았다.

이처럼 인도의 불교는 타락하고 소멸되었지만 다행스럽게

도 서역과 중국을 거쳐 우리 나라로 전해진 이른바 북방불교와 스리랑카를 중심으로 동남아 일대에 전해진 남방불교는 융성하여 역사적으로 찬란한 문화를 이룩했으며 오늘날까지도 상당한 세력을 유지하고 있다.

특히 기독교를 바탕으로 살아 온 서구문화권의 지식인들이 고도의 물질문화 속에 살면서 삶에 대한 회의를 느끼고 불교에 눈을 돌리게 되었다. 현실적으로 상당히 많은 서구인들이 직접 또는 간접으로 불교에 관해 많은 연구를 하고 있으며 머리를 깎고 출가하는 이도 점점 늘고 있다.

제2장

붓다가 본 인간 - 오온五蘊

제2장
붓다가 본 인간 - 오온五蘊

1. 어린 인간, 성숙한 인간

이 지구상에 수백억의 인류가 살고 있지만 그 한 사람 한 사람의 얼굴 모습이 다 다르듯이 그 삶도 모두 한결같지 않다. 태어난 환경이 다르고 성장하는 과정이 다르고 각 집단의 생활방식이 다르니 그 가치관도 다르다. 가치관이 다르니 사고하는 방식도 다르고, 사고하는 방식이 다르니 자연 그 언행도 달라진다. 이처럼 살아가는 방식과 가치관이 다르니 그들이 지어낸 문화 역시 서로 다를 수밖에 없다.

그러나 아무리 문화가 다르고 생활방식이 달라도 먹고 입고 자야 하는 인간의 속성이나 희·노·애·락이라는 인간의 감정은 다르지 않다. 천둥 번개가 치고 비바람이 몰아쳐 모든 것을 휩쓸고 지나가는 홍수 앞에서 두려워 떨고, 해가 뜨고 달이 지는 가운데 만물이 성장하다가도 가뭄에 모든 것이 말라붙는 자연계의 현상 앞에서 두려움怖畏을 느끼고, 눈에 보이지 않는 어떤 힘을 향해 무릎을 꿇고 빌었다.

쓸쓸한 가을 들녘에서 지는 해를 바라보며 인생의 덧없음을 곱씹는 노인이 있는가 하면, 한 옆에서는 가을 들녘의 낙조가 마치 자신들의 사랑을 축복해 주는 교향악이라도 되는 듯이 서로 손을 맞잡고 황홀해 하는 청춘 남녀도 있으리라.

또 한 여인이 남편에게 투기하고 서로 티격태격 다투기도 하고, 그러면서 자식 낳고 키우면서 한 생을 마치면, 그 자식들이 성장하여 짝을 맺어 또 자식을 낳고……, 이렇게 끝도 없이 인간의 사슬이 이어져 왔을 것이다. 이런 것이 사람이 사는 모습일 게다.

고도로 발전한 문명의 혜택을 누리며 사는 오늘에 있어서도 이런 기본적인 생활의 바탕은 변하지 않았다. 시대가 바뀌고 생활방식이 달라졌을 뿐 삶의 바탕인 생로병사와 근심·걱정거리 그리고 일상 생활 속에서 이는 갈등은 여전하다. 아니 문명의 시대를 사는 현대인은 예전엔 없었던 걱정거리와 불안의 요인이 더 늘어서 오히려 갈등이 더하다고 한다.

이처럼 예나 지금이나 인간의 불안과 갈등은 그칠 날이 없다. 자고 나면 세상이 변할 만큼 정신없이 빠르게 변하는 오늘과 같은 현실에서는 더욱 그러하다. 그래서 현대인들은 더 고뇌하면서 사는지도 모른다.

이런 소용돌이 속에서 인간이 추구하는 궁극의 바람은 무엇일까. 괴로움 없는 삶, 근심 걱정 없는 삶일 것이다. 현대인은 물질적인 면에서는 어느 정도 이를 달성했으나 정신적인 면에서는 아직 요원한 듯하다. 세계에서 가장 모범적인 복지국가라는 덴마크는 요람에서 무덤까지 사회복지제도가 잘 되어 있지만 그 나라에서 매년 자살자가 늘고 있는 것은 무슨 까닭일까? 그토록 사회복지가 잘 되어 있으니 아무 불만이 없을 것 같은데 왜 자살하는 사람이 있는 것일까?

　괴로움 없는 복된 삶이란 어떤 것인가? 혹자는 가족 사이에 갈등 없고, 큰 부자는 아니더라도 넉넉하게 지낼 수 있고, 아이들이 건전하게 자라주면 더 바랄 게 없다고 말한다. 또 이웃끼리 반목하는 일 없이 오순도순 서로 돕고 사는 사회, 그런 사회는 모순도 없고 불의도 없으며 오늘날과 같은 사회불안이나 부조리 그리고 범죄도 없어질 것이라고 한다. 또 정직하고 근면하게 살면 당연히 그 보장을 받을 수 있으니 이른바 소외되는 사람도 없을 것이며 그야말로 다같이 복을 누리며 잘 살 수 있는 세상이 될 것이라고 이야기한다.

　이런 복된 세상을 만들 수는 없는 것일까? 도대체 인간이란 어떤 존재이기에 늘 갈등과 불만 그리고 다툼 속에서 괴롭고 불행하다고 생각하면서 사는 것일까? 행복하고 만족하다고 생각하며 사는 사람은 없는 것일까?

　3천 년 전 붓다 샤캬무니는 인간이 괴로움에서 헤어나 복과 낙을 누리며 사는 방법을 우리에게 제시해 주었다. 불이 난 집안에서 정신없이 노는 아이들 같은 우리 인간들에게 불이 난 위험한 집에서 어서 나오라고 일깨워 주었다.

　아이들은 아직 철이 없어서 생각하는 것이나 행동이 어리다. 어른들이 보면 아슬아슬하고 안타까울 때가 많다. 그리고 안쓰럽다. 때문에 세존께서는 마치 성숙한 어른이 철없는 아이들에게 타이르듯이 일일이 깨우쳐 주셨다. 불도佛道란 그래서 어린 아이들이 성숙한 어른에게서 많은 것을 배워 나날이 성숙해 가듯이, 복을 누리며 안락하게 살 수 있는 바른 길을 붓다이신 세존께 배워 보다 성숙한 인간이 되어가는 길인 것이다.

우리 인간이 얼마나 어리고 어리석은지, 세존이 본 인간의 모습부터 살펴보자.

2. 오온五蘊으로 이루어진 인간

옛부터 많은 사람들이 여러 각도에서 인간을 분석하고 설명하려고 했지만 그것은 매우 어려운 일이었다. 물질적인 면(유물론)에서 혹은 정신적인 면(유심론)에서 설명하기도 했으며 종교적인 해석을 하기도 했다.

특히 20세기에 이르러서는 여러 과학자들이 생명체의 비밀을 밝혀내기도 했다. 즉 영국 캠브리지대학에서는 생물의 유전자를 연구하는 이른바 생명공학을 이용하여 똑같은 양을 복제해 냈고, 우리 나라의 생명공학연구소에서도 젖소에게 사람의 유전자를 이식시켜 우수한 송아지를 대량으로 복제해 낼 수 있는 기술을 개발했으며, 인공으로 씨감자를 대량생산하여 농가에 보급하는 등 고부가가치산업으로 발전시키기도 했다.

약 60억 개의 세포로 이루어져 있다는 인체의 비밀스러운 기능과 작용이 속속 밝혀지고 있는 것이다. 하지만 정신을 포함해서 인간의 실체를 알아내는 일은 아직도 요원하다고 하겠다. 이런 인간을 불교에서는 어떻게 보았을까? 정확히 말해서 불교의 교조인 샤캬무니께서는 어떻게 보았을까?

불교의 인간관을 살펴보기 전에 먼저 부처의 명호名號부터 확실히 알아 두어야겠다. 앞에서 〈석가세존〉이라고도 했고 〈샤캬무니〉라고도 했다.

불교의 교조는 인간으로서는 최초로 깨달아 붓다가 된 〈석가모니불〉釋迦牟尼佛이다. 부처는 붓다Buddha ; 佛陀라 音譯. 줄여서 佛의 우리 말로서 붓다는 〈깨달은 이〉라는 뜻이다. 석가는 샤캬Sākya의 음역으로 샤캬족族이라는 종족을 말하며, 모니는 무니muni의 음역이다. 곧 성자·지자智者라는 뜻이다. 다시 말해서 〈석가족 출신의 성자인 부처〉라는 뜻이다.

그래서 석가세존이란 석가족 출신으로서 세간世間 곧 우리가 살고 있는 이 세상에서 존경을 받는 분이라는 뜻이다. 이를 줄여서 〈석존〉釋尊 또는 〈세존〉世尊이라고 한다.

초기에는 세존을 〈고타마 붓다〉 또는 〈사문 고타마〉라고 불렀다고 한다. 고타마gautama란 세존 집안의 성씨姓氏니 곧 〈고타마씨 집안 출신의 붓다〉라는 뜻이다. 그리고 사문 Sramaṇa은 수행자라는 뜻이다. 곧 〈수행자 고타마〉라고 호칭한 것이다. 원래 다른 종교의 수행자도 사문이라고 호칭했었으나 불교가 시작된 후에는 오로지 불교의 수행자 곧 비구比丘 : Bhiksu 만을 사문이라고 부르게 되었다고 한다.

또 초기에는 세존만을 붓다라고 했으나(고유명사) 후대로 내려오면서 과거불이니 미래불이니 하는 개념이 생겨나면서 세존을 포함한 여러 부처가 등장하게 되어 보통명사가 되었다. 이로부터 부처님을 칭하는 존칭도 다양해졌다. 붓다에 대한 존칭은 전통적으로 〈여래십호〉如來+號라 해서 10가지를 든다.

① 여래如來
열반涅槃의 피안으로 간 이, 진리에 도달한 이라는 뜻.

② 응공應供
온갖 번뇌를 다 끊어서 모든 사람으로부터 공양을 받을 만한 이라는 뜻.

③ 정변지正偏知
일체의 법을 바르게 아는 이라는 뜻.

④ 명행족明行足
계戒 · 정定 · 혜慧의 삼학三學을 두루 통달한 이라는 뜻.

⑤ 선서善逝
도를 완성하고 깨달아 행복하게 잘 갔으므로 다시는 생사가 있는 고해로 돌아오지 않을 이라는 뜻.

⑥ 세간해世間解
이 세간의 모든 것을 다 아는 이라는 뜻.

⑦ 무상사無上士
위가 더 없을 만큼 최고인 대장부라는 뜻.

⑧ 조어장부調御丈夫

　대자대비하고 큰 지혜大智를 갖추어 다른 사람들을 잘 조복調伏시켜 바른 길로 인도하는 이라는 뜻.

⑨ 천인사天人師

　천계와 인간계의 스승이라는 뜻.

⑩ 불세존佛世尊

　진리를 깨달아 세상 사람들의 존경을 받는 이라는 뜻.

　부처는 이처럼 여러 가지 존칭으로 부를 뿐 아니라 부처에 따라서는 별칭別稱；別名이 있는 부처도 있다. 예를 들면 〈약사藥師유리광여래〉-약해서 〈약사여래〉-를 〈대의왕불〉大醫王佛이라고도 하며, 서방정토의 부처인 〈아미타불〉을 〈무량광불〉〈무량수불〉이라고 부르기도 한다.

　이제 본론으로 돌아와서 세존은 인간을 어떻게 보았는지 살펴보기로 하자.

《무상계》에

(사람이 죽으면) 머리카락 · 털 · 손(발)톱 · 이齒… 살갗 · 근육 · 뼈는 모두 지地；固體性로 돌아가고, 침 · 눈물 · 피…… 오줌은 수水；液體性가 되고, 몸의 더운 기氣；에너지는 화火；熱性가 되고, 활동하던 기운動轉은 풍風；氣體性이 된다. 그러니 오늘 죽은 그대의 몸이 어디 있다고 할 수 있겠는가?

라고 했다. 이에서 알 수 있듯이 부처님께서는 사람의 육신이 〈지·수·화·풍〉의 4가지 원소로 이루어져 있다고 본 것이다. 용어가 지금과 다르고 그 이론이 비록 소박하지만 세존은 3천 년 전에 이미 원소론을 갈파한 것이다.

이는 다른 종교에서는 찾아볼 수도 없거니와 21세기에 접어든 현대까지도 여타 이론과는 비교도 안 되는 가장 과학적인 생성론生成論이다.

신이 천지를 창조하고 인간까지 빚어 만들었다는 어떤 종교의 유아적인 발상創造說과는 너무도 비교되는 부분이 아닐 수 없다. 특히 여자는 남자의 갈비뼈 한 대를 뽑아서 만들었다는 그야말로 기괴하기까지 한 설정은 지금같은 첨단과학 시대에 걸맞지 않는 비과학적인 논리가 아닐수 없다.

이 4가지 원소를 사대종四大種 또는 사대四大라고 한다. 인간을 비롯하여 이 세상에 존재하는 모든 현상은, 이 4대가 어떤 조건 아래 모여서化合 형태를 이루고 있다가 어떤 계기에 그 조건이 변화하면 다시 4대로 돌아간다고 한다.

따라서 이 세상에 존재하는 것은 형태만 달라질 뿐 그 양은 변화가 없다는 것이다. 화학에서 말하는 〈질량불변의 원칙〉과 일치한다. 이것이 바로 불교의 기본진리인 〈인연생기〉因緣生起. 줄여서 緣起의 핵심이다. 연기에 관해서는 〈제3장 존재의 법칙—연기법〉에서 자세히 살펴보기로 한다.

이와 같이 4대로 이루어진 모든 형상形相을 〈색〉色이라고 하며, 현상現象을 법法이라고 한다.

불교에서 말하는 〈법〉은 진리(교리) 또는 지켜야 할 도리rule

라는 뜻도 있지만 어떤 현상이라는 뜻도 있다. 예컨대 불佛・법法・승僧 삼보三寶라고 할 때의 법法寶, 연기법의 법, 〈일심으로 여러 부처의 진실한 법을 들으라〉能一心聽 諸佛實法 할 때의 〈법〉 등은 전자의 경우다.

이에 대해 모든 법은 다 공하다諸法皆空의 법, 일체유위법有爲法 : 현상계의 〈법〉 등은 후자의 경우다. 저 유명한 《반야바라밀다심경》般若婆羅蜜多心經 : 줄여서 반야심경에 〈색불이공 공불이색〉色不異空 空不異色이라고 한 색이 바로 이런 뜻이다.

지금은 4대가 모여서 어떤 형체를 이루고 있지만 언젠가 인연이 다하면 이 4대가 뿔뿔이 흩어지게 되므로 색과 공이 서로 다르지 않다는 것이다. 색이 곧 공이고 공이 곧 색이라는 것이다.

그러나 인간은 4대만으로 이루어진 것은 아니다. 색인 육신과 정신적인 요소인 식識으로 이루어져 있지만 정신적인 요소가 더 중요한 비중을 차지하고 있는 것이다. 즉 인간은 색인 육신과 정신적 요소인 식識이 결합되어 존재한다. 이 정신적인 부분을 명名이라고 한다. 일반적으로 흔히 쓰는 「명색이 남자인데…」할 때 명색은 바로 여기서 나온 말이다.

세존은 이렇듯 인간을 육체적 요소色와 정신적인 요소名로 분석하고 정신적인 요소를 다시 4가지로 분석했다.《잡아함경》〈음〉陰 : 蘊의 舊譯.2-55이라는 경을 보자.

(그것은) 인간의 삶을 구성하는 5가지 요소다. 곧
색이라는 요소色蘊 : 육체

수라는 요소受蘊 : 느낌
상이라는 요소想蘊 : 생각
행이라는 요소行蘊 : 의지
식이라는 요소識蘊 : 의식 를 말한다.

이 5가지 요소를 〈오온〉五蘊이라고 한다. 〈온〉蘊은 '쌓일 온' 자로 〈무더기〉〈쌓인〉이라는 뜻의 범어를 한역한 말이다.
　이를 종합해 보면 인간이란 색온이라는 육체적 요소와 정신작용을 하는 수온·상온·행온·식온이라는 4가지 요소가 합쳐진 오온으로 이루어져 있다는 것이다.

4가지 정신적 요소를 자세히 설명하면 다음과 같다.
　〈수온〉은 외부의 자극을 받아들이는 수동적 감각작용을 말한다.
　〈상온〉은 감각에 따라 개념을 조성하는 표상表象작용을 말한다.
　〈행온〉은 조성된 표상작용에 따라 좋고 나쁜 것을 느끼고, 좋은 것은 더 추구하고 나쁜 것은 배척하려는 능동적인 의지를 드러내는 행위다.
　이 때 몸으로 나타내는 행을 〈신업〉身業이라 하고, 입으로 나타내는 행을 〈구업〉口業이라고 하며, 마음으로 짓는 것을 〈의업〉意業이라고 한다. 이것이 신·구·의 3업이다.
〈식온〉은 이성적理性的인 의식意識작용을 말한다.
《잡아함경》〈삼세음세〉三世陰世 : 2-46라는 경에서는 오온을 이렇게 설명했다.

『비구들이여, 색이란 무엇인가.
 아픔을 느끼는 것을 색이라고 한다.
 무엇이 아픔을 느끼게 하는가.
 추위가 아픔을 느끼게 하며,
 더위가 아픔을 느끼게 하며,
 배고픔이 아픔을 느끼게 하며,
 목마름이 아픔을 느끼게 하며,
 모기·등에·뱀·바람·열 따위가
 아픔을 느끼게 한다.
 이렇게 아픔을 느끼므로 색이라 한다.

 비구들이여, 무엇을 수라 하는가.
 느끼므로感受 수라 한다.
 무엇을 느끼는가.
 낙樂을 느끼고, 고苦를 느끼고,
 낙도 고도 아닌 것도 느낀다.
 이처럼 느끼므로 수라 한다.

비구들이여, 무엇을 상이라 하는가.
지각知覺하므로 상이라 한다.
무엇을 지각하는가.
적다는 것을 지각하고, 많다는 것을 지각하고,
한량없는 것, 가진 것이 없다는 것을 지각한다.
이와 같이 지각하므로 상이라고 한다.

비구들이여, 무엇을 행이라 하는가.
행위를 하므로現成 행이라 한다.
무엇을 행으로 나타내는가.
색 · 수 · 상 · 식으로 느끼고 지각한 것에 대해
반응하여 행위를 형성하므로 행이라고 하는 것이다.

비구들이여, 무엇을 식이라 하는가.
식별識別하므로 식이라 한다.
무엇을 식별하는가.
빛깔을 식별하고, 소리를 식별하고, 냄새를 식별하고,
맛을 식별하고, 촉감을 식별하고, 법現象을 식별하므로
식이라 한다.』

 이런 정신작용은 그 과정을 의식하지 못할 만큼 짧은 동안에 이루어진다. 한 예를 들어보자.
 어떤 청년이 길을 가다가 한 여성을 보고, 그 지성적인 아름다움에 매료되어(수온)

저런 여인과 결혼한다면 얼마나 행복할까 하고 생각했다.
(상온)

그래서 말이라도 걸어보려고 쫓아가다가(행온)

혹 기혼여성일지도 모른다는 생각이 들어(식온)

되돌아섰다.

이런 작용을 유발시키는 자극은 신체 각 부위의 기관인 눈眼·귀耳·코鼻·혀舌·몸身(皮膚)·의식意(뜻)을 통해서 받아들여진다.

이 여섯 감각기관을 6근六根이라고 하며, 6근의 대상對象이 되는 외부의 자극―불교에서는 이를 경계境界라고 한다―을 6경境이라고 한다.

6근根		6경境
안근眼根 : 눈	─── 대상 ───▶	색경色境 : 사물
이근耳根 : 귀		성경聲境 : 소리
비근鼻根 : 코		향경香境 : 냄새
설근舌根 : 혀		미경味境 : 맛
신근身根 : 피부		촉경觸境 : 감촉
의근意根 : 마음		법경法境 : 현상

이 6근과 6경을 합해서 12처十二處라고 한다. 이 12처가 불교의 세계관이다. 이 세상의 모든 사물과 현상은 이 12처에 속하며 이를 초월한 것은 있을 수 없다.

일반적으로 인간을 말할 때 〈지·정·의〉智情意로 나누어

평면적으로 분석하기도 하지만 세존은 수동적인 감각—수온—이 능동적인 의지—행온—로 전환되고 다시 의식—식온—이 성립되는 동적이며 3차원·4차원적인 과정을 단계적으로 설명했다. 매우 놀라운 분석이 아닐 수 없다.

　세존은 비단 인간 뿐 아니라 모든 현상을 〈분석〉이라는 방법으로 그 실상을 구명究明했다. 분석은 분할分割이다. 갈피를 잡을 수 없이 복잡하고 불가사의한 현상이나 경험적인 일事象들을 단계적으로 분할하여 거기서 중요한 요소들을 추출抽出하고 본질적인 것을 찾아냄으로써 그 진상을 파악했다.

　예를 들면 인간의 무지無明에 대해 설한 경이 있다. 《잡아함경》에 있는 〈무명〉28-749이라는 경인데, 인간이 무지하면 어떻게 되는지를 단계적으로 분석했다.

『비구들아,
　무지無明하면 악하고 선하지 못한 일이 생긴다.
　따라서 부끄러움을 모르고 뉘우칠 줄 모른다.
　비구들아,
　무지하므로 바르지 못한 견해가 생긴다.
　견해가 바르지 못하므로 바르지 못한 생각을 하게 된다.
　생각이 바르지 못하므로 바르지 못한 말을 하게 된다.
　말이 바르지 못하므로 바르지 못한 행위를 하게 된다.
　행위가 바르지 못하므로 바르지 못한 생활을 하게 된다.
　생활이 바르지 못하므로 바른 노력을 하지 않는다.

바른 노력을 하지 않으므로
　　바르지 못한 것을 생각念하게 된다.
　　바르지 못한 것을 생각하므로
　　바르지 못한 짓을 하게 된다.』

　무지하면 바른 길로 가지 못하고 마침내 불행으로 치닫게 되는 과정을 논리적으로 설했다. 세존은 이렇듯 단계적으로 분석하고 사색했다. 세존의 사색은 곧 분석이었다. 그래서 남방의 상좌부 불교에서는 세존을 〈분별설자〉分別說者라고도 한다.
　세존은 이런 분석적 방법으로 파악한 사물의 진상을 제자들에게 문답식으로 가르쳤다. 따라서 이같은 분석적 사고思考방식은 사고의 과정(순서)이 분명하다.
　특히 문자로 기록된 경이 아니라 입에서 입으로 구전口傳되던 초기의 가르침(경전)은 거의가 다 이처럼 기억하기 쉽고 암기하기 좋게 정형화定型化된 문답식이었다. 이런 문답식 설법은 모든 경에서 볼 수 있는 세존의 특징적인 설법이기도 하다.
　인간의 오온에 관해서도 세존은 제자들과 많은 문답을 했다. 그 중의 한 경인 〈오비구〉五比丘. 2-34를 보자.

『비구들이여,
　육신色에는 〈나〉我 : 實體가 없다無我.
　만약 육신에 〈나〉(실체)가 있다면,

병에 걸리지 않을 것이다.
그리고 〈나의 육신은 이러이러해야 한다,
나의 육신은 이러이러해서는 안 된다〉
고 내 마음대로 할 수 있을 것이다.
그러나 육신은 〈나〉가 아니므로 병에 걸리고,
〈나의 육신은 이러이러해야 한다,
나의 육신은 이러이러해서는 안 된다〉
고 바라게 되는 것이다.』

세존은 수·상·행·식에 대해서도 이와 똑같이 설했다. 그리고 나서

『비구들이여. 그대들은 어찌 생각하느냐?
〈색〉은 〈항상하는 것〉常住이냐? 그렇지 않으면 〈무상〉한 것이냐?』

하고 질문한다. 제자들이 무상한 것이라고 대답하자,

『무상한 것은 낙樂이겠느냐? 괴로움苦이겠느냐?』

고 다시 묻는다. 세존은 이처럼 괴로움이 생기는 과정을 문답을 통해 차근차근 일깨워 주었다.
　여기서 불교를 공부하는 사람들이 자주 헷갈리는 말 중의 하나가 〈아〉我다. 〈아〉의 개념을 확실히 짚어보기로 하자.

한자로 〈나 아我〉라고 쓰는 이 말—실체라는 뜻—을 우리말로 번역할 적절한 말이 없어 그저 〈나〉라고 번역하기 때문에 자신을 가리키는 〈나〉와 혼동하기 일쑤다. 앞에서 말한 〈법〉이 두 가지 뜻으로 쓰이듯이 경전에 나오는 아我도 〈실체〉라는 뜻과 〈나 자신〉이라는 두 가지 뜻으로 쓰이므로 그때그때 잘 분별해야 한다.

한 예를 들어보자. 〈수루나〉輸屢那. 1-30라는 경이 있다. 사리푸트라가 청년 수루나에게 정형화된 문답으로 오온에 관해 설한다. 일부를 인용하면 다음과 같다.

『수루나여, 그대는 어찌 생각하느냐.
 색(육신)은 항상恒常한 것이겠느냐?
 무상한 것이겠느냐?』
『대덕大德이시여, 무상합니다.』
『무상하다면 색은 괴로움이겠느냐? 낙이겠느냐?』
『대덕이시여, 괴로움입니다.』
『색이 무상하고 괴로움이며 변하는 것이라면 그것을
「이는 나의 것이다. 이는 나我다. 이는 나의 실체다」
 라고 할 수 있겠느냐?』
『대덕이시여, 그렇지 않습니다.』
『수루나여, 수(감각)는 영원한 것이겠느냐?
 무상한 것이겠느냐?』
『대덕이시여, 무상합니다.』
『무상하다면, 수는 괴로움이겠느냐? 낙이겠느냐?』

『대덕이시여, 괴로움입니다.』
『수가 무상하고 괴로움이며 변하는 것이라면 그것을
「이는 나의 것이다. 이는 나다. 이는 나의 실체다」
라고 할 수 있겠느냐?』
『대덕이시여, 그렇지 않습니다.』

사리푸트라는 계속해서 상·행·식도 똑같은 형식의 정형화된 문답으로 오온은 무상하며, 무상한 것은 괴로움이라는 것을 누누이 설했다.

3. 무거운 짐을 벗어라 －이 세상은 고해다 －切皆苦

인간은 왜 괴로운가? 세존은 괴로움의 원인을 오온 때문이라고 했다. 그리고 오온을 〈무거운 짐〉에 비유했다. 무거운 짐을 지고 가는 사람은 힘이 든다. 짐이 무거울수록 힘이 더 든다. 그런 무거운 짐을 벗어놓으면 얼마나 홀가분하겠는가?

그러나 인간들은 그 짐을 벗어놓기는커녕 점점 더 많이 지겠다고 아우성이다. 그래서 세존은 우리에게 그 무거운 짐을 미련없이 벗어버리고 괴로움에서 벗어나라고 했다.

《잡아함경》에 〈무거운 짐〉重擔 : 3-73이라는 경을 보자. 〈오온〉이 인간에게 얼마나 무거운 짐－괴로움－인지 비유를 들어 생생하게 설해 놓으셨다.

『비구들아, 내 이제 그대들을 위해
무거운 짐과 무거운 짐을 지는 것과
무거운 짐을 내려놓는 것, 그리고
무거운 짐을 진 사람에 대해 설하겠다.

비구들아, 무거운 짐이란 무엇인가.
생生을 구성하는 다섯 가지 요소五蘊가 무거운 짐이다.

다섯 가지 요소란 무엇인가.
물질이 쌓여 이루어진 색(육신)이라는 요소
수(느낌)라는 요소
상(생각)이라는 요소
행(행위)이라는 요소
식(의식)이라는 요소의 다섯 가지다.
이것을 일컬어 무거운 짐이라고 한다.

비구들아, 무거운 짐을 진다는 것은 어떤 것인가.
장차 〈존재〉라는 과보를 받게 될
애착과 탐욕과 환락에 빠지는 것이다.
환락에 빠지고, 몸을 태우고,
모든 것에 집착하는 갈애渴愛를 일으킨다.
이것이 무거운 짐을 지는 것이다.
이 갈애는 다시 미망迷妄의 생生 : 後有을 초래한다.
곧 성욕에 대한 집착慾愛, 생존에 대한 집착有愛,

우월감에 대한 집착無有愛이 그것이다.

비구들아, 무거운 짐을 내려놓는다는 것은 무엇인가.
이 갈애를 떠나 남김없이 멸하는 것,
다 토해내는 것, 단념하는 것,
영원히 끊는 것을 말하며
집착하는 마음을 없애고 해탈하는 것을 말한다.
이것을 일컬어 무거운 짐을 내려놓는다고 한다.

무거운 짐을 진 짐꾼이란 어떤 것인가.
이른바 아무개라는 성姓과 이름을 가진 사람을
이르는 말이다.
이들은 태어나서 사는 동안에
즐거움을 또 괴로움을 받는다.
그러다가 어느 날 명命을 마친다.
이런 사람을 일러 무거운 짐을 진 짐꾼이라고 말한다.』

세존께서는 이렇게 설하고 나서 다시 이를 게송偈頌으로 설했다. 어떤 가르침法을 설하시고 그 내용을 다시 정리해서 운율韻律 있는 시詩 : 偈頌형식으로 설하는 것을 중송重頌이라고 한다.

이미 무거운 짐을 벗어버렸거든
다시는 그 짐을 지지 말아라.

무거운 짐을 지는 것은 괴로움이며
이 짐을 벗어버리면 안락과 자유를 누린다.

마땅히 모든 애욕을 끊어라.
일체의 삶은 이내 끝날 것이다.
존재有의 참다운 모습을 환히 알면
다시는 윤회하는 존재로 돌아오지 않을 것이다.

 세존이 설한 대로 인생은 〈고〉다. 그래서 우리가 사는 세상을 괴로움의 바다苦海라 하여 사바娑婆라고 한다. 사바는 범어 sabhā의 음역이며, 인토忍土·감인토堪忍土·인계忍界라고 한역한다. 모든 괴로움을 참고 견디며 살아야 하는 세계라는 뜻이다.
 세존은 사람의 괴로움을 무거운 짐에 비유하고, 인간들이 스스로 그 짐을 짊어진다고 했다. 환락에 빠지고 그 환락을 위해 스스로의 몸을 태우며 집착하는 갈애, 이 모두가 스스로 자초하는 짐이라는 것이다. 그리고 이 짐은 또다시 다음 생의 〈유〉有:生라는 결과果報를 초래하는 원인因이 된다.
 〈유〉란 아직 열반에 이르지 못한—해탈하지 못한—사람이 미래세에 받는 과보다. 다음 생에 받을 몸과 마음 곧 다음 생의 삶을 말한다. 이에 관한 자세한 것은 〈제3장 존재의 법칙—연기법〉에서 다시 공부하자.
 〈유〉에는 두 가지가 있다. 하나는 유애有愛고 또 하나는 무유애無有愛다. 유애는 삶에 대한 애착이다. 유한한 인생이라는 것을 잊고, 혹은 모르고 오래 살겠다고 집착하는 것, 이런 집착을 유애라고 한다. 이에 대해 무유애는 명예욕과 같은 자기우월감에 집착하는 것을 말한다. 인간의 괴로움은 이런 집착에서 비롯된다는 것이다.

여기서 인간의 괴로움에 대해 설한 또 하나의 경을 보자. 〈잠부카다카〉閻浮車. 18-490라는 경에 괴로움이란 어떤 것인지 자세하게 설했다.

장로長老 사리푸트라가 세존을 모시고 마가다국의 나라가那羅迦에 머물고 있을 때 잠부카다카라는 유행자遊行者가 찾아왔다.
『친구 사리푸트라여, 모든 사람들이 〈괴로움〉이라는 말을 많이 하는데 대체 그 〈괴로움〉이란 무엇이오?』
그러자 사리푸트라가 이렇게 대답했다.
『벗이여. 괴로움이란,
 태어나는 괴로움
 늙는 괴로움
 병의 괴로움
 죽음의 괴로움
 사랑하고 아끼는 것을 잃는 괴로움
 밉고 싫은 것을 만나는 괴로움
 갖고 싶은 것을 얻지 못하는 괴로움
 오온이 치성해서 생기는 괴로움
 이것을 괴로움이라고 하오.』

사리푸트라는 여기서 8가지의 괴로움을 열거했다. 이 중 생·노·병·사라는 생태적인 괴로움 4가지를 〈4고〉四苦라 하고, 나중의 정신적인 괴로움 4가지를 합해서 〈4고8고〉八苦라고 한다.

〈전법륜〉轉法輪. 15-379이라는 경을 통해 〈4고8고〉에 관한 세존의 육성을 들어보자.

『비구들아,
 태어남은 괴로움이다.
 늙는 것은 괴로움이다.
 병은 괴로움이다.
 죽음은 괴로움이다.
 탄식·슬픔·근심·걱정·고민은 괴로움이다.
 밉고 원망스러운 것을 만나는 것은 괴로움이다.
 사랑하는 것과 떨어지는 것은 괴로움이다.
 갖고자 하나 얻지 못하는 것은 괴로움이다.
 통틀어 말하자면 존재를 이루는 것은 모두 괴로움이다.
 이것이 괴로움의 진리다.』

태어나는 것 자체가 괴로움이라고 했다. 사람이 사람으로 태어나는 과보가 시작되었을 때의 괴로움을 말한다. 어머니의 태에서 수정이 되어 10달을 채우고 출생할 때까지의 고통을 말한다. 이것이 〈생고〉生苦다.
 늙는 것도 괴로움이다. 출생해서 죽을 때까지 살아있는 동안에 받는 괴로움을 말한다. 이것이 〈노고〉老苦다.

또 병드는 것도 괴로움이다. 병을 앓으며 받는 육체적·정신적 고통을 모를 사람이 없다. 이것이 〈병고〉病苦다.

죽는 괴로움. 명이 다되어 죽거나, 갑작스런 재해 등 불의의 사고로 죽을 때의 괴로움은 말로 다할 수 없을 것이다. 이것이 〈사고〉死苦다.

탄식·슬픔·근심·걱정 등도 괴로움이다. 육체(색온)는 물론 수·상·행·식 등의 오온을 통해 갖가지 괴로움을 느낀다. 이런저런 일로 근심 걱정이 떠날 날이 없다. 그래서 늘 괴로워하며 산다. 이것을 〈오음성고〉五陰盛苦라고 한다. 오음은 오온의 구역舊譯이다.

만나고 싶지 않고 보기도 싫은 사람을 만나는 것도 괴로움이다. 하기 싫은 일을 해야 하는 것도 괴로움이다. 이런 괴로움을 〈원증회고〉怨憎會苦라고 한다.

아끼고 사랑하는 것을 잃었을 때 얼마나 괴롭겠는가. 나를 낳아주시고 길러주신 고마운 부모님이 돌아갔을 때, 사랑하던 남편 또는 아내가 죽었을 때, 귀여운 자식을 잃었을 때, 애지중지하던 결혼반지를 잃었을 때, 목숨보다 더 중히 여기며 애착하던 재물을 잃었을 때, 이 모두가 괴로움이다. 흔히 이런 것을 〈회자정리〉會者定離라고들 말하는데, 이런 괴로움이 〈애별리고〉愛別離苦다.

갖고 싶은 것을 갖지 못할 때도 괴롭다. 하고 싶은 일을 하지 못할 때도 역시 괴롭다. 욕구를 충족하지 못하면 괴로워한다. 이런 것을 〈구부득고〉求不得苦라고 한다.

이런 인간의 감정―〈고〉〈낙〉〈괴롭지도 않고 즐겁지도 않은 것〉不苦不樂을 분석해 보면, 일상적인 감각으로 느끼는 괴로움受苦과, 육체적인 괴로움身苦 그리고 정신적인 괴로움(근심·걱정)으로 나눌 수 있다.

육체적인 고통을 고고苦苦라고 한다. 인간은 원래 괴로움으로 말미암아 태어났기 때문에 온갖 괴로움을 받는다. 괴로움으로 말미암아 태어났다는 뜻은 〈제3장 존재의 법칙―연기법〉에서 자세히 살펴보기로 하자.

낙 곧 낙경樂境이 변화하는 데서 오는 괴로움은 괴고壞苦라고 한다. 다시 말해서 즐거워하거나 기뻐하며 애착을 느끼던 것이 부서지고 낡아 없어지거나 잃었을 때 느끼는 괴로움이다.

불고불락, 괴로움도 아니고 낙도 아닌 것에서 받는 괴로움도 있다. 일체 만유萬有는 무상하여 변화한다. 이런 변화를 〈천류〉遷流라고 하며, 이런 무상함을 보고 느끼는 괴로움을 〈행고〉行苦라고 한다. 세상의 모든 현상이나 존재는 단 하나도 변하지 않는 것이 없으므로 이를 보고 느끼는 괴로움이 바로 행고다. 생로병사야말로 대표적인 천류가 아닐까.

이런 근본적인 인간의 괴로움인 고고·괴고·행고를 3고라고 한다. 따라서 이 세상은 고 아닌 것이 없다一切皆苦는 것이다.

4. 네 가지 성스러운 진리 四聖諦

어느 날 한 제자가 세존 앞에 이르러 예배하고 나서 질문을 했다.

『대덕大德이시여, 모두들 무명無明 무명하고 말하는데 그 무명이란 무엇입니까?』

이 질문을 받은 세존께서 어떻게 대답을 하셨을까. 파리어 南傳《상응부경전》에 있는 〈무명〉56-17이라는 경에 실린 세존의 대답을 들어보자.

『비구여,
〈고〉에 대한 무지無智,
〈고〉의 생기生起에 대한 무지,
〈고〉의 멸진滅盡에 대한 무지 그리고
〈고〉의 멸진에 이르는 〈도〉道에 대한 무지,
이를 무명이라고 하는 것이다.
그러니 〈고〉에 대해 배우고, 〈고〉의 생기에 대해 배우고,
〈고〉의 멸진에 대해 배우고, 〈고〉의 멸진에 이르는 도에 대해 배우라.』

세존은 이 비구에게 〈고, 고의 생기, 고의 멸진, 고의 멸진에 이르는 도〉를 모르면無智, 그것이 바로 무명이라고 했다.

바른 이치 곧 진리를 모르는 것, 그것이 무명인 것이다.
　인간은 무명으로 말미암아 행이 생기고 그 행으로 말미암아 식이 일어나고 식으로 말미암아 명색·육처·촉·수·애·취·유·생… 결국 무명 때문에 생로병사를 비롯한 〈고〉가 생긴다고 하지 않았는가. 〈고〉에 대해 무지하면 그것이 바로 무명이라고 한 것이다.
　이 경 바로 다음에 〈명〉明.56-18이라는 경이 있다. 이 경에서는

『비구여,
　〈고〉에 대한 지혜智
　〈고〉의 생기에 대한 지혜
　〈고〉의 멸진에 대한 지혜
　〈고〉의 멸진에 이르는 〈도〉에 대한 지혜
　이를 일컬어 〈명〉이라 한다.』

고 설하고 이 네 진리를 힘써 배우라고 했다. 이 〈고〉에 대한 네 진리, 곧 〈고에 대한 진리〉〈고의 생기에 대한 진리〉〈고의 멸진에 대한 진리〉〈고의 멸진에 이르는 도에 대한 진리〉에 대해 세존은 《잡아함경》〈전법륜〉轉法輪 : 15-379이라는 경에서 이렇게 설했다.

『괴로움에 관한 거룩한 진리다.
　일찍이 듣지 못한 법이니 잘 듣고 바르게 생각하라.

바르고 참답게 알면
　　눈·지혜·밝음·깨달음이 생길 것이다.
　　괴로움의 모임에 대한 진리를 알았으면
　　마땅히 끊어야 한다.
　　일찍이 듣지 못한 바른 법이니 한번 더 … 생각하라.
　　바르고 참답게 알면 …… 생길 것이다.
　　괴로움을 멸하는 진리를 알았으면
　　마땅히 증득할 줄 알아야 한다.
　　일찍이 듣지 못한 …… 생각하라.
　　바르고 참답게 알면 …… 생길 것이다.
　　괴로움을 멸하는 도에 대한 진리를 알았으면
　　마땅히 닦아야 한다.
　　일찍이 듣지 못한 …… 생각하라.
　　바르고 참답게 알면
　　눈·지혜·밝음·깨달음이 생길 것이다.』

　불도 수행의 기본이며 깨달음에 이르는 길이라고 했다. 그래서 세존은 수행자들에게 이렇게 경고했다.
　〈선남자〉善男子.15-393라는 경을 보자.

『만일 선남자가 출가하여 도를 배우려거든
　마땅히 네 가지 진리를 알아야 한다.
　네 가지 진리란 무엇인가.
　괴로움의 진리를 알고

괴로움이 모이는 진리를 알고
괴로움을 멸하는 진리를 알고
괴로움을 멸하는 도의 진리를 알아야 한다.
그러니 비구들이여,
아직 이 네 가지 진리에 대하여 지혜를 얻지 못했거든
부지런히 닦아야 한다.
이는 진리이므로 내 자세하게 설명하리라.』

불교의 근본사상인 이 〈네 가지 진리〉四聖諦야말로 수행의 근본이며 필수라고 하셨다. 그래서 세존은 초전법륜 이후 기회있을 때마다 이 사성제를 강조하신 것이다. 세존이 이를 얼마나 중요하게 여겼는지 또 하나의 예를 살펴보자. 〈사문 바라문〉沙門婆羅門. 15-390이라는 경이다.

『만일 사문이나 바라문으로서
 이 괴로움의 진리를 참답게 알지 못하고
 이 괴로움이 모이는 진리를 참답게 알지 못하고
 이 괴로움을 멸하는 진리를 참답게 알지 못하고
 이 괴로움을 멸하는 도를 참답게 알지 못하면
 그는 사문이면서 사문이 아니며
 바라문이면서 바라문이 아니다.
 ……
 법을 깨달아 스스로 알고 증득證得하여
 나의 생은 이미 다하고 닦을 것梵行을 다 닦았으며

할 일을 이미 다 마쳐
후세에 다시는 몸을 받지 않는다고 스스로 알지 못한다.
만일 사문이나 바라문으로서
이 괴로움의 진리를 참답게 알고
이 괴로움이 모이는 진리를 참답게 알고
이 괴로움을 멸하는 도를 참답게 알면
그 사문이나 바라문은 사문 중의 사문이며,
바라문 중의 바라문이다.
……
그러므로 비구들이여, 네 가지 진리에 대하여
평등한 지혜로 왕성한 욕심을 내어 꾸준히 힘쓰고
참고 견디며 공부해야 한다.
네 가지 진리란 무엇인가.
이른바 괴로움의 진리
괴로움이 모이는 진리
괴로움을 멸하는 진리
괴로움을 멸하는 도의 진리다.』

 이 사성제야말로 불도수행의 골격인만큼 매우 소중할 뿐 아니라 미묘한 법이라고 찬탄하고 이 네 가지 이치를 완벽하게 깨닫고 체득證得하는 것이 수행자의 기본이라고 강조한 것이다.
 세존은 또 수행자들에게 이런 당부도 했다.《잡아함경》〈선사〉禪思,16-23라는 경을 보자.

『비구들이여, 조용히 앉아 사색禪思에 힘쓰라.
비구들이여, 조용히 앉아 사색하여
마음의 고요를 성취하면
참다운 진리가 밝히 나타난다.
어떤 것이 밝히 나타나는가.
괴로움의 진리
괴로움이 모이는 진리
괴로움이 멸하는 진리
괴로움을 멸하는 도의 진리가 나타난다.』

오로지 괴로움에 관한 네 가지 진리를 깨치기 위해 힘쓰라고 설했다. 이렇게 성취하는 〈고〉에 관한 네 가지의 진리가 곧 〈사성제〉四聖諦다. 세존이 초전법륜 때 설한 이래로 불교 수행의 기본적인 핵심이 된 가르침이다.
〈괴로움의 진리〉, 이를 〈고성제〉苦聖諦 줄여서 〈고제〉라고 한다.
괴로움이 모이는 진리, 이를 〈집성제〉集聖諦 줄여서 〈집제〉라고 한다.
괴로움이 멸하는 진리, 이를 〈멸성제〉滅聖諦 줄여서 〈멸제〉라고 한다.
괴로움을 멸하는 도의 진리, 이를 〈도성제〉道聖諦 줄여서 〈도제〉라고 한다. 성제란 성스러운 진리라는 뜻이다.
세존이 성도成道한 후 바라나시波羅奈 ; Vārāṇasī의 미가다바 鹿野苑 ; Mṛgadava에서 다섯 비구에게 설한 최초의 설법—초전법륜初轉法輪이라고 한다―이 바로 이 사성제와 팔정도八正道 였다.

〈사성제〉는 불교교리의 골격을 이루는 전형典型이며 모든 교리의 근본사상이다. 또한 〈팔정도〉는 불교 수행의 핵심이 되는 중요한 8가지의 실천덕목이다.

〈사성제〉에 대하여 좀더 알아보기로 하자. 앞에서 본 〈전법륜〉15-379의 뒷부분이다.

『비구들이여,
 출가자出家者는 두 극단을 가까이해서는 안 된다.
 두 극단이란 무엇인가.
 하나는 애욕에 탐착貪著하는 일이다. 애욕에 탐착하는 것은 열등劣等한 짓이며 천하다. 범부나 하는 짓이므로 성스럽지 못하고 아무 짝에도 쓸 데가 없다.
 또 하나는 고행이다. 고행은 오직 괴로울 뿐, 성스러운 길이 아니며 역시 아무 짝에도 쓸 데가 없다.
 비구들이여, 그래서 여래如來; 세존 자신는 이 두 극단을 버리고 중도中道를 깨달았다. 중도는 일찍이 듣지 못한 법이니 잘 들으라.
 중도는 눈을 열어주고 지혜를 주고 적정寂靜・증지證智・등각等覺・열반涅槃에 이르게 한다.
 비구들이여, 중도를 깨닫는다는 것은 무엇인가. 4가지 괴로움의 진리四聖諦와 8가지 바른 길八正道을 말한다……。
 사성제란 무엇인가. 고성제苦聖諦・집성제集聖諦・멸성제

滅聖諦 · 도성제道聖諦를 말한다.
고성제란 무엇인가, 인간이라는 존재는 모두 고라는 진리다.
비구들이여, 고를 일으키는 원인 곧 집성제란 무엇인가. 욕망의 갈애 · 유有의 갈애 · 무유無有의 갈애를 말한다.
고를 멸진滅盡하는 것 곧 멸성제란 무엇인가. 열반을 말한다.
비구들이여, 고를 멸하는 길 곧 도성제란 무엇인가. 8가지 성스러운 길 곧 팔정도를 말한다.
비구들이여, 이처럼 괴로움의 진리는 아직 들어보지 못했던 진리이니 바르게 생각하라. 눈이 열리고 지혜가 생기고 이해가 생기고 광명(깨달음)이 생길 것이다.』

세존은 집성제 · 멸성제 · 도성제에 관해서도 고성제와 똑같이 설하고 나서

『비구들아, 내가 이 사성제의 3전轉 12행行에 대해서, 눈 · 지혜 · 이해 · 광명이 생기지 않았다면 천天 · 악마 · 범천梵天을 포함한 저 세계와 사문 · 브라만 등 법을 듣는 대중이 사는 이 세상에서 해탈하여 떠나지 못했을 것이다. 또 스스로 아뇩다라삼먁삼보리正等覺를 이루었다고 말하지 못했을 것이다.
그러나 나는 이미 이 사성제의 3전 12행에 대해 눈이 열리고 지혜가 생기고 이해가 생기고 광명이 생겨 진리를

명백하게 깨달았기에 비로소 천·악마·범천·사문·브라만 등 법을 듣는 대중들에게 이 세상에서 최고의 아뇩다라삼먁삼보리를 이루어 붓다가 되었다고 말하는 것이다.』

라고 말씀하셨다.

세존의 초전법륜은 이렇게 절절하게 전개되었다. 그리고 자신이 붓다가 되었음을 당당히 선언했다.

〈3전 12행〉이란 사성제를 세 번 반복하여 각각 특징있는 12가지 명제로 설했다는 뜻이다.

첫번째는 〈고·집·멸·도의 4가지 진리〉라는 정의를 보였다示 해서 이를 시전示轉이라 한다.

두번째는 고를 알고 집을 끊고 멸을 증득하여 도를 닦으라고 권했다 하여 이를 권전勸轉이라 한다.

세번째는 세존 자신이 스스로 고를 알아 집을 끊고 멸을 증득하여 도 닦는 것을 보임으로써 다른 사람들도 이 이치를 증득하게 되었다 하여 이를 증전證轉이라 한다. 다시 말해서 4성제를 시전·권전·증전의 세 가지 명제로 설했으므로 이를 12행(4×3)이라고 하는 것이다.

세존의 초전법륜을 듣고 있던 다섯 비구들은, 처음에는 〈고행을 포기한 타락한 수행자〉〈도를 이루기는 이미 틀린 사람〉이라고 비아냥거렸으나 그야말로 하늘이 놀라고 땅이 흔들릴驚天動地 지경이었다. 말로만 듣던 붓다가 바로 눈 앞에 출현하지 않았는가. 경은 더 계속된다.

세존께서 이렇게 설하자, 다섯 사람의 비구는 환희하여 세존께서 설하신 바를 모두 받아들였다. 그리하여 맨 처음 장로 콘단냐憍陳如의 청정한 법안法眼이 열렸다. 생겨나는 모든 것은 멸한다는 것을 깨달은 것이다.
세존께서도 콘단냐가 깨친 것이 너무나 기뻐서
『참으로 콘단냐가 깨쳤다. 콘단냐가 깨쳤다.』
고 기뻐하시었다. 그래서 그 때부터 장로 콘단냐를 〈아냐타 콘단냐〉라고 부르게 되었다.

〈아냐타〉란 〈깨닫다〉라는 범어다. 아냐타 콘단냐는 깨달은 콘단냐라는 뜻이다. 경은 계속해서 세존이 초전법륜하는 광경을 감동적으로 묘사했다. 세존께서 최초로 법을 설하시자 이 땅의 모든 신들이

『세존께서 바라나시의 사슴이 노니는 동산 미가다바鹿野苑에서 3전 12행의 법륜을 굴리시었다. 이는 사문·브라만·천·악마·범천 그리고 이 세상의 그 누구도 굴리지 못한 것이다. 이로써 모든 중생이 이익되고 안락할 것이다.』

라고 큰 소리로 외치자, 이 소리를 들은 사왕천四王天의 천왕들도 똑같이 외쳤고, 이 소리를 들은 도리천忉利天의 신들이 또 외쳤다. 염마천焰摩天의 신들, 도솔천兜率天의 신들, 화락천化樂天의 신들, 타화자재천他化自在天의 신들, 범

천의 신들…… 모든 신들이 환희하여 큰 소리로 외치니 삼천대천세계三千大千世界가 크게 진동하고 한없는 대광명이 온 세상을 비쳤다고 표현했다. 이와 같이 사성제와 팔정도는 아무도 굴리지 않았고 일찍이 듣지 못했던 진리며, 정등각을 이룰 수 있는 매우 중요한 진리인 것이다.

《반야심경》에 〈조견오온개공 도일체고액〉照見五蘊皆空 度一切苦厄이라는 구절이 있다. 〈사람의 몸과 마음작용이 원래 공空한 것(實體가 없는 것)임을 깨닫고 모든 괴로움과 재액災厄에서 벗어났다.〉는 뜻이다. 여기서 말하는 〈일체고액〉의 〈고〉가 바로 위에서 말한 4고와 8고를 가리키는 말이다. 이것이 바로 〈고성제〉다.

이러한 괴로움의 원인 곧 〈집성제〉란 어떤 것인가.

『비구들아, 그렇다면 이 괴로움은 어찌 생기는 것인가.
　보라, 미망迷妄의 인생을 태어나게 하고
　환락에 젖어 탐내는 마음으로
　욕망과 유와 무유의 갈애에 얽매이게 한다.
　이것이 괴로움을 일으키는 원인集聖諦이다.』

라고 했다. 괴로움의 원인은 감각적인 욕망에 대한 집착과, 자기존재—유—에 대한 집착 그리고 비존재—무유—에 대한 집착에서 비롯된다고 했다.

〈취착〉取著 : 2-43이라는 경을 보자. 취착의 취는 12인연에서 말하는 〈애〉愛로 말미암아서 일어나는 집착을 말한다. 이는 번뇌의 다른 이름이기도 하다. 취착은 곧 집착, 고뇌라는 뜻이다. 이런 집착은 어떻게 생기는가? 경에 이렇게 설했다.

『어리석고 무지한 범부들은,
「색(육체)은 나我다. 나는 색을 가지고 있다. 나 안에 색이 있고 색 안에 내가 있다」고 생각한다.
그러나 그의 색은 변한다. 색이 변하므로 그의 의식 역시 색의 변화에 따라 작용하기 시작한다.
색의 변화에 따라 의식이 작용하므로 고뇌가 일어나 그의 마음을 잡고 놓지 않는다. 그러면 그는 그 마음을 잡고 놓지 못하고 거기에 매달려서 고뇌할 뿐이다.』

세존은 수·상·행·식에 대해서도 똑같은 형식으로 설했다. 다시 말해서 덧없는 색·수·상·행·식에 매달리기 때문에 괴로움이 생긴다는 것이다. 이것이 집성제다.
그렇다면 괴로움을 떠나는 진리 곧 〈멸성제〉란 무엇인가? 〈수경〉受經 : 3-65을 보자.

『비구들아, 어떻게 하는 것이 색의 멸이며, 수의 멸이며, 상의 멸이며, 행의 멸이며, 식의 멸—고의 멸—인가? 많이 닦은 거룩한 제자들은 〈고〉〈낙〉〈불고불락〉에 대해 이렇게 생각한다. 「이것은 느낌受의 모임蘊이며, 느낌의 멸함이며, 느낌의 맛이며, 느낌의 근심이며, 느낌을 떠남」

이라고. 이렇듯 바르게 관찰하므로 느낌에 대한 즐거움과 집착이 멸한다. 집착(갈애)이 멸하기 때문에 〈취〉(괴로움)가 멸하고 〈취〉가 멸하기 때문에 〈유〉가 멸하고…….』

이렇게 〈갈애를 떠나 남김없이 멸하고, 떨쳐내고, 해탈하여 집착없는 데(열반)로 이르는 것〉이다.
끝으로 고의 멸진滅盡에 이르는 길(도성제 ; 방법)은 어떤 것인가? 이제 멸도에 이르는 길로 들어가 보자.

5. 행복으로 가는 길 — 팔정도

『비구들아,
고의 멸진에 이르는 길은 무엇인가.
성스러운 8가지八支의 길道이라고 한다.
곧 바른 견해正見 · 바른 사고正思 · 바른 말正語 · 바른 행正業 · 바른 생활正命 · 바른 노력正精進 · 바른 마음正念 · 바른 정신正定의 8가지 길八正道이다.』

〈팔정도〉에 대해《남전 상응부 경전》南傳相應部經典의 〈분별〉分別에서 설한 세존의 육성을 들어보자.

『비구들이여, 정견이란 무엇인가.
인생은 〈고〉라는 것을 알고

〈고〉의 원인을 알고
〈고〉의 멸함을 알고
〈고〉의 멸진에 이르는 길을 아는 것
이것을 정견이라 한다.

비구들이여, 정사란 무엇인가.
미망의 세간世間에서 떠나려고 생각하고
나쁜 마음惡意을 지니지 않겠다고 생각하고
남을 해치지 않겠다고 생각하는 것
이것을 정사라 한다.

비구들이여, 정어란 무엇인가.
거짓말을 하지 않고
남을 헐뜯는 말을 하지 않으며
거칠고 추한 말을 하지 않으며
상스러운 말을 하지 않는 것
이것을 정어라 한다.

비구들이여, 정업이란 무엇인가.
살생을 하지 않으며
남이 주지 않은 것을 갖지 않으며
청정하지 못한 행을 하지 않는 것
이것을 정업이라 한다.

비구들이여, 정명이란 무엇인가.
여기 한 성스러운 제자가 있어 부정한 생활을 끊고
바른 법을 지키며 산다.
이것을 정명이라 한다.

비구들이여, 정정진이란 무엇인가.
여기 한 성스러운 제자가 있어
아직 짓지 않은 악은 생기지 않게 하리라고 뜻을 세우고
오로지 지키기를 힘쓴다.
이미 일어난 악은 끊겠다고 뜻을 세우고
오로지 그것을 지키고자 노력한다.
아직 짓지 못한 선을 짓겠다고 뜻을 세우고
오로지 그것을 위해 노력한다.
또 이미 지은 선은 오래 머물게 하고,
잊지 않고 더욱 닦아
완전하도록 뜻을 세우고 오로지 노력한다.
이것을 정정진이라 한다.

비구들이여, 정념이란 무엇인가.
여기 한 비구가 있어
〈내 몸〉이라고 생각하는 몸을 정밀하게 관찰하되
열심히, 정신을 차리고, 일심으로 관찰하여
이 세간의 탐욕과 근심 · 걱정을 극복調伏한다.
또 〈내 감각〉이라 생각되는 감각을 세밀하게 관찰하되

열심히, 정신을 차리고, 일심으로 관찰하여
이 세간의 탐욕과 근심 · 걱정을 극복한다.
(계속하여 〈내 마음〉〈내 존재〉에 대해서도 똑같이 설한다)
이것을 정념이라 한다.

비구들이여, 정정이란 무엇인가.
여기 한 성스러운 제자가 있어
갖가지 욕망에서 떠나고 갖가지 악에서 떠나되
역시 대상對象에 마음이 끌리더라도
그 대상을 멀리 하는 데서
기쁨과 즐거움을 느끼는 경지境地에 이른다.
이 경지를 초선初禪이라고 한다.
마침내 그는 대상에 끌리는 마음이 진정되고
안으로 청정하여 아무 것에도 마음이 끌리지 않게 되며
오로지 삼매三昧에서 이는 기쁨과 즐거움에 머무는
경지에 이른다.
이 경지가 제2선第二禪이다.
다시 그는 그 기쁨마저 떨쳐내므로 마침내
마음이 평등하여 집착하지 않으며
단지 염念과 혜慧와 즐거움樂이 있는 경지에 이른다.
이 경지를 제3선이라고 한다.
다시 그는 즐거움樂도 괴로움苦도 끊는다.
이미 즐거움도 근심도 걱정도 모두 멸했으므로
그는 이제 불고不苦 불락不樂

단지 〈사〉捨가 있고, 〈염〉念이 있는
청정한 경지에 이른다.
이 경지를 제4선이라고 한다.
이것을 정정이라고 한다.』

세존께서는 인간을 마치 철든 어른이 철없는 아이를 바라 보듯이 보시었다. 세존께서 분석하신 인간의 모습과 나의 모습을 겹쳐놓고 어느 부분이 얼마나 다른지 조용히 반조返 照해 보라. 그리고 나는 얼마나 무거운 짐을 지고 있는지, 또 세존의 가르침을 따르고 나서 짐을 얼마나 덜었는지 가늠해 보라. 앞으로 얼마나 더 짐을 벗어버려야 하는지도.
　세존께서는 범부 중생들이 이 짐을 벗고 바른 길로 들어서 는 지름길을 제시하시었다. 〈무명〉無明 : 28-750이라는 경을 통 해 다시 한 번 나 자신의 모습을 반조하고 바른 길로 가는 이익을 생각해 보자. 그리고 바른 길로 가지 않으면 어찌 될 까. 차분히 생각해 보자.

『비구들아.
　지혜가 있기에 좋은 일이 생기며
　따라서 부끄러움을 알고 뉘우치는 마음慚愧이 생긴다.
　비구들아,
　지혜로운 사람이 되면 바른 견해가 생긴다—정견
　견해가 바르기에 따라서 바른 생각을 하게 된다—정사
　생각이 바르기에 따라서 바른 말을 하게 된다—정어

말이 바르기에 따라서 바른 행위를 하게 된다—정업
행위가 바르기에 따라서 바른 생활을 하게 된다—정명
생활이 바르기에 따라서 바른 노력을 하게 된다—정정진
바른 노력을 하기에 따라서 바른 마음念이 생긴다—정념
마음이 바르기에 따라서 바른 일에 전념하게 된다—정정
이처럼 바른 선정禪定에 든 성인의 제자는
탐 · 진 · 치에서 바르게 해탈한다.
성인의 제자가 바르게 해탈하면 바른 지견知見을 얻어
「나의 생은 이미 다하고 범행梵行은 확립되었으며
할일을 모두 마쳤으므로 후생에 다시는 몸을 받지 않는다」는 것을 스스로 알게 된다.』

 오늘날과 같은 고도산업사회의 물질문명 속에서 살아가야 하는 현대인이야말로 스트레스에서 오는 고통이나 욕구불만에서 오는 괴로움 그리고 전통적인 윤리나 도덕관이 붕괴되고 극도의 개인주의적인 사회풍조로 인한 쾌락추구 등의 갖가지 고뇌의 실체를 정확히 알고 팔정도에 따라 자신을 가꾸고 닦아야 갈등과 알력없이 평화롭게 살아갈 수 있을 것이다.
 그러려면 뚜렷한 정견이 있어야 한다. 견해가 분명해야 바른 가치관이 정립되어 소신있는 삶을 영위할 수 있으며 나아가 사회정의가 실현된다. 각 분야에 바른 생각을 하는 사람이 많아지면 부조리나 비리가 당연히 없어질 것이다.
 또 사람들의 언행이 바르고 곧다면 범죄가 훨씬 줄 것이다. 그리고 바르게 노력하고 바르게 사는 사회풍조가 정착되면 고질적인 부정부패·과소비·변태적인 기업풍토·부실공사·사치와 향락 그리고 망국적인 마약 등 현재 우리 사회가 안고 있는 이른바 총체적인 악순환이 없어질 것이며 따라서 계층간의 위화감이나 빈부의 격차도 사라질 것이다.

이처럼 혼미한 오늘의 현실을 바로잡으려면 세존의 가르침에 따라 바른 가치관을 확립해야 한다. 그야말로 모든 사람이 초선의 경지를 넘어서 제2, 제3, 제4선의 경지에 이르면 안락하고 복된 삶을 누리게 될 것이다.

잠꼬대 같은 소리라고 비웃을지도 모르지만, 현대인이 지향하는 이른바 이상적인 복지사회란 어떤 것인가? 바로 이와같은 〈정정〉正定의 경지를 말하는 것이 아닐까? 모든 사람이 이 〈팔정도〉를 잘 닦는다면 이 세상이 그대로 극락이고 불국토인 것이다. 세존께서 설하신 평화와 행복 그리고 안락이란 바로 이를 말함이 아닐까?

세존이야말로 현세의 행복을 그 누구보다도 강조한 분이다. 《증일아함경》〈경집〉에 이런 일화가 있다.

어느 날 아누루다阿那律가 옷을 꿰매야겠는데 바늘귀를 꿸 수가 없었다. 아누루다는 세존의 설법을 듣다가 졸아서 세존의 꾸지람을 들었다. 그리고 크게 자책한 끝에 잠을 자지 않고 정진하여 크게 깨치고 천안통天眼通이 열리기는 했는데 대신 시력肉眼을 잃었기 때문에 바늘귀를 꿸 수가 없었던 것이다. 그래서 아누루다는

『이 세상에서 복을 구하려는 사람은 내게 바늘귀를 꿰어 주고 공덕을 지으시오.』
하고 말했다. 때마침 옆을 지나던 세존께서 이 말을 듣고
『그 바늘과 실을 내게 다오. 내가 그 공덕을 짓게 해다오.』
하고 말하자, 아누루다는 깜짝 놀라서
『아닙니다. 세존께 여쭌 것이 아닙니다.』
하고 민망해 하자 세존은
『내게 공덕을 짓게 해다오. 세상 사람들은 누구나 행복을 바란다. 그러나 이 세상에서 나만큼 열심히 행복을 찾고 있는 사람은 없을 것이다.』
라고 하시며 바늘과 실을 받아가지고 실을 꿰어주었다.

얼핏 들으면 모든 것을 깨달은 붓다인 세존이 세상의 행복을 찾다니 말도 안 된다고 생각되지만, 세존께서는 실제로 이 세상의 행복을 추구한 것이다. 다만 우리가 추구하는 물질적인 행복이 아니라 〈절대의 행복〉을 추구한 것이 다를 뿐이다.

세존이 현실주의자였다는 것을 알 수 있는 일화는 이 밖에도 많다. 어쨌든 세존께서는 우리 인간이 어떻게 해야 괴로움을 여의고 진정한 행복을 누리며 살 수 있는지, 어떤 것이 인간의 행복인지를 간곡하게 가르쳐 주신 리얼리스트이신 것이다.

동산에 과일나무 심으면
그 그늘이 맑고 시원할 것이며
다리를 놓고 배를 띄워 물을 건네주고
복 되고 덕 되는 집들을 짓고
우물을 파서 목마름 풀어주고
객사를 지어 나그네 쉬게 하면
그 공덕 밤낮으로 자랄 것이다.

잡아함경 36권 997경 功德增長經

제3장

존재의 법칙 — 연기법緣起法

제3장
존재의 법칙 — 연기법 緣起法

1. 이것이 있으므로 저것이 있고 — 상의성 相依性

이 세상에 존재하는 모든 것은 어떻게 해서 존재하게 되었는지를 연구하는 학문이 곧 존재론이다. 오늘날의 존재론은 크게 창조설·존재설·생성설 生成說의 세 가지로 나눌 수 있다.

첫째 창조설이란 모든 존재는 누군가에 의해 만들어졌다는 주장이다. 태초에 신이 천지를 창조했다는 구약성서의 이른바 창세기가 그 대표적인 주장이다.

둘째 존재설은 모든 존재는 본래부터 존재하는 것이라는 주장이다. 초기의 그리스 철학자들이 주장한 존재론이 그 전형이라 할 수 있다. 이들은 자연을 논하고 그 자연을 설명하는 원리를 찾고자 노력한 끝에 자료資料 곧 존재를 구성하고 있는 원물질인 원소를 발견했다. 이것이 오늘날의 자연

과학을 이룩한 기초가 되었다.

 셋째 생성설은 모든 존재는 끊임없이 생성되었다가 사라진다는 주장이다. 세존이 보리수 아래에서 사색한 끝에 깨달은 연기론이 바로 이 생성론이다. 모든 존재는 원인과 조건에 따라 생겨나는 것이며, 생겨난 것은 반드시 소멸한다는 이론이다. 이 존재론을 주창한 철학자가 있다. 바로〈만물은 유전流轉한다〉는 유명한 명구를 남긴 헤라클레이토스다. 이 존재론이 주장하는 자연의 원리는 당연히 그 존재에 작용하는 원동력原動力 내지 법칙이 있게 마련이다.

 세존은 3천 년 전에 사색과 분석을 통해 이 생성의 법칙을 구명究明하고 정각正覺 ; 깨달음을 이루었다. 이것이 바로 불교의 존재의 법칙인 연기법緣起法인 것이다.

 연기는 범어 Pratitya-samutpada의 한역으로 인연생기因緣生起라는 뜻이다. 곧〈연緣이 되어〉—말미암아 ; pratitya—라는 말과〈결과를 초래한다〉—起 ; samutpada—라는 말이 합쳐서 된 말이다. 다시 말해서 어떤 조건으로 말미암아 어떤 결과가 생긴다는 뜻이다. 이것을 연기라고 한역한 것이다.

 일체의 존재는 어떤 관계성에 따라 생겨나기도 하고 없어지기도 한다는 이 불교의 연기론은 세존이 깨달은 정각의 내용인 동시에 불교 교리의 근원이 되었다. 남전5부의《소부경전》에〈보리〉菩提 ; 1-1라는〈자설경〉自說經 ; 優陀那이 있다.

 먼저〈자설경〉에 관해 약간의 설명이 필요할 것 같다. 전통적으로 세존의 가르침을 그 형식과 내용(성격)에 따라 12가지로 분류하고 이를 〈12부경〉部經이라고 한다.

① 수다라修多羅. 일반적으로 경전이라고 일컫는 가르침이다. 산문散文으로 된 서술식 가르침을 말한다. 가장 보편적인 형식이며 범어로는 sutra라고 하며, 경經 또는 계경契經이라고 한역한다.

② 기야祇夜. 산문으로 설한 내용을 다시 운문韻文:詩형식으로 설한 가르침을 말한다. 범어로는 geya, 산문으로 설한 내용을 거듭해서 설했다 하여 중송重頌 또는 응송應頌이라고 한역한다.

③ 수기授記. 문답형식으로 가르침을 설하거나, 제자들에게 다음 생에는 어찌어찌 되리라고 예언한 것을 말한다. 범어 vyakarana의 한역이며 기별記莂이라고도 한다.

④ 가타伽陀. 넉 자四言·다섯 자五言·일곱 자七言의 게송偈頌:시형식의 韻文으로 설한 가르침을 말한다. 범어의 gatha를 음역한 말이며 풍송諷頌 또는 고기송孤起頌이라고 한역한다. 산문의 가르침없이 바로 게송으로 설하기 때문에 고기송이라고 한다.

⑤ 우다나優陀那. 세존은 대개 제자나 신도 또는 외도外道들의 질문에 따라 가르침을 설하는 형식으로 법을 설했으나 때로는 이런 질문없이 세존이 스스로 설한 경우도 있다. 이런 설법을 우다나라고 한다. 범어 udana 의 음역이며 무문자설無問自說이라고 한역한다.

⑥ 이제왈다가伊帝曰多伽. 부처나 큰 제자들의 전세前世이야

기를 설한 경을 말한다. 범어의 itivrttaka의 음역이며 본사本事라 한역한다. 또는 여시어如是語 : ityuktaka라고도 한다. 석가모니불의 전세는 여기에 포함되지 않는다.
⑦ 자타카闍陀伽. 석가모니 자신이 전세에 보살행을 할 때의 이야기를 설한 경이다. 범어 jataka의 음역이며 본생本生이라고 한역한다.
⑧ 비불략毘佛略. 깊고 오묘한 진리를 설한 가르침을 말한다. 범어 vaipulya의 음역이며 방정方正 또는 광대廣大라고 한역한다.
⑨ 아부타달마阿浮陀達摩. 세존이 행한 신통神通하고 불가사의不可思議한 이야기를 설한 경을 말한다. 범어 adbhuta-dharma의 음역이며 미증유법未曾有法 또는 희유법稀有法이라고 한역한다.
⑩ 니타나尼陀那. 세존을 만나 가르침을 듣게 된 연유緣由를 밝힌 경을 말한다. 범어 nidana의 음역이며 인연 또는 연기緣起라고 한역한다.
⑪ 아바타나阿婆陀那. 비유나 우화로 가르침을 설한 경을 말한다. 범어의 avadana의 음역이며 비유라고 한역한다. 이런 비유·우화를 모아서 엮은《백유경》百喩經은 너무나 유명하며, 이솝우화의 텍스트가 되었다고 한다.
⑫ 우바제사優波提舍. 세존이 설할 교리내용에 대해 토론하거나 문답한 것을 말한다. 범어 upadesa의 음역이며 논의論議라고 한역한다.

이 중 ①부터 ⑤까지의 5부경이 가장 오래 전에 성립되었다고 한다. 그 후에 ⑥부터 ⑨까지의 4부가 첨가되어 9부경이 되었다가 후대에 다시 ⑩부터 ⑫까지의 3부가 추가되어 12부경이 되었다고 한다.

위에서 말한 〈자설경〉-우다나-은 비교적 초기에 성립된 5부경에 포함되어 있다. 이 경은 제자나 외도外道의 질문을 받고 설한 것이 아니라 세존이 스스로 설한 형식의 경이다.

이제 〈보리〉라는 경에 나와 있는 게송을 보자.

진정 열의를 가지고 사유思惟한 성자가
저 만법을 깨달았을 때
그의 의혹은 말끔히 사라졌다.
유인有因의 법을 알게 되었으므로.

〈유인〉의 유는 존재라는 뜻이고, 인은 존재하는 그것이 존재하게 된 까닭 곧 〈업인〉業因이라는 뜻이다.

앞에서 말했듯이 세존은 사색을 통해 모든 법(현상)을 세밀하게 분석함으로써 그 실상을 관찰했다. 연기법 역시 이러한 분석적 사색을 통해 깨친 것이다. 6년 동안 고행을 하던 세존은, 고행이 결코 도를 이루는 성스러운 길이 아니라는 판단을 했다.

고행을 중단한 세존은 네란자라강尼連禪河 가의 한 보리수 아래에 자리를 잡고 앉아서 6일 동안 사색한 끝에 연기의 법을 깨닫고 정각正覺을 이루었다.

정각을 이룬 세존은 미가다바에 있던 다섯 비구에게 최초로「연기란 이러이러한 것」이라고 설하고,「내가 이 도리를 깨치기 전에는 〈나는 붓다가 되었다〉고 말하지 않았으나 이 이치를 깨쳤으므로 나는 이제 붓다가 되었다고 성명聲明하는 것이다. 아직 아무도 말한 일이 없는 이 진리를 잘 들으라.」고 성명했다.

지금은 개인이나 집단의 의사를 공개적으로 발표하는 것을 성명이라고 하지만, 원래는 불교의 용어였다. 옛날 인도에서는 5가지 학문五明 중 문자·언어에 관한 학문을 성명이라고 했으나 후대로 내려오면서 진언이나 경에 가락을 붙여 부르는 것 곧 범패(음악)를 성명이라고 하게 되었다. 지금도 범패를 성명이라고 한다.

세존은 이 연기가 우리 인간과 어떤 관계가 있으며, 세존 자신은 어떻게 생각했는지 비유를 들어 구체적으로 설명하고 나서「그대들은 어떻게 생각하느냐」고 묻기도 했다.

《잡아함경》〈설법의설〉說法義說 : 2-296이라는 경에서

『그대들을 위해 연기의 법과 그 뜻을 설하고자 하오.
　잘 듣고 곰곰이 생각하시오.
　비구들이여, 연기법이란 어떤 것인가.
　이것이 있으므로 저것이 있고,
　이것이 일어나므로 저것이 일어나는 것이오.
　곧 〈무명〉으로 말미암아(인연하여) 〈행〉이 일어나고
　〈행〉으로 말미암아 〈식〉이 일어나고

〈식〉으로 말미암아 〈명색〉이 생기고
〈명색〉으로 말미암아 〈육처〉가 있고
〈육처〉로 말미암아 〈촉〉이 일어나고
〈촉〉으로 말미암아 〈수〉가 생기고
〈수〉로 말미암아 〈애〉가 생기고
〈애〉로 말미암아 〈취〉가 일어나고
〈취〉로 말미암아 〈유〉가 생기고
〈유〉로 말미암아 〈생〉이 생기고
〈생〉으로 말미암아 〈노사와 우비고뇌〉가 생긴다.
그래서 괴로움의 무더기集積:蘊가 생기는 것이오.
이것을 연기의 법이라 하오.』

이 연기의 12가지+二支를 순서대로 나열하면 다음과 같다.

무명 → 행 → 식 → 명색 → 육처 → 촉 →
無明　 行　 識　 名色　 六處　 觸

수 → 애 → 취 → 유 → 생 → 노사
受　 愛　 取　 有　 生　 老死

현실세계에서 인간의 고뇌가 왜 생기는지 그 근원을 규명하고 그 근원을 끊어 인간의 고뇌를 없애는 12단계의 과정을 체계화한 것이다. 이것이 불교의 기본사상이다. 계속해서 세존의 설명을 들어보자.

『비구들이여, 무명으로 말미암아 행이 일어나니
무명이란 무엇인가.
과거를 알지 못하고, 미래를 알지 못하고,
안六根을 알지 못하고, 밖六境을 알지 못하고,
업業을 알지 못하고, 보果報를 알지 못하고,
불·법·승 삼보三寶를 알지 못하고,
고·집·멸·도 사성제四聖諦를 알지 못하고,
인因을 알지 못하고, 인을 일으키는 법을 알지 못하고,
선善하고 선하지 못함을 알지 못하고,
죄가 있고 없음을 알지 못하고,
습習:集과 습 아닌 것을 알지 못하고,
훌륭한 것과 훌륭하지 못한 것을 알지 못하고,
깨끗하고 깨끗하지 않은 것을 알지 못하고,
분별과 연기를 알지 못하고,
모든 사상을 알지 못하고 보지도 못하고,
참다운 지혜가 없어 어둡고 어리석어 밝지 못한 것,
이것을 무명이라고 하오..』

여기서 우선 기본적인 용어를 살펴보고 다음으로 넘어가기로 하자.
먼저 〈안〉과 〈밖〉을 보자. 안이라고 한 것은 우리 인체의 감각기관 곧 눈眼根·귀耳根·코鼻根·혀舌根·몸身根·뜻意根의 여섯 기관을 말한다. 이를 6근六根이라고 한다. 이 6근의 대상이 되는 외부의 현상境界 곧 눈으로 보는 뭇 사물色境,

귀로 듣는 모든 소리聲境, 코로 맡는 냄새香境, 혀로 느끼는 맛味境, 몸으로 접촉해서 느끼는 자극觸境, 마음(뜻)으로 느끼는 갖가지 현상法境, 이 6가지를 6경六境이라고 한다. 이처럼 6근은 우리가 몸으로 느끼는 것이므로 이를 안內塵이라 하고 그 대상인 6경을 밖外塵이라고 한 것이다.

〈업〉은 인간이 지어내는 모든 언행 그리고 생각을 통틀어 말하며 범어로는 karma, 한역해서 갈마竭磨라고 음역하기도 한다. 이 업은 행동으로 짓는 신업身業, 입으로 짓는 말口業 그리고 마음으로 짓는 생각意業 이렇게 세 가지 업이 있으며 이를 신·구·의 3업이라고 한다.

3업을 더 구체적으로 구분해 보면 10가지가 있다. 곧 신업에는 살생·도둑질·음행淫行의 3가지가 있다. 이를 신삼身三이라고 한다.

구업에는 망어妄語·도리에 맞지 않는 꾸며내는 말綺語·험한 말惡口·두 말 또는 이간질하는 말兩舌의 4가지가 있다. 구사口四라고 한다.

의업에는 탐내는 마음貪慾, 성내는 마음瞋恚 그리고 바르지 않은 생각邪見의 3가지가 있다. 이를 의삼意三이라고 한다.

〈보〉報는 지은 업에 대한 응분의 결과應報를 말한다. 곧 업을 지으면 응당 그 업에 대한 보답을 받는다는 것이다. 이것이 응보다. 그리고 어떤 원인에 대한 결과를 인과라고 한다. 곧 선한 일을 하면 좋은 과가 생기고善因善果, 악한 짓을 하면 악한 과가 생긴다惡因惡果. 이것이 이른바 인과因果다.

이처럼 어떤 원인에 대한 결과인 과와 어떤 언행에 대한 보답인 보를 합해서 인과응보라고 한다.
　〈삼보〉는 글자 그대로 3가지 보배라는 뜻이다. 붓다佛寶와 붓다의 가르침法寶 그리고 붓다를 믿고 따르며 붓다의 가르침을 받들어 실천하는 출가자僧寶를 〈불 · 법 · 승 삼보〉라고 한다.
　〈습〉찁은 모이고 합해진 것 곧 집集과 같다. 전생부터 쌓이고 모여서 이루어진 성품 · 성격 · 특성 따위를 습이라고 한다. 예컨대 알에서 금세 부화한 오리나 거북이가 본능적으로 물을 찾고 물에서 헤엄을 치는 것을 오리와 거북의 습이라고 한다.
　계속해서 세존의 말씀을 들어보자.

『무명으로 말미암아 행이 일어나니 행이란 어떤 것인가.
　행은 곧 업이며,
　업은 몸으로 짓는 업, 입으로 짓는 업,
　뜻(마음)으로 짓는 업, 세 가지가 있소.

　행으로 말미암아 식이 일어나니 식이란 무엇인가.
　식에는 눈의 식眼識, 귀의 식耳識, 코의 식鼻識,
　혀의 식舌識, 몸의 식身識, 뜻의 식意識,
　이렇게 6식이 있소.
　식으로 말미암아 명색이 있으니 명색이란 무엇인가.
　명은 정신, 색은 물질이오.

정신이란 어떤 것인가. 형상이 없는 네 가지 작용 곧
수受 · 상想 · 행行 · 식識의 4온四蘊을 말하오.
물질이란 어떤 것인가.
지地 · 수水 · 화火 · 풍風의 사대四大 ; 4가지 元素와
이 사대로 이루어진 물질을 말하오.
이와 같은 정신작용과 물질을 명색이라 하오.

명색으로 말미암아 육처가 있으니 육처란 무엇인가.
우리 몸의 6가지 감관感官을 통한 인식을 말하오.
곧 눈을 통한 인식, 귀를 통한 인식, 코를 통한 인식,
혀를 통한 인식, 몸을 통한 인식, 뜻을 통한 인식,
이렇게 6가지 인식이 있소.

육처로 말미암아 촉이 있으니 촉이란 무엇인가.
우리 몸의 6근을 통한 접촉을 말하오.
눈을 통한 접촉, 귀를 통한 접촉, 코를 통한 접촉,
혀를 통한 접촉, 몸을 통한 접촉, 뜻을 통한 접촉의
6가지요.
(촉은 6근을 통해 6식을 작용하게 하는 자극 곧 원인을 말한다)

촉으로 말미암아 수가 생기니 수란 무엇인가.
괴롭다는 느낌苦受, 즐겁다는 느낌樂受,
괴롭지도 즐겁지도 않은 느낌不苦不樂受
3가지를 말하는 것이오.

수로 말미암아 애가 있으니 애란 무엇인가.
애란 욕망을 이르는 말이오.
욕망에는 욕계欲界 : 六道의 모든 것을 탐내는 마음欲愛,
(욕애에는 식욕·수면욕·음욕의 육체적인 욕구와 명예욕·재물욕의 정신
적 욕구가 있다. 이를 5욕이라 한다)
색계色界의 모든 것을 탐내는 욕망色愛,
무색계無色界의 모든 것을 탐내는 욕망無色愛의
삼애三愛가 있소.

애로 말미암아 취가 있으니 취란 무엇인가.
취란 집착을 말하오.
취에는 욕망에 대한 집착欲取,
견해見解 : 所見에 대한 집착見取,
계戒에 대한 집착戒取, 나我에 대한 집착我取,
이렇게 4가지 집착四取이 있소.

취로 말미암아 유가 있으니 유란 무엇인가.
유는 존재라는 뜻이니 존재에는 3가지三有가 있소.
욕계에 있는 존재欲有,
색계에 있는 존재色有,
무색계에 있는 존재無色有가 그것이오.

유로 말미암아 생이 있으니 생이란 무엇인가.
태어남이오.

생명이 있는 것衆生이 태어나서
오온과 삶의 바탕과 육처와 명근命根을 얻는 것,
이를 생이라 하오.

생으로 말미암아 노사가 있으니 노사란 무엇인가.
늙음과 죽음이오.
늙으면 머리가 세고, 대머리가 되고, 살갗이 늘어지고,
모든 기관이 낡고, 사지四肢의 힘이 빠지고, 등이 굽고,
몸저 누워 앓고, 숨이 가쁘고, 몸이 굽어 지팡이를 짚고,
몸이 검어지고, 검버섯이 피고, 정신이 흐려지고,
행동이 부자유스러워지고, 힘이 쇠약해지면
이를 늙었다고 하는 것이오.
죽음이란 산 것으로 태어났다가 수명이 다하여
몸이 무너지고, 더운 기운이 식어
목숨이 끊어져 오온을 벗어날 때,
이를 죽음이라 하오.

이것이 연기의 뜻이오.』

연기는 앞에서도 말했듯이 말미암아因緣 일어나다起는 뜻이며, 모든 존재의 관계성을 나타내는 말이다. 이것이 곧 세존의 정각내용을 뜻하는 불교용어이며, 이 말에서 연생緣生이라는 말도 생겨났다.
경에 자주 나오는 고苦는 연생이라는 말대로 모든 고통이

연기의 법에 따라 생겨난다는 뜻이다. 다시 말해서 연기란 이것이 있으므로 저것이 있고……, 이런 관계성을 인연이라고 한다.

〈인〉은 어떤 결과가 생기게 하는 직접적인 원인—친인親因이라고 한다—이고, 〈연〉은 그런 결과가 생기게 하는 간접적·보조적인 조건이다.

이런 관계성 곧 〈이것이 있기에 저것이 있고……〉를 상의성相依性이라고 하며, 이 상의성을 석 단의 갈대로 비유해서 설한 경이 있다.

《잡아함경》의 〈갈대〉蘆 : 12-288라는 경을 보자.

어느 날 저녁 무렵에 참선을 마친 사리푸트라가 코티카拘晞羅라는 수행자를 찾아가서 연기의 12지와 그 상의성에 대해 질문을 했다.
『존자尊者 코티카여, 늙음이 있습니까?』
『있습니다. 사리푸트라여.』
『죽음이 있습니까?』
『있습니다.』
『그렇다면, 늙음과 죽음은 자신이 지은 것입니까, 남이 지은 것입니까? 혹은 자신과 남이 함께 지은 것입니까? 아니면 자신도 아니고 남도 아닌 인因 없이 지어진 것입니까?』
『늙음과 죽음은 자신이 지은 것도 아니며 남이 지은 것도 아니오. 또 자신과 남이 지은 것도 아니오. 자신과 남이 지은 것도 아니지만 인 없이 지어진 것도 아니오. 생生이 있기에(말미암아) 늙음과 죽음이 있는 것이오.』
『그렇다면 생은 자신이 지은 것입니까, 남이 지어준 것입니까? 혹은 자신과 남이 함께 지은 것입니까, 아니면 자신도 남도 아니며 인 없이 지어진 것입니까?』
『사리푸트라여, 생은 자신이 지은 것도 아니며, 남이 지은 것도 아니오. 또 자신과 남이 지은 것도 아니오. 자신과 남이 지은 것도 아니지만 인 없이 지어진 것도 아니오. 유有로 말미암아 생이 생긴 것이오.』
『그렇다면 유는 자신이 지은 것입니까, 남이…….』
『사리푸트라여, 유는……. 취取로 말미암아 유가 생긴 것이오. 취는……. 애愛로 말미암아 취가 생긴 것이오. 애는……. 수受로 말미암아 애가 생긴 것이오. 수는……. 촉觸으로 말미암아 수가 생긴 것이오. 촉은……. 육처六處로 말미암아 촉이 생긴 것이오. 육처는……. 명색名色으로 말미암아 육처가 생긴 것이오. 명색은……. 식識으로 말미암아 명색이 생긴 것이오.』
『코티카여, 그렇다면 그 식은 자신이 지은 것도 아니며……인 없이 생긴 것입니까?』
『존자 사리푸트라여, 그 식은 자기가 지은 것도 아니며……인 없이 생긴 것도 아니오. 단지 명색으로 말미암아 식이 생긴 것이오.』
『코티카여, 아까는 명색이란…… 단지 식으로 말미암아 명색이 생긴다고 하시었소. 그런데 지금은 다시 명색이 있으므로 말미암아 식이 있다고 하시니 이는 어떤 이치입니까?』

존자 코티카가 대답했다.

『그럼 비유를 들어 말하겠소. 지혜로운 사람은 비유를 통해 이해하게 되기 때문이오.

예컨대, 여기 빈 땅에 석 단의 갈대 다발이 서로서로 의지해서 서 있는 것과 같소. 만약 그 중의 한 단을 치우면 나머지 두 단은 쓰러질 것이오. 또 두 단을 치우면 나머지 한 단도 서 있지 못하고 쓰러지듯이, 서로 의지해야 서 있게 되는 것과 같은 이치요.

이와 같이 명색으로 말미암아 식이 일어나고, 식이 있으므로 말미암아 명색이 있는 것이오. 따라서 명색이 멸滅하면 식이 멸하고, 식이 멸하면 명색이 멸하고, 명색이 멸하면 육처가 멸하고, 육처가 멸하면 촉이 멸하고, 촉이 멸하면……, 생이 멸하면 노사가 멸하는 것이오.

이와 같이 하여 모든 고의 집적이 멸하게 되는 것이오.』

다시 존자 사리푸트라가 말했다.

『존자 코티카여, 참으로 훌륭하시오. 세존의 성문聲聞 ; 제자 가운데 지혜가 밝고, 통달하여 두려움이 없으며, 감로의 법을 바로 증득證得한 사람은 바로 마하 코티카십니다. 내 이제 마땅히 36가지로 찬탄하고 함께 기뻐하겠소…….』

이 경은 코티카가 〈상의성〉을 갈대다발에 비유해서 설명한 데서 제목을 〈갈대〉蘆라고 한 것이다.

124

석 단의 갈대가 서로 의지할 때 갈대가 서 있을 수 있지만 어느 한 단이라도 치우면 다른 갈대단도 쓰러진다는 이 비유는 상의성을 설명하는 가장 적절한 비유라고 생각한다.

사리푸트라는 먼저 당면하고 있는 현실 곧 늙음과 죽음에 관해서 질문을 시작하여 차차 근원으로 접근해 간다.

늙음과 죽음은 왜 생겼는가? 태어났기生 때문에 생긴 것이라고 코티카가 대답한다. 그렇다면 어떻게 태어났는가? 유로 말미암아서 생겼고, 유는 취로 말미암아 생겼고, 취는……, 명색은 식으로 말미암아 생겼고, 식은 명색이 있기에 생긴다고 했다. 식은 바로 정신이고 명색은 색(물질)이다.

다시 말해서, 육신이 있으니까 정신도 있는 것이고, 또한 정신이 있으니까 육신도 존재할 수 있다는 것이다. 따라서 육신이 멸하면 정신도 멸한다. 정신이 멸하므로 육처가 멸하고, 육처가 멸하니까 촉이 멸하고……, 생이 없으면 따라서 늙음도 죽음도 없다는 논리다. 이것을 〈고의 멸진〉이라고 한다. 이것이 바로 〈멸성제〉滅聖諦인 것이다.

앞에서 사리푸트라가 〈36가지로 찬탄한다〉고 한 것은 온 몸으로 기뻐한다는 뜻으로 〈범부의 몸은 36가지의 부정물不淨物로 충만하다〉三十六不淨充滿는 말에서 나온 표현이다.

〈36물〉이란, 머리카락·털·손톱과 발톱·이齒牙·침·눈물·오줌 따위 외상外相 12가지, 피皮·부膚·혈액·살肉·맥脈·뼈 따위 신체기관身器 12가지 그리고 내장과 내분비물인 내함內含 12가지를 합한 것을 말한다.

2. 두레박 없는 우물 — 고苦를 멸진滅盡해야 아라한阿羅漢

여기서 한 가지 더 확인할 것이 있다. 이제 세존이 설한 12연기를 알았고, 갈대의 비유를 통해 상의성의 이치도 이해하게 되었다. 또 우리는 여기서 이른바 고苦에 대한 4가지 진리〈사성제〉도 이해하게 된 셈이다. 그렇다면 우리도 이미 모든 것을 깨달은 아라한이 된 것일까? 아라한이 되었다고 할 수 있을까?

아라한이란 무엇인가.

아라한은 범어 Arhan의 음사다. 모든 번뇌를 다 끊어 열반에 이른 사람이라는 뜻이다. 세존 당시는 붓다와 같은 뜻으로 쓰였다고 한다.《아함경》에 그 실례가 있다. 세존이 최초로 다섯 비구에게 법을 설했을 때, 그들이 세존께서 설한 이치를 깨닫자 세존은「이제 이 세상에 여섯 사람의 아라한이 있다.」고 기뻐했다고 한다.

그러나 이 아라한이라는 말은 후대로 내려오면서 불법을 수행하는 세존의 제자 중 가장 수행이 깊은 사람이라는 뜻으로 쓰이게 되었다. 이렇게 된 배경에 대해 알아보자.

세존의 가르침을 듣고 수행하는 사람을 〈성문〉聲聞이라고 한다. 세존의 육성을 직접 들은 사람이라는 뜻이다. 그러나 후세에는 세존의 육성을 들은 수행자가 있을 리 없다. 그래서 세존의 가르침을 배우고 수행하는 사람들을 모두 성문이라고 일컫게 되었다.

이런 성문들은 그 수행의 깊이에 따라 수다원과須陀洹果;

Srotapanna · 사다함과斯陀含果 ; Sakrdagamin · 아나함과阿那含果 ; Anagamin 그리고 수행이 가장 깊은 아라한과의 네 부류四果로 구분한다.

곧 불법을 수행하기 시작하여 처음으로 성인聖人 축에 들게 된 수행자를 수다원이라고 한다. 무루도無漏道라는 성인의 길에 막 들어선 수행자라는 뜻에서 이를 예류과預流果라고 한역했다.

이보다 조금 높은 지위가 사다함이다. 성문이 닦아야 하는 욕계의 9지地 곧 9단계의 번뇌—이를 사혹思惑이라 한다—중에서 6품品을 끊어, 더 끊어야 할 사혹이 아직 3품이 남아 있는 수행자다. 이들은 나머지의 3품을 마저 끊기 위해 한 번 더 생을 받아 이 세상에 와야 한다. 그래서 이를 일래과一來果라고 한역했다.

그 다음 지위가 아나함이다. 이들은 욕계의 모든 사혹을 다 끊고 색계와 무색계에 태어나 번뇌가 없으므로 다시는 이 세상(욕계)에 태어나지 않는다 하여 불환과不還果 또는 不來果라고 한역했다.

마지막 단계가 아라한이다. 붓다와 같은 경지이므로 응공應供 ; 如來 10號의 하나 · 살적殺賊 ; 번뇌를 다 滅殺했다는 뜻 · 불생不生 · 이악離惡이라고 한역했다.

옛적 세존의 제자들이 이 이치를 이해하며 아라한이 된 것처럼, 지금 세존의 가르침을 배워 연기의 12지와 상의성의 이치를 깨달은 우리들도 이제 깨달은 아라한이 된 것일까. 이런 의문에 관해 서로 토론한 〈무사라〉茂師羅 ; 14-351라는 경이 있다.

나라다那羅·무실라·사비타殊勝·아난다阿難, 이렇게 네 제자들이 수라바스티의 한 정사精舍;절에 있을 때였다. 하루는 나라다가 무실라에게 이런 질문을 했다.

『무실라 존자여, 생이 있으므로 노老·사死가 있으며, 생이 없으면 노·사도 없다는 이치를, 믿음을 통해서 다른 욕망 때문에 전해 들은 말을 통해서 마음에 비치는 객관의 영상을 인식하는 주관의 작용을 통해서 남의 소견을 통해서 아는 것이 아니라, 자신에게 밝은 인이 있어서 스스로 깨달아 확고하게 알고 보게知見 될 수 있겠소?』

생이 있기 때문에 노·사가 있고, 생이 없으면 노·사도 없다는 이치를 스스로 깨달을 수 있는지, 또 그런 지견이 생길 수 있느냐고 물은 것이다. 그러자 질문을 받은 무실라가 그렇다고 대답했다.

나라다가 다시 물었다.

『유有가 멸하면 곧 적멸寂滅이며 열반이라는 이치를, 믿음을 통해서⋯⋯ 남의 소견을 통해서 아는 것이 아니라, 스스로 깨달아 알고知 보고見 할 수 있겠소?』

거기에 모인 네 사람이 모두 연기의 12지를 알고 있으므로 유가 멸하면 곧 열반이라는 지견도 생기느냐고 물은 것이다. 그러자 무실라는 역시 그렇다고 대답했다.

나라다가 다시 물었다.

『무실라여, 유가 멸하면 곧 적멸이며 열반이라고 말하는 그대는 이제 아라한이시오? 그대는 이제 말한 대로 번뇌가 다 멸했소?』

이 질문에는 무실라가 대답을 못했다. 유가 멸하면 곧 열반이라는 것을 알기만 하면 바로 아라한이라고 할 수 있느냐는 질문에는 그렇다고 선뜻 대답을 못한 것이다. 이 때 옆에 있던 사비타가 자신이 대신 대답하겠다고 나섰다.
그러자 나라다가 사비타에게 물었다.

『사비타여, 유가 멸하면 곧 적멸이며 열반이라고 스스로 알았다니 그대는 이미 번뇌가 다한 아라한이시오?』
『아니오. 유가 멸하면 곧 적멸이며 열반이라고 말했으나, 나는 아직 번뇌가 다한 아라한은 아니오.』
『말이 한결같지가 않아 앞뒤가 서로 맞질 않소. 유가 멸하면 적멸이며 열반이라면서, 번뇌를 다 멸진한 아라한이 아니라니 무슨 뜻이오?』
『내 비유를 들어 말하겠소. 넓은 들에 우물이 하나 있었소. 때마침 더위에 지치고 목이 타는 한 나그네가 그 옆을 지나다가 너무 반가워서 우물에서 물을 마시려고 했으나, 그 우물에는 줄도 없고 두레박도 없었소. 분명히 우물을 발견했고 물이 있는 것도 확인했지만 물을 구하지는 못했소.
이와 마찬가지로 내가, 유가 멸하면 곧 적멸이며 열반이라고 알았지만 나는 아직 물을 마시지 못한 나그네처럼 번뇌는 다 멸진하지 못했다는 뜻이오.』
이 때 옆에 있던 아난다가 나라다에게 물었다.
『나라다여, 저 사비타의 말을 어찌 생각하시오?』
『이제 사비타의 말을 듣고 진실하게 알았소.』

아무리 연기의 법을 잘 알고, 생으로 말미암아 노·사가 있으므로 생이 멸하면 노·사도 멸한다는 것을 잘 알고, 존재가 멸하면 그것이 곧 적멸이며 열반이라는 것을 알았다고 해도 바로 아라한이 되는 것은 아니라는 것이다.

우물이 있는 것도 알았고 그 우물에 물이 있다는 것도 알았지만 두레박이 없어 실제로 물은 한 방울도 마시지 못했다는 이 경의 비유처럼 아는 것만으로는 아라한이 되지 못한다. 단 한 방울이라도 마셔야 갈증이 가시듯 스스로 번뇌를 멸진해야 비로소 아라한이 된다는 가르침이다.

불교는 스스로 사색하고 깨닫고 실천해야 자기 완성을 이룰 수 있다고 가르치는 현실적인 종교다. 어떤 절대자에 의해야만 구원이 된다고 하는 신의 종교들과는 이런 점에서 근본적으로 다르다.

3. 부처가 세상에 나오건 나오지 않건 정해진 법

이런 연기법과 관련해서 주목할 만한 경이 하나 있다. 세존이 깨달은 〈존재의 법〉인 연기법과 일체의 존재가 이 연기법에 따라 존재하게 되는 까닭인 연생법緣生法을 설한 〈인연법〉12-296이라는 경이다. 이 경은 세존이 라자그라하의 베누바나에서 비구들에게 설한 경으로 세존의 사상이 아주 여실하게 드러나 있다.

『내 이제 인연법과 연생법을 설하련다.
 인연법이란 무엇인가.
 이른바 〈이것이 있기 때문에 저것이 있다〉는 것이다.
 무명으로 말미암아(인연하여) 행이 일어나고,
 행으로 말미암아 식이 일어나고,
 식으로 말미암아 명색이 생기고,
 ……
 이렇게 하여 괴로움의 집적集積이 이루어지는 것이다.

 어떤 것을 연생법이라 하는가.
 무명행無明行 ; 인연법은
 부처가 세상에 나오건 나오지 않건　　　若佛出世 若未出世
 이 법은 항상한 것으로,　　　　　　　　　此法常住
 법으로서 머물며 법으로서 정해진 것이다.　法住法界
 여래가 그것을 스스로 깨달아　　　　　　彼如來 自所覺知

등정각을 이루고 중생들을 위해 설하고 　成等正覺 爲人演說
밝히고 보여 주었다. 　　　　　　　　　　開示顯發
그것은 무명으로 말미암아 행이 있고
......
생으로 말미암아 노사가 생긴다는 것이다.
또 생이 있기 때문에
늙음·죽음·근심·슬픔·번뇌·고통이 있다는 것이다.
이러한 모든 법은 법주法住·법공法空·법여法如·법이
法爾이다.
법은 시공時空을 초월하여 변하지 않으며 　　法不離如
법은 자연현상 그대로의 모양과 다르지 않으며 　法不異如
분명하고 진실하여 전도되는 일이 없어 　審諦眞實不顚倒
연기의 법대로 따르는 것이다. 　　　　　如是隨順緣起
이것이 연생법이다.』

이 경에서 또 한 가지 중요한 것을 발견할 수 있다. 그것은 자신이 설한 사상에 대한 세존 자신의 자신감自信感이다.

앞에서도 말했듯이 세존이 설한 사상의 기본적인 성격이 명확하게 들어나 있을 뿐 아니라 자신이 설한 이 진리야말로 만고불변의 진리라는 확신이 분명하게 들어나 있다는 사실이다. 그것은 「부처가 세상에 나오건 나오지 않건 이 법은 항상한 것으로 법으로서 머물며 법으로서 정해진 것이다」라는 구절에서 명확히 알 수 있다.

아직까지 아무도 몰랐고 듣지도 못했던, 그야말로 위대한 진리를 깨닫고도 그것이 자신이 만들어낸 어떤 것이 아니라, 세존 자신이 이 세상에 나건 나지 않건 간에 오랜 예로부터 있어 왔고 앞으로도 있을 영원한 것이라는 확고한 자신감이다. 참으로 붓다다운 말이라 하지 않을 수 없다.

〈나를 말미암지 않고는〉 구원을 받을 수 없다고 하는 여타 종교 교조敎祖의 말과는 너무도 대조적이다. 이 세상에 경의 종류가 하고 많지만 이런 설법을 담고 있는 경으로는 유일한 것이다. 그런만큼 매우 중요한 경이라 할 수 있다.

세존은 〈성읍〉城邑: 12-287이라는 경에서도, 자신이 깨달은 이 연기의 법이 세존의 출현에 관계없이 법(진리)으로서 존재하며 법으로서 정해져 있다고 설했다.

이 경은 세존이 정각을 이루기 전, 수행할 때의 회상回想으로 시작된다. 〈고〉에 관한 사색의 과정과, 마침내 연기의 법을 통해 〈고에서 탈출할 수 있다〉는 것을 깨달았다고 밝히고 나서, 자신이 깨달은 이 정각을 〈옛 길〉古道에 비유했다.

『이 때 나는 이렇게 생각했다. 나는 옛 선인仙人이 다니던 길과, 그 길의 자취를 발견했다. 비유하자면 어떤 사람이 황야를 헤매다가 문득 옛 사람들이 다니던 길을 발견하고 그 길을 따라가서 마침내 옛 성읍과 왕궁·동산·목욕터 沐浴池·맑고 아름다운 숲을 본 것처럼.』

그래서 이 옛 성읍을 발견했다는 사실을 왕에게 알리자, 왕이 그 곳에 가서 옛 사람들이 그러했듯이, 백성들과 더불어 풍성하고 즐겁고 안온하게 살았다고 비유했다.

또 이 옛 성읍에 이르는 길은 바로〈팔정도〉이며, 그 팔정도를 따르면〈늙음·병·죽음을 멸하게 되고 또 연기의 12지를 멸하게 된다〉고 끝을 맺었다. 세존이 깨달은 진리야말로 영원한 행복의 길임을 확인할 수 있는 경이다.

4. 고가 생기는 것生起, 고를 없애는 것滅盡
― 네 가지 성스러운 진리四聖諦

세존께서 기본적이고도 중요한 교리는 여러 번 거듭해서 제자들에게 설했듯이 우리도 연기법과 그 생기 그리고 고의 멸진에 관해 좀더 명확하게 이해하기 위해, 세존이 거듭해서 강조했던 경 몇몇을 더 살펴보기로 하자.

〈사문沙門 바라문婆羅門〉14-352~354이라는 경이 있다. 세존은 이 경에서, 사문·바라문이라고 자처하려면 12연기를 바르게 이해해야 한다고 했다. 이를 이해하지 않고는 참다운 사문·바라문이라고 할 수 없다는 것이다.

사문이란 범어의 sramana를 음사한 말로, 식심息心 또는 근식勤息이라고 한역한다.〈모든 좋은 일을 부지런히 닦고 나쁜 일을 하지 않는 사람〉이라는 뜻으로, 처자와 가족을 버리고 수행하는 사람을 일컫는다.

따라서 부처님 당시에는 꼭 세존의 제자인 비구만을 사문이라고 한 것이 아니라 여러 사상가나 수행자를 모두 그렇게 불렀다. 불교 수행자만을 사문이라고 부르게 된 것은 한참 뒤의 일이다.

다시 본론으로 돌아와서 세존의 가르침을 들어보자.

『사문이거나 바라문이거나
　법을 참답게 알지 못하고
　법의 모임을 참답게 알지 못하고
　법의 멸함을 참답게 알지 못하고
　법이 멸하는 도의 자취를 참답게 알지 못하면
　그는 사문이면서 사문의 수數가 아니며,
　바라문이되 바라문의 수가 아니다.
　또 사문의 도리도 아니며 바라문의 도리도 아니다.
　곧 현세에서 스스로 알고 체득證得하여
　「내 미망迷妄의 삶은 이미 다하고
　바른 행梵行은 이미 정립되었고 수행은 이미 마쳤다.
　그래서 후세에 다시는 몸을 받지 않는다」고
　스스로 아는 것이 아니다.』

세존은 〈연기의 법〉 곧 불법을 모르면 사상가니 수행자니 할 자격조차 없다고 잘라 말하고, 이 법을 알면 현세에서 복되게 살 수 있다고 가르쳤다. 현세에서 진리를 깨닫고證得, 행을 바르게 하고梵行, 바르게 닦아야修行―현세에서 복을 누려야―다음 생에 다시는 미망의 몸을 받지 않는다고 하신 것이다. 이렇듯 세존은 기회 있을 때마다 현세에서 행복하라고 강조했다. 그래서 세존을 리얼리스트라고 하는 것이다.

　세존은 이어 이렇게 설했다.

『무슨 법을 참답게 알지 못하고 있는가.
　이른바 육입처六入處의 법을 참답게 알지 못하고
　육입처의 모임
　육입처의 멸함
　육입처를 멸하는 길을 참답게 알지 못하고 있다.
　그러고도 〈촉〉을 안다는 것은 있을 수 없는 일이다.
　마찬가지로 육입처의 법을 알지 못하고
　수·애·취·유·생·노사를 참답게 안다는 것은 있을 수 없는 일이다.
　만일 사문·바라문이 육입처를 참답게 알지 못하면서
　〈촉〉을 뛰어넘으려고 한다면 당치도 않은 일이다.
　마찬가지로 수·애·취·유·생·노사를
　뛰어넘으려고 한다면 이 역시 당치도 않은 일이다.
　또 노사의 모임·노사의 멸함·노사를 멸하는 길을
　뛰어넘으려고 한다면
　이 역시 당치도 않은 일이다.』

　이렇듯 세존은 비구들에게 바른 믿음, 바른 이해, 바른 실천으로 바른 가치관을 정립해야 참다운 사상가, 참다운 수행자라 할 수 있으며 이것이 곧 현세의 행복이라고 거듭거듭 강조했다.

《상응부경전》에 〈고〉라는 경이 있다. 사바티의 제타숲에 있는 아나타핀디카에서 세존이 제자들에게 한 설법이다.

『비구들이여, 내 이제 그대들을 위해
〈고가 생기는 것〉 그리고 〈생긴 고를 없애는 滅盡 것〉에
관해 설하련다. 잘 듣고 잘 생각하라.
먼저 어떤 것을 고가 생긴다고 하는가.

눈과 눈에 보이는 색色으로 말미암아
눈의 식眼識이 생긴다.
이 세 가지가 합해져서 촉이 일어난다.
이 촉으로 말미암아 수感覺가 생긴다.
이 수로 말미암아 애渴愛가 생긴다.
이것을 고가 생긴다고 하는 것이다.

귀와 귀에 들리는 소리로 말미암아
귀의 식耳識이 생기고……
코와 코로 맡는 냄새로 말미암아
코의 식鼻識이 생기고……
혀와 혀에 닿는 맛으로 말미암아
혀의 식舌識이 생기고……
몸과 몸으로 느끼는 감촉으로 말미암아
몸의 식身識이 생기고……

뜻과 뜻이 지어내는 관념으로 말미암아
뜻의 식意識이 생긴다.

이 세 가지 곧
6근根과 그 대상인 6경境과 6식識이 합쳐서
촉이 일어나고,
이 촉으로 말미암아 수가 생긴다.
또 이 수로 말미암아 애가 생긴다.
이것을 고가 생긴다고 하는 것이다.

다음으로 어떻게 하는 것이 고를 없애는 것인가.
눈과 눈에 보이는 색으로 말미암아 눈의 식이 생기고
이 세 가지가 합쳐서 촉이 일어난다.
이 촉으로 말미암아 수가 생긴다.
이 수로 말미암아 애가 생긴다.
이 애를 남김없이 멸하면 취가 멸한다.
취가 멸하면 유가 멸한다.
유가 멸하면 생이 일어나지 않는다.
생이 없으므로
노老・사死・우憂・비悲・고苦・뇌惱도 일어나지 않는다.
이것을 고의 멸진滅盡이라고 한다.』

계속해서 이耳・비鼻・설舌・신身・의意에 대해서도 똑같이 설했다.

이 경은 〈촉〉을 중심으로 해서 연기법을 설한 것이다. 곧 촉을 일으키는 것은, 눈과 색·귀와 소리·코와 냄새香·혀와 맛·몸체와 촉감·뜻과 관념法의 6처이며, 촉이야말로 고를 일으키는 인이므로 이 촉을 멸하는 것이 바로 고를 멸하는 길이라고 설했다.

 또 〈타〉他 : 12-300라는 경을 보자.

 세존께서 쿠루수拘留搜의 조우調牛 마을에 머물고 계실 때, 한 브라만이 찾아와서 세존께 여쭈었다.
『고타마시여, 고타마께서는 스스로 짓고 스스로 깨닫습니까?』
『나는 이것을 〈무기〉無記라고 하오.
 스스로 짓고 스스로 깨닫는 것은 곧 무기요.』
『그러면 남이 짓고 남이 깨닫습니까?』
『남이 짓고 남이 깨닫는 것도 무기요.』
브라만이 다시 물었다.
『스스로 짓고 스스로 깨닫는 것도 무기라 하시고, 남이 짓고 남이 깨닫는 것도 무기라 하시니 무슨 뜻입니까?』
『스스로 짓고 스스로 깨닫는다고 하면 〈상견〉常見에 떨어지고, 남이 짓고 남이 깨닫는다고 하면 〈단견〉斷見에 떨어지는 것이오. 상견도 극단이고 단견도 극단이므로 나는 이 두 극단을 떠난 중도를 설하는 것이오. 말하자면, 이것이 있으므로 저것이 있고 이것이 일어나므로 저것이 일어난다는 법에 따라, 무명으로 말미암아 행이 일어나고……

괴로움의 집적集積이 생기며 무명이 멸하면 곧 행이 멸하고…… 괴로움의 집적이 멸하는 것이오.』

상견이란, 사람은 죽지만 〈나〉自我는 없어지지 않으며 오온은 삼세三世 : 과거·현재·미래에 걸쳐 상주常住한다는 그릇된 견해를 말한다. 또 단견이란, 상견의 반대다. 곧 우주만물은 무상하여 실재實在하지 않듯이, 사람도 죽으면 명名 : 정신과 색色 : 육신이 모두 없어진다는 극단적인 견해다.

세존의 사상을 경멸輕蔑하고 회의를 품고 있던 이교도인 브라만에게 연기의 법을 명쾌하게 이해시킨 경이다.

고苦니 낙樂이니 하는 것들이 스스로의 탓인지 아니면 남의 탓인지를 묻는 브라만에게 세존은 〈누구의 탓도 아니며 다만 연기법에 따라 생기는 것〉이라고 설명을 하신 것이다.

세존의 설명을 듣고 확실하게 깨달은 그 브라만은 기쁨을 감추지 못했다는 이야기로 경은 끝을 맺었다.

다시 〈사량〉思量 : 12-292이라는 경을 보자.

『비구들이여,
어떻게 사색하고 관찰해야 괴로움을 바르게 없애고
괴로움에서 완전히 벗어나겠느냐?

세상에는 갖가지 괴로움이 있다.
이들 괴로움의 인은 무엇이며, 무엇의 모임이며,
무엇에서 생기는가.

이를 헤아리고 관찰하면
취가 인이며 취의 모임이며 취에서 생긴 것이며
취로 말미암아 일어난 촉이라는 것을
헤아리고 관찰하게 된다.
그러므로 만일 그 취를 남김없이 멸하면
곧 모든 괴로움도 멸한다.
이렇게 고를 멸하는 길을 바르게 알고
그 법에 따라 수행할 때
그 비구는 바르게 괴로움을 다하고
괴로움을 완전히 벗어나는 길로 향하고 있다고 말한다.
이것이 취의 멸함이다.

다시 비구들이여,
고를 멸하고 고에서 완전히 벗어나는 길을
헤아리고 관찰하라.
취는 무엇이 인이며, 무엇의 모임이며,
무엇에서 생기는가를.
그 취는 애(욕망)가 인이며, 애의 모임이며,
애에서 생겼으며,
애의 촉임을 헤아리고 관찰하게 된다.
이 애를 남김없이 멸하면 취도 멸한다.

다시 비구들이여, 애는 무엇이 인이며, ……
다시 비구들이여, 수는 무엇이 인이며, ……

다시 비구들이여, 촉은 무엇이 인이며, ……
다시 비구들이여, 육처는 무엇이 인이며, ……
다시 비구들이여, 명색은 무엇이 인이며, ……
다시 비구들이여, 식은 무엇이 인이며, ……
다시 비구들이여, 행은 무엇이 인이며, 무엇의 모임이며,
무엇에서 생기며, 무엇의 부딪침인가.
그 행은 무명이 인이며, 무명의 모임이며,
무명에서 생긴다.
이른바 복되는 행福行도 무명으로 말미암은 것이며,
복이 되는 행도 복이 되지 않는 행도
무명으로 말미암은 것이며,
복도 복되지도 않는 행無所有行도
무명으로 말미암은 것이다.
따라서 무명이 멸하면 곧 행도 멸한다.
무명을 멸하는 참다운 길을 알고
그리로 향하여 법에 따라 닦으면
그 비구는 바르게 고를 멸하고
고에서 완전히 벗어나는 길로 향하고 있다고 이른다.
이것이 무명을 멸하는 것이다.』

세존은 제자들에게, 12연기에 따라 고의 원인과 고를 멸해가는 길을 사색하고 관찰하라고 설한다. 곧 사람이 무명하여, 어떤 복된 행을 하려고 하면 식識이 저절로 복된 행 쪽으로 향하고, 복되지 않은 행을 하려고 하면 그 식이 복되지

않은 쪽으로 향하며, 무소유행을 하려고 하면 그 식은 저절로 무소유행 쪽으로 향한다고 설한다.
 그래서 세존은 제자들에게 이렇게 묻는다.

『비구들이여, 그대들은 어찌 생각하느냐?
 만일 무명을 멀리하여 명明이 생겨도
 무명으로 말미암은 복된 행,
 복되지 않은 행,
 무소유행을 짓겠느냐?』
『아닙니다(짓지 않겠습니다).
 왜냐 하면 세존의 가르침을 받은 성聖 제자들은
 무명을 즐거워하지 않으므로 명을 내기 때문입니다.
 무명이 멸하면 행이 멸하고, 행이 멸하면……
 생·노·병·사와 우·비·고·뇌가 멸합니다.
 이렇게 하여 큰 고의 무더기가 멸하기 때문입니다.』
『장하고 장하다, 비구들이여.
 내가,
 「이러이러한 법에서
 이러저러한 법을 일으키고
 이러이러한 법이 생겼다가
 이러저러한 법을 멸하면
 이러저러한 법이 멸하고 그쳐,
 맑고 시원하다」고 말했다.
 그대들도 그것을 바르게 알았다.

거룩한 성제자가 무명에 대해 욕심을 떠나 명이 생겨,
장차 받을 몸의 지위를 깨닫게 되면
그것을 참답게 알게 된다.
또 장차 받을 목숨의 한계를 알게 되면
그것을 참답게 받아들인다.
그래서 몸이 무너지고 목숨이 끝나면
일체의 수受 : 느낌에 대해
깨달음이 다 멸하여 남음이 없게 된다.』

고 격려하고 이 경은 끝난다.
　세존의 가르침을 잘 듣고 잘 이해한 거룩한 성제자가 무명을 멸하고 밝은 지혜明를 얻으면 복된 행도, 복되지 않은 행도, 무소유행도 하지는 않을 것이라고 격려한다.
　그래서 그들은 어떤 일을 하고자 하지도 않을 것이며, 할 생각도 하지 않는다.
　이렇듯 이 세상의 그 어떤 것에도 집착하지 않으므로 마음에 고뇌가 없으며, 고뇌가 없으므로 마음에 만족을 느껴,「미망의 생은 이미 끝났다. 청정한 행은 이미 다 이루었다. 이제 다시는 미망의 생을 받지 않을 것이다.」라고 알게 되는 것이다.
　따라서 그들은〈낙수〉樂受도〈고수〉苦受도〈비락비고수〉非樂非苦受도 모두 무상하여 집착할 것이 아니라는 것을 알기 때문에〈고·락·비락비고〉를 초연하게 받아들이고, 목숨이 다하는 순간에는「나의 명이 끝나간다. 이제 일체의 수를 받는 일은 끝난다. 내 몸은 차가워져서 여기 누워 있게 될 것이다.」라고 알게 된다고 설한다. 그리고 나서 다음과 같은 문답을 한다.

　세존이 물으셨다.
『비구들이여, 그대들은 어찌 생각하느냐?
　이미 번뇌를 다 멸한 비구도
　복된 행, 복되지 않은 행, 무소유행을
　지으려고 하겠느냐?』
『아닙니다. 세존이시여.』
『그럼 아무런 행이 없는데 다시 식이 일어나겠느냐?』
『아닙니다. 식은 일어나지 않습니다. 세존이시여.』
『그럼 식이 없는데 명색이 일어나겠느냐?』
『아닙니다. 세존이시여.』
……
『그럼 아무 생도 없는데 노·사가 있겠느냐?』
『아닙니다. 생이 없으니 노·사도 없습니다.』

　세존은, 어떻게 사유하고 어떻게 관찰하며 어떻게 고를 멸할 것인가에 관해 제자들과의 질의응답을 통해 거듭해서 확인시켜 주고 강조하신다.

5. 등잔불의 야치

이어 세존은 〈불박〉佛縛 : 12-285이라는 경에서 집착을 등잔불에 비유하여 설명했다.

『내가 아직 정각을 이루지 못했을 때였다.
　어느 고요한 곳에서 혼자 선정禪定에 들어 이렇게 사색한 일이 있었다.
　……
　「모든 중생들은 이 생·노·병·사를
　　참답게 알지 못한다」
　……
　「어떤 법이 있기에 생이 있으며,
　　무엇으로 말미암아(인연하여) 생이 있는 것일까?」하고.
　나는 바르게 생각한 끝에 참다운 지혜를 얻었다.
　「즉, 존재가 있으므로 생이 있고,
　　존재로 말미암아 생이 있다」고.
　다시 생각하였다.
　「…… 무엇으로 말미암아 존재가 있는 것일까?」
　「취로 말미암아 존재가 있다」고.
　「…… 무엇으로 말미암아 취가 있는 것일까?」
　「법에 맛들이고 집착하며 생각하여 마음이 묶이면
　　애착이 더하고 자란다.
　　이런 욕망이 있기 때문에 취가 있다.

이 취로 말미암아 존재가 있으며,
　존재로 말미암아 생이 있고,
　생으로 말미암아 노·사·우·비·고·뇌가 있다.
　이렇게 하여 큰 괴로움의 무더기가 된다」고.』
『비구들이여, 그대들 생각은 어떠하냐?
　비유하면 기름과 심지가 있으므로 등불이 켜진다.
　이 등잔에 기름과 심지를 자주자주 더해 주면
　그 등불이 오래 가겠느냐? 곧 꺼지겠느냐?』
『오래 갑니다. 세존이시여.』
『그와 같이, 물질을 탐내고 맛들이고,
　집착하여 생각하면, 욕망의 묶음은 점점 커진다.
　이 욕망으로 말미암아 취가 있고,
　취로 말미암아…… 이렇게 큰 괴로움의 무더기가 된다.
　……
　나는 다시 이렇게 생각하였다.
「어떤 법이 멸하면 늙음과 병과 죽음이 멸하는가」라고.
　나는 바르게 사색한 끝에 참다운 지혜를 얻었다.
「생이 없으면 노·병·사가 없으며
　생이 멸하면 노·병·사가 멸한다」고.
또「어떤 법이 없으면 생이 없고,
　어떤 법이 멸하면 생이 멸하는가?」
「존재가 없으면 생이 없고,
　존재가 멸하면 생이 멸한다」고.
「어떤 법이 없으면 존재가 없으며, ……

취가 없으면 존재가 없으며, ……」
「어떤 법이 없으면 취가 없으며, ……
　　취는 덧없고 생·멸하는 것」이라고.
그러므로 욕심을 떠나고 남김없이 멸해
마음으로 돌아보거나 생각하지 않으면
마음이 묶이지 않아 욕망이 멸한다.
욕망이 멸하기 때문에 취가 멸하고
취가 멸하기 때문에 존재가 멸하고
존재가 멸하기 때문에 생이 멸하고
생이 멸하기 때문에 노사와 우비고뇌가 멸한다.
이와 같이 하여 큰 괴로움의 무더기가 멸한다.
비구들이여,
비유하면 기름과 심지로 등불을 켜는 것과 같다.
만일 기름과 심지를 돌아주지 않으면
그 등불이 앞으로 꺼지겠느냐?
아니면 계속 타겠느냐?』

　이처럼 기름과 심지를 계속 돌아주지 않으면 등불이 꺼지듯이, 집착을 끊으면 고가 멸한다고 설했다. 세존은 다시 〈취〉取 : 12-286라는 경에서, 6근의 대상對境인 6처에 집착하는 취를 중심으로 모닥불을 비유해서 연기의 법을 설했다.

『……비유하면 나무를 10단, 20단…… 백 단, 천 단 쌓고
　불을 지피면 큰 불이 일어나는 것과 같다.

만일 어떤 사람이 그 불에 나무를 더 지핀다면
그 불이 더 오래 탈 수 있겠느냐?』

제자들은 물론 그렇다고 대답한다. 이 경은 앞에서 본 경과 같은 결론으로 끝을 맺었다.
세존의 이런 생활 속의 비유는 인상적이다. 한 번 들으면 평생 잊지 못하는 매력과 설득력이 있다. 이처럼 초기의 경전들은 지극히 일상적이면서도 인상적인 설득력으로 불교를 쉽게 이해하고 깨닫게 해준다. 후세의 현학적이며 철학적인 대승경과는 대조적이다. 이런 점이 바로 초기경전의 강점인 것이다.
여기 그런 경이 또 하나 있다. 〈식〉食 : 15-371이라는 경이다.

『비구들이여,
이 세상에는 네 가지 먹거리가 있다.
중생들이 이 세상에 살면서
이런 것을 먹고 살 수 있게 해준다.
네 가지 먹거리란 어떤 것인가?
첫째는 씹어 먹고 마시는 음식麤摶食이고,
두번째는 접촉細觸食이라는 먹거리이고,
세번째는 뜻意思食이라는 먹거리이고,
네번째는 의식意識 : 識食이라는 먹거리다.
이 네 가지 먹거리는 무엇이 그 인因이며

무엇이 모인 것이며 어떻게 생긴 것인가?
이는 애愛 : 욕망가 인이며, 욕망의 모임이며,
욕망이 낳은 것이다.

비구들이여,
이 애는 무엇이 인이며, 무엇이 모인 것이며,
어떻게 생긴 것인가?
이 애는 수受 : 느낌가 인이며, 수의 모임이며,
수가 낳은 것이다.
이 수는 무엇이 인이며, 무엇이 모인 것이며,
어떻게 생긴 것인가.
수는 촉觸 : 닿음이 인이며, 촉의 모임이며,
촉이 낳은 것이다.
이 촉은 무엇이 인이며…….
이 촉은 육처六處 : 여섯 感官가 인이며……
이 육처는 무엇이 인이며……
이 육처의 모임은 바로 촉의 모임이며,
촉의 모임은 곧 수의 모임이며,
수의 모임은 곧 욕망의 모임이며,
욕망의 모임은 곧 먹거리의 모임이다.
이 먹거리의 모임으로 말미암아
미래 세상의 생 · 노 · 병 · 사와 우 · 비 · 고 · 뇌라는
괴로움의 모임이 생기는 것이다.

그러므로 육처를 없애면―멸하면―촉이 생기지 않고,
촉이 생기지 않으면 수가 생기지 않고
수가 생기지 않으면 애가 생기지 않고
애가 생기지 않으면 먹이가 생기지 않고
먹이가 없으면 미래 세상의
생 · 노 · 병 · 사가 생기지 않는다.』

 이 경은 사람이 살아가는 모습을 먹이에 비유하여 성찰한 것이다. 몸에 자양이 되는 음식은 물론, 삶을 영위하면서 겪는 갖가지 정신작용도 먹거리에 비유하여 인간의 정신작용이 일어나는 원인과 일어난 정신작용을 어떻게 처리할 것인가 하는 지혜(방법)를 가르쳤다.
 인간이 살아가면서 이른바 죄를 짓는 것은 이 4가지 먹이 때문이라는 것을 어린 초등학생들도 알 것이다. 이 4가지 먹이를 슬기롭게 처리하지 못해 갖가지 비리를 저지르고 사회질서를 어지럽히고 범법犯法을 하게 되어 오늘날과 같은 혼란이 야기되는 것이다.

객지에서는 그 어떤 사람이 좋은 벗이며
집안에서는 어떤 사람이 좋은 벗입니까?
또 그 어떤 사람이 재물의 좋은 벗이며
그 어떤 사람이 후세의 좋은 벗입니까?

객지에서는 길잡이가 좋은 벗이며
정숙하고 어진 아내, 집안의 좋은 벗이다.
또 친하게 지내는 친척이 재물의 좋은 벗이며
스스로 닦은 공덕이 후세의 좋은 벗이다.

잡아함경 36권 1000경 遠遊經

제4장

우리가 사는 세상 — 세간 世間

제4장
우리가 사는 세상 - 세간世間

1. 윤회하는 인간의 세계

 어느 재벌의 총수가 〈세계는 넓고 할 일은 많다〉는 책을 내서 화제가 된 일이 있다. 세계는 과연 넓다. 우리가 세계라고 하는 이 지구상에는 5대양大洋 6대주大洲가 있으며, 그 넓이는 얼핏 짐작하기 어려울 정도로 넓다. 그래서 예전에는 세계라고 하면 엄청나게 멀고 아득하게만 여겼기에 유럽이나 미주대륙 같은 곳은 그야말로 딴 세상으로 생각했었다.
 하지만 지금은 그런 공간적·시간적인 차별성을 거의 느끼지 못하게 되었다. 이는 놀라울 정도로 발달한 교통·통신기술로 인해, 지구 곳곳에서 일어나는 일을 거의 동시에 알 수 있게 되었기 때문이다. 이제 지구는 지구촌이라는 말이 생겨날 정도로 감각적으로 좁아졌다.

지구뿐 아니라 우주에 대한 개념도 달라지고 있다. 우주선이 달을 왕복하고 우주공간에서 두 우주선이 도킹을 하고, 상상을 초월한 먼 거리의 목성을 탐사하고 화성을 지구화하려는 시도를 하고 있어 무한하게만 생각하던 우주도 이제는 우리의 시각 안으로 들어온 느낌이다.

생명체가 이 지구상에 나타난 것은 학자에 따라 차이가 있긴 하지만 대체로 40억 년 전이라고 한다. 그리고 인류의 역사도 수 억 년이나 된다고 하나, 인간이 두 발로 서서 걸으며 불을 쓸 줄 알게 되고 언어와 도구를 사용해서 문명을 이룩한 역사는 불과 만 년 안팎이 아닐까. 더구나 오늘날과 같은 고도의 문명이 싹트기 시작한 것은 따지고 보면 이른바 산업혁명 이후의 일이니 불과 200년 안팎의 일이다.

영국에서 방적紡績기계가 생겨난 것이 1700년대 중반이고, 피뢰침을 발명하고 세계 최초의 철도가 개통되고, 미국에서 유선有線전신이 발명된 것도 1800년대 중반이었다. 사진술이 발명되고 기선이 처음으로 대서양을 항해한 것도 1800년대 중반이었고 파리에서 산업박람회가 열린 것도 이 무렵이었다. 불과 100여 년 전의 일이다. 이 100여 년 사이에 세상은 정신을 차리지 못할 정도로 변했다.

그러나 아직도 지구상에는 그런 문명의 혜택에서 소외된 채 겨우 생존만 해나가고 있는 사람들도 많다. 지금 지구상에는 약 50억이나 되는 사람이 살고 있으며 21세기가 되면 100억으로 늘어날 것이라고 한다. 이 많은 사람들이 한쪽에서는 최첨단 과학의 혜택을 누리며 문명한 생활을 하고 있는 반면 다른 한쪽에서는 가장 기본적인 생존마저 위협을 받고 있는 것이다.

아프리카에서는 오랜 가뭄과 정치권의 분쟁으로 수많은 사람들이 굶어 죽어가고 있으며, 우리의 동족인 북한에서도 김일성 일가의 알량한 정권유지를 위해 이른바 인민들이 하루 한 끼 먹을 식량조차 없어서 1천만이나 되는 사람들이 굶주리고 있다고 한다.

그뿐 아니라 세계 곳곳에서는 종교분쟁, 종족간의 불화 등으로 유혈사태가 끊이지 않으며 문명한 나라에서는 자신들의 이익 추구를 위해 경제전쟁이 끊이지 않고 있다. 경제전쟁이라는 말에 좀 어폐가 있을지 모르지만 경제적인 우위를 확보하고 이익을 증대시키기 위해 서로 견제하고 탐색하는 등 치열하게 경쟁하고 있으니 전쟁과 다를 바 없지 않을까?

이런 인간사회를 세존은 어떻게 보았으며, 세존이 추구한 바람직하고 이상적인 인간사회는 어떤 것이었을까?

불교에서는 세계를 시간적인 것과 공간적인 것, 둘로 나누어서 설명한다. 〈세〉는 변화·유전流轉하는 것 곧 과거·현재·미래의 〈삼세〉三世를 뜻한다. 바로 시간적인 세계관이다.

〈계〉는 공간적인 세계관이다. 곧 동서남북 상하의 공간적인 욕계欲界·색계色界·무색계無色界의 〈삼계〉三界를 뜻한다. 후세에 확립된 불교의 세계관인 삼계의 개념을 표로 나타내면 별첨과 같다.

참고로 부연하자면 후세의 불교학자들은 이 세간을 〈삼종

三種세간〉이라 하여 각기 견해에 따라 분류하기도 했다. 예를 들면 다음과 같다.

① 부파불교시대의 인도학파인 수론파數論派는 천상·인간·짐승獸道의 세 세계로 나누었다.
② 화엄종에서는 우리가 살고 있는 국토 곧 〈기세간〉器世間, 부처를 제외한 모든 중생들의 삶 곧 〈중생세간〉, 그리고 부처의 세계 곧 〈지정각智正覺세간〉의 세 가지로 구분했다.
③ 천태종에서는 부처를 제외한 모든 중생들이 사는 세계 곧 〈중생세간〉, 우리가 살고 있는 〈국토國土세간〉 그리고 색·수·상·행·식의 오온五蘊 : 五陰을 지닌 유정有精들의 삶 곧 〈오음세간〉의 셋으로 구분했다.

이처럼 시간적인 〈세〉와 공간적인 〈계〉를 합해서 세계라고 하며 이를 또 〈세간〉世間 또는 줄여서 〈세〉世라고도 한다.
이런 시간적 공간적 두 가지의 뜻으로 말하는 세간은, 여러 가지 물질과 현상이 끊임없이 생기生起고, 생겼다가는 없어지는壞滅 시공간時空間이다.
바꾸어 말하자면 미혹한 존재 곧 인간을 포함한 모든 생물―이를 중생이라고 한다―들이 나고 죽고生滅 하는 곳을 말한다. 이런 세간은 항상 변화流轉한다. 변화하기 때문에 무상하다. 무상하기 때문에 실체가 없다. 그런데 인간들은 실체가 없는 이런 것에 집착을 하기 때문에 괴로움이 생긴다. 한마디로 공허한 존재들이 끊임없이 생멸하는 곳이 세간인 것이다.

세존은 생멸을 거듭하는 중생들이 형성하고 있는 이러한 세계를 연기법으로 통찰했다. 곧 6근을 통해 대경對境인 6경境:세계을 보고 느끼고 그 느낌에 따라 어떤 반응(행위)을 한다는 것이다. 다시 말해서 인간과 자연 그리고 문명이 만나서 이루어가는 삶의 인식론이라 할 수 있다.

외부세계의 자극(메시지)을 받아들이는 6근에 대해 간단히 살펴보기로 하자. 6근은 우리 몸의 여섯 감각기관器官인 안眼·이耳·비鼻·설舌·신身:皮膚·의意를 말한다. 근이란 능력 그리고 그런 능력을 지닌 기관이라는 뜻이다. 예컨대 안근은 사물을 볼 수 있는 능력視覺能力, 그리고 사물을 보는 기관 곧 안구와 그것을 둘러싸고 있는 근육과 시신경 등 눈의 구조물을 말한다.

마찬가지로 이근은 청각을, 비근은 후각·설근은 미각·신근은 촉각觸覺능력과 그 능력을 지니고 있는 기관을 말하는 것이다.

의근은 앞의 5근이 감각능력인데 반해 지각능력 또는 지각기관을 말한다. 앞의 5근은 외적인 것이고 의근은 내적인 기능이다.

이들 6근에 대해 그 대상이 되는 모양色·소리聲·냄새香·맛味·촉감觸·현상法의 6가지를 6경境 또는 육외처六外處라고 하며, 우리 몸의 6근을 육내처六內處 또는 육내입六內入이라고도 한다.

제4장 우리가 사는 세상 • 159

이 6경이 6근을 통해 우리 몸에 들어오면 6가지의 인식작용이 일어나므로 이 작용을 육식六識이라고 한다.

이 6근—육내처—과 6근의 대상인 6경—육외처—을 합해서 12처處라 하고, 이 12처에 6식을 합한 것을 통틀어 18계界라고 한다. 우리의 감각과 지각 그리고 인식작용을 세 부류로 나누고 그것을 각각 6가지 요소로 분석한 것이 바로 18계인 것이다.

얼마나 체계적이며 과학적인가? 이리 따지나 저리 따지나 한 치의 빈틈도 없이 아귀가 딱 들어맞는다.

2. 세계는 위태롭고 약하며 무너지는 것

세존은《잡아함경》〈삼미리제〉三彌離提 : 9-231라는 경에서, 〈세간〉이란 무엇이냐는 제자 사밋디의 질문을 받고 이렇게 설명했다.

『위태롭고 약하며 패敗하고 무너지는 것,
  이것을 세간이라고 한다.
  어떤 것이 약하고 패하고 무너지는가.
  사밋디여.
  눈은 위태롭고 약하며, 패하고 무너지는 법이다.
  눈의 대상인 물체色 · 눈의 의식眼識
  눈을 통해 받는 느낌受

곧 즐거운 느낌과 괴로운 느낌
그리고 괴롭지도 즐겁지도 않은 느낌,
이 모든 것이 위태롭고 약하며,
패하고 무너지는 것이다.
귀·코·혀·몸·뜻 또한 눈과 같다.
이것을 위태롭고 약하며, 패하고 무너지는 법이라 하고
이를 세간이라고 하는 것이다.』

한마디로 무상한 것이 세간이라는 것이다. 이 무상한 세간에 대해 애착을 느끼고 집착하기 때문에 괴롭다는 것이다. 이 괴로움을 잊고자 발버둥을 치면 칠수록 어리석어져서 바르지 못한 업을 짓게 되고 그래서 더욱 괴로움이 불어나게集積 된다. 이런 악순환이 계속되어 결국은 괴로움의 굴레에서 벗어나지 못하고 생사의 고해에서 윤회를 거듭하는 것이다. 그래서 세간은 〈공〉이라고 했다.
〈공〉9-232이라는 경을 보자.

눈은 공이다. 〈내 것〉이라는 것도 공이다.
왜냐 하면
그 성질이 스스로 그러하기 때문이다.
색도, 안식도, 눈의 작용도,
눈의 작용으로 느끼는 감각受도 모두 공이다.
귀·코·혀·몸·뜻도 모두 눈과 같아
세간은 공이라고 하는 것이다.

다시 〈잠부카다카〉閻浮車：18-490라는 경을 보자. 이 경은
《잡아함경》답지 않게 상당히 긴 경인데, 이 경 중에 〈유〉有
에 관한 문답이 나온다.

세존이 사리푸트라舍利弗를 비롯한 여러 제자들과 마가다
국의 나알라라는 마을에 계실 때, 사리푸트라의 친구였던
잠부카다카라는 외도外道가 찾아왔다. 외도란 불교 이외의
여러 종교나 철학을 신봉하는 자들을 통틀어 이르는 말呼稱
이다.

오래간만에 만난 두 사람은 정답게 인사를 건네고 앉아서
여러 가지 이야기를 나누었다. 그 중의 한 대목이다.

잠부카다카가 사리푸트라에게 물었다.
『흔히 유有라고들 말하는데 대체 그 유란 무엇이오.』
『유는 세 가지가 있소. 곧 욕계의 유·색계의 유 그리고 무
 색계의 유, 이렇게 세 유가 있소.』
『그렇다면 그 유를 알 수 있는 도리가 있소? 또 그것을 알
 려면 어떤 방법이 있소?』
『친구여, 그 유를 알 수 있는 길이 있소. 그 길에 이르는 방
 법이 있소. 바로 〈8지支의 도〉八正道가 유를 아는 방법이
 오. 팔지의 도란, 정견正見·정사正思·정어正語·정업正
 業·정명正命·정정진正精進·정념正念·정정正定이오.』
잠부카다카는 이어 〈유의 몸〉이란…. 〈괴로움〉이란… 하고
다시 물었다. 사리푸트라는 이에 대해 하나하나 대답을 했
다.

유는 산 것들生物의 생존상태 또는 생존영역을 말한다. 다시 말해서 중생들이 욕계 · 색계 · 무색계의 삼계를 윤회하는 상태를 유라고 한다. 삼계를 윤회하는 존재이므로 욕계의 존재는 욕유欲有, 색계의 존재는 색유色有, 무색계의 존재는 무색유無色有라 하고 이를 삼유三有라고 한다.

불교에서는 이 유를 여러 가지 개념으로 쓰고 있다. 존재의 실체로서의 〈실유〉實有 · 한 집합체集合體로서의 〈가유〉假有 ; 施設有 · 진속眞俗 이제二諦로서의 〈세속유〉世俗有 등 전문적으로는 그 개념이 어렵지만 여기서는 쉽게 존재—인간—라고 생각하면 틀림없을 것이다.

유는 지은 업에 따라 받는 과보 곧 존재다. 다시 말해서 욕계 · 색계 · 무색계에서 받는 과보인 〈생〉生 곧 인간이라는 존재를 말한다. 이런 존재는 그가 지은 업에 따라 욕계의 유로서 존재하기도 하고 색계의 유로서 존재하기도 하고 또는 무색계의 유로서 존재하기도 한다.

욕계의 유는 욕망에 지배되는 존재(인간)이며, 색계의 유는 욕망은 여의었으나 육체(색)를 지닌 존재(인간)이며, 또 무색계의 유는 욕망과 육체를 여읜 추상적 존재로서의 인간을 뜻한다.

이런 존재는 3계의 여섯 세계六道를 윤회한다. 이처럼 육도를 윤회하는 미망迷妄의 존재(인간)들이 모여 사는 곳이 바로 세계라는 것이다.

이런 시간적 · 공간적인 세계를 통틀어 시방十方세계라고 한다. 동서남북과 그 사이間方의 여덟 방향과 상하 두 방향을 합해서 열 방향에 있는 모든 세계 곧 우주 전체를 말한다.

불교의 우주관은 매우 광대하며 과학적이다. 경에 〈이 우주에는 아승기阿僧祇 세계가 있다〉고 했다. 아승기는 범어의 Asaṃkhya의 음역이다. 아주 큰 수를 나타내는 단위의 하나다. 《대방광불화엄경》大方廣佛華嚴經의 〈아승기품〉에 124가지의 큰 수가 열거되어 있다. 아승기는 그 중 105번째의 큰 수다. 그 일부를 인용하면 다음과 같다.

……발두마씩 발두마가 한 승기이고
승기씩 승기가 한 취趣이고
취씩 취가 한 지至이고
지씩 지가 한 아승기이고……

이 우주에는 이렇게 많은 수의 세계가 있다고 한 것이다.

또 한 가지 놀랍고 흥미로운 것은, 앞에서도 말했듯이 〈한 티끌 안에 시방세계가 들어 있다〉—微塵中含十方는 이론이 오늘날의 물리학이나 천문학 그리고 생물학의 이론과 일치하고 있다는 사실이다.

또 〈우연이란 없다. 우리가 생각하는 우연이라고 생각하는 모든 현상은 필연〉이라는 이론이나, 〈작은 부분을 통해서 전체를 이해하고 전체에서 극히 작은 부분을 알 수 있다〉는 최신 〈프렉탈〉이론은 〈한 티끌 속의 세계를 통해 시방세계를 보고 시방세계를 보고 한 티끌 속의 세계를 이해하고〉〈색이 곧 공이며 공이 곧 색〉色不異空 空不異色 ; 色空不二이라는 불교의 전통적인 사상과 일치하고 있다는 것이 참으로 놀라운 일이 아닐 수 없다.

얼핏 황당 무계하고 망상같던 우주관을 비롯한 불교사상, 3천 년 전에 확립된 불교사상이 세월이 흐른 오늘날에 이르러 비로소 그 진실이 한 가닥씩 밝혀지고 있다는 것을 생각할 때 새삼 세존의 위대함에 머리를 숙이지 않을 수 없다.

이런 위대한 세존이 바라보고 분석한 인간사회란 과연 어떠한 것인가? 세존은, 인간은 언제부터인지 알 수 없는 아득한 옛적無始부터 끊임없이無終 나고 죽고 하는 윤회輪廻를 거듭했다고 설했다. 《잡아함경》에 〈초목〉草木 ; 34-940이라는 경이 있다. 세존은 이 경에서 제자들에게 이렇게 설했다.

『비구들이여, 중생들은 처음을 알 수 없는
나고 죽음의 긴 밤을 헤매고 있어
그 괴로움의 끝 역시 알 수가 없다.
비구들이여, 그대들은 어찌 생각하느냐?
이 세상의 풀과 나무를 다 베어
그것을 너의 손가락 만하게 잘라 산대籌를 만들고,
그것으로 너희가
과거에 나고 죽고 할 때의 부모를 센다면
그 산대의 수가 다할 때까지 세어도
과거의 부모를 다 세지는 못할 것이다.
비구들이여,

이렇게 처음을 알 수 없는
나고 죽음의 긴밤을 헤매고 있어
그 괴로움의 끝을 알 수가 없다.
그러므로 비구들이여,
부지런히 노력하여 모든 존재를 끊어
너희들 부모의 수가 더 많아지지 않도록 해야 한다.』

 나고 죽고 하는 윤회를 얼마나 많이 거듭했기에, 이 세상의 초목을 다 베어서 만든 산대로도 그 부모의 수를 다 세지 못할까. 언제부터 나고 죽고 했는지 알 수 없는 아득한 옛날부터 중생들은 어두운 무지 속에서 탐욕에 결박된 채 유전流轉을 거듭했다는 것이다. 그러는 동안 괴로움과 아픔 그리고 온갖 재난을 당하며 살았으니, 이제는 이런 괴로움의 삶을 멀리하고 벗어나서 해탈하도록 하라고 설했다.
 세존은 다시 〈토환립〉土丸粒 : 34-941이라는 경에서는 〈이 세상 땅덩이의 흙으로 바라열매대추의 씨만한 환丸을 지어서 쌓아놓고 과거 세상의 부모의 수를 센다고 해도 그 환이 모자랄 정도〉라고 설했다.
 또 〈눈물〉淚 : 33-938이라는 경에서는 무시무종無始無終의 윤회를 눈물과 사해四海의 바다물에 비유해서 설했다.
 중생들은 처음을 알 수 없는 〈나고 죽음〉을 윤회하고 있어 그 괴로움의 끝을 알지 못한다고 전제하시고 나서 이렇게 설하시었다.

『그대들은 어찌 생각하느냐?
 저 강가강恒河 : 갠지스 강의 흐르는 물과
 사해四海의 바닷물을 합한 것과
 그대들이 과거에
 나고 죽음의 윤회를 하는 동안에 흘린 눈물과
 어느 쪽이 많겠느냐?』
제자들이 대답했다.
『저희가 세존의 가르침을 듣고 이해한 바로 생각하건대,
 과거에 나고 죽음의 윤회를 하는 동안에 흘린 눈물이
 훨씬 많겠습니다.』
『그렇다. 그대들이 과거에 나고 죽음의 윤회를 하는 동안
 에 흘린 눈물이 훨씬 많아서 저 강가강의 물이나 바닷물
 은 댈 것도 아니다.
 왜냐 하면, 그대들은 과거 오랜 세월 동안
 부모의 죽음을 보고
 형제 · 자매의 죽음을 보고
 친척 · 친구의 죽음을 보고
 또 재물을 잃고 흘린 눈물이 매우 많아 한량이 없다.
 그뿐 아니라
 그대들이 과거 세상에 살다가 죽게 되었을 때
 또는 지옥 · 아귀 · 축생으로 태어났을 때
 흘린 피눈물은 매우 많아 한량이 없다.』
세존께서는 이어서 제자들에게 이렇게 물으시었다.
『(그렇다면) 색色 : 우리의 몸은 항상한 것인가, 무상한 것인

가?……』

 얼마나 많은 세월을 윤회했기에 부모를 잃고 흘린 눈물, 자식을 잃고 흘린 눈물, 일가친척·친구의 죽음을 보고 흘린 눈물, 재물을 잃고 아깝고 분해서 흘린 눈물, 병의 고통에 못이겨 흘린 눈물, 병을 비관하고 흘린 눈물, 죽는 것이 서러워서 흘린 눈물, 사랑하는 사람과의 이별이 서러워서 흘린 눈물, 밉거나 한이 맺힌 사람을 보고 분하고 원통해서 흘린 눈물, 삼악도에 떨어져 괴롭고 서러워서 흘린 피눈물이 얼마나 많기에 강물과 바닷물은 비교도 안 된다고 하신 것일까.
 세존은 이렇게 설하고 나서 제자들과 정해진 순서에 따라 定型 문답을 하면서 다시 한 번 해탈의 당위성을 강조한다.

 『물질色;육신은 무상한 것인가, 무상하지 않은 것인가?』
 『무상한 것입니다.』
 『무상한 것이라면 그것은 괴로움인가, 아닌가?』
 『그것은 괴로운 것입니다. 세존이시여.』
 『무상한 것이며 괴로운 것이라면 그것은 변하고 바뀌는 법이다. 그렇다면 성인의 가르침을 들은 제자가〈나〉와 또 다른〈나〉와 둘이 함께 있다고 생각하겠느냐?』
 『아니옵니다. 물질色만이 아니라 느낌受·생각想·행위行·의식識 역시 마찬가지입니다.』
 『그렇다. 성인의 제자로서 그처럼 이해했다면 색·수·

상·행·식에서 해탈하고 생·노·병·사와 근심憂·슬픔悲·괴로움苦·번민惱에서 해탈할 것이다.』

3. 무엇이 이 세상을 움직이나

시작도 알 수 없고 끝도 알 수 없는 이 세상에서 나고 죽는 윤회를 벗어나라고 타이르시는 세존의 가르침은 간곡하다. 그러나 인간들은 그 가르침대로 따르질 못한다. 왜 그럴까. 세계에 대해 좀더 알아보자.
세존은 《잡아함경》의 〈마음〉心 : 36-1009이라는 경에서 세상을 이렇게 설명했다.

나는 이와 같이 들었다.
한 때, 세존께서 수라바스티의 제타숲 아나타핀디카에 계실 때였다. 어느 날 새벽, 얼굴이 아주 묘한 천인天人이 세존을 찾아와, 그 발에 머리를 조아려 예배하고 나서 한 옆으로 물러나 앉았다. 그의 몸에서 비치는 광명이 제타숲을 두루 비추었다. 그 천인은 게송으로 세존께 여쭈었다.
『무엇이 이 세상을 유지하고 있으며
 무엇이 이 세상을 이끌고 있으며
 또 어떤 법이 있어
 이 세상을 다스립制御니까?』
그러자 세존께서 게송으로 대답하시었다.

『마음이 이 세상을 유지하고 있으며
 마음이 이 세상을 이끌어가고 있으며
 마음이 한 법이 되어
 마음이 이 세상을 다스리고制御 있소.』
그 천인이 다시 게송으로 아뢰었다.
『모처럼 성인聖人 : 원문은 婆羅門을 뵈옵고
 완전히 반열반般涅槃을 얻어
 일체의 두려움을 여의고
 이 세상의 애정(집착)을 초월했도다.』
그 천인은 세존의 말씀을 듣고 매우 기뻐하며 세존의 발에 머리를 조아리고 이내 사라져 나타나지 않았다.

여기 등장하는 천인—직역하면 하늘 사나이는, 천인이라고밖에 표현할 수 없을 정도로 매우 선하고 교양 있는 지식인을 상징적으로 표현한 것이다. 일반 사람과는 비교도 안될 정도로 비범한 인물이다. 그토록 용모가 미묘 단정하고, 인품이 고매하고 청정하여 몸에서 광채가 날 만큼 비범한 위인爲人이었을 것이다.

이런 사람이 세존을 우러르며 이 세상이란 어떤 것이냐고 물은 것이다. 그러자 세존은「세상이란 결국 인간들이 모여서 이룬 구성체이며, 구성하고 있는 인간들의 질에 따라 구성체의 형색形色이 정해지고, 또 그 세상을 구성하고 있는 인간들의 자질에 따라 악법으로 다스려지기도 하고 바람직한 법으로 훌륭하게 다스려지기도 한다.」고 대답하신 것이다.

 이 세상이란, 작게는 내가 사는 동네, 크게는 내가 속한 사회 더 나아가 한 국가다. 어떤 사람들이 모여 이런 세상을 구성하고 있느냐에 따라 그 세상의 모습이 형성되며, 어떤 사람들이 좌지우지左之右之하느냐에 따라 그 세상의 가치관이나 문화가 형성되는 것이다. 그리고 그 세상을 좌지우지하는 사람들이 만든 법으로 통제가 되는 것이다.

 이처럼 각 나라마다 또 각 지역마다 그 구성원들의 기질이나 역사적 배경에 따라 각각 특성을 지니고 있다. 따라서 그들의 사고방식이나 가치관도 다르고 민속이나 문화도 달라지게 마련이다. 그리고 그들을 이끌어 가는 지도자에 따라 표출되는 양상도 달라지게 된다. 필경 그 구성원들의 마음에 달렸다는 것이다.

 남전 아함 중의 《상응부경전》에서는 〈세간〉에 대해 이렇게 설명하고 있다.

 세존이 수라바스티의 제타숲에 계실 때였다. 어느 날 코사라 국의 프라세나지트 왕이 세존을 방문했다. 그는 세존과 생일이 같고, 세존이 붓다가 된成道 해에 왕위에 오르는 등 세존과는 특별한 공통점이 있는 세존의 열렬한 팬이었다. 신심도 돈독해서 불교를 위해 많은 공헌을 한 왕이기도 하다.

 왕은 세존께 정중하게 문안을 여쭙고 한 옆에 앉아서
『세존이시여,

무슨 까닭으로 이 세상은
　고뇌가 끊이지 않고 불합리하고 불안합니까?』
하고 여쭈었다. 그러자 세존께서 대답하시었다.
『대왕이여, 바로 세 가지 이유 때문입니다.
　그 세 가지란 무엇인가.
　탐욕 때문에 세상에 고뇌가 생기고
　불합리해지고 불안해집니다.
　진심嗔心 때문에 세상에 고뇌가 생기고
　불합리해지고 불안해집니다.
　그리고 어리석음愚癡 때문에
　세상에 고뇌가 생기고 불합리해지고 불안해집니다.
　대왕이시여,
　이 세 가지가 세상에 번지면 고뇌·불합리·불안이 일게 됩니다.』
세존은 이어 게송으로 설하시었다.
『탐욕과 진심과 우치愚痴
　이는 사람 마음에서 생겨 사람을 해치오.
　예컨대 저 대나무가
　그 열매를 맺으면 넘어지듯이』

　프라세나지트 왕은 세존의 가르침대로 나라를 다스리려고 노력한 왕이다. 나라를 다스리면서 조금이라도 의심이 생기면 곧장 세존께 여쭈어 보고 결론을 내렸다. 이 경을 보건대 아마도 왕은, 나름대로 공정하고 합리적으로 나라를 다스려

백성들이 안락하게 살 수 있는 평화로운 나라가 되도록 하기 위해 노력을 하고 있는데도 여전히 고뇌가 사라지지 않고 불합리·부조리가 사라지지 않으며 그래서 백성들은 늘 불안해 하고 있으니 무슨 까닭일까? 하고 여러 날 고민한 끝에 세존께 가서 여쭈어 본 것 같다.

  예나 지금이나 사람이 모여 살면 인간의 속성상 고뇌와 불합리와 부조리 그리고 이에 따른 불안이 끊이질 않는가 보다. 우리 현실도 이와 똑같지 않은가. 역대 대통령이 나름대로 경제대국, 복지국가, 정의로운 나라가 되게 하겠다는 기치를 높이 들고 노력을 했지만 생각만큼, 그들의 구호만큼 성과가 없었을 뿐 아니라 각 분야의 불합리·부조리가 사라지지 않고 불의不義와 범죄가 늘어만 가고 있는 실정이다.

  사회의 기강은 날로 퇴락하고 우리 전통이라 할 수 있는 흐뭇하던 인정은 더욱 빛바랜 골동품이 되어가고 있다. 물론 전반적인 생활수준은 크게 향상되어 도시 농어촌이 평준화되어 가고 있으며 문화적으로도 고르게 향상된 것만은 사실이다. 그러나 이에 따른 반작용도 만만치가 않다.

  한편으로는 신세대라 일컫는 젊은 세대들이 날로 발전하는 국제화의 조류에 잘 적응하고 있으며 우수한 재능을 발휘하고 있긴 하지만 우리의 전통적 가치관이 퇴색하고 근본이 흔들리고 있다는 기우를 금할 수 없다. 그래서 "우리 것, 가장 우리다운 것이 가장 세계적인 것"이라는 말도 나오고 있는 것이다.

  조선 영조·정조대에 정홍순이라는 분이 있었다. 예조판

서와 좌의정 등 높은 벼슬을 지낸 분이다. 어느 날 이 분이 자기 집을 수리하면서 일꾼하고 품삯을 놓고 승강이를 벌였다. 옆에서 이를 지켜보던 아들이 하도 민망해서

『아버지는 정승이신데 체면이 있으시지 어찌 품삯 몇 푼 때문에 승강이를 하십니까?』

하고 말하자, 정홍순이 말하기를

『네 말도 맞다. 그러나 내가 삯을 비싸게 주면 소문이 나서 모두들 나를 따라할 것이고, 그렇게 되면 품삯이 올라서 나라 일을 할 때도 삯이 오르게 될 것이다. 그러면 나라의 재정이 그만큼 더 지출될 것이 아니냐. 나라의 지출이 많아지면 결국은 세금을 더 걷어들여야 하고, 그러자니 자연 백성들이 괴로울 것이다. 정승은 아무리 작은 일이라도 나라 전체를 생각해야 하고, 백성들의 형편을 생각해야 하느니라. 혹 일이 끝난 다음에 따로 고기 근이라도 사 준다면 몰라도 품삯만은 일반적 수준 이상은 줄 수가 없다.』

고 말했다고 한다. 오늘 우리 나라에 이런 분이 있을까. 우선 나부터, 내 것부터 챙기고 보자는 풍토를 생각할 때 이런 청백리가 단 몇 사람만 있어도 우리 사회가 달라지지 않을까 하는 생각이 든다.

또 정홍순의 딸이 시집을 가게 되었다. 정해 놓은 날짜는 더럭더럭 다가오는데 정홍순은 이렇다 저렇다 말이 없다. 이제나 저제나 하고 기다리던 부인이 안달을 하니까

『내가 혼숫감이며 잔치에 쓸 것들을 장사꾼에게 다 말해놓

았으니 곧 가지고 올게요.』

하며 태연하다. 부인은 어련하랴 하고 물건이 오기만을 기다렸다. 그런데 이게 웬일인가. 내일이 당장 혼인날인데도 혼숫감은 고사하고 파 한 뿌리도 오는 게 없지 않은가? 부인은 발을 동동 굴렀으나 어쩌랴. 하는 수 없이 빨아두었던 옷을 입혀서 시집을 보냈다. 시집은 어느 고관댁이었는데

「딸자식 시집을 보내면서 혼수는 고사하고 옷 한 벌 안 해 입혀서 보내다니. 정판서가 아무리 인색하기로 그럴 수가 있을까. 이건 우리를 무시하는 처사가 아닌가.」

하며 상종을 안했다. 그러나 신행은 가야 하니까 신랑이 아침 일찍감치 처가로 갔다. 마침 비가 부슬부슬 내리고 있었다. 사위의 인사를 받고 난 정홍순은

『온다고 기별을 했더라면 아침밥을 지어놓을 걸, 꼭 우리 식구 먹을 밥만 했으니 자네는 집에 가서 먹게. 다음부터는 기별을 하고 오게나. 저기 갈모하고 나막신이 있으니 쓰고 가게.』

하고 사위를 그대로 보냈다. 신랑은 어이가 없었다. 그런데 몇 해가 지난 뒤에 정홍순은 딸과 사위를 불러놓고

『그 동안 매우 섭섭했겠지만, 인색하다고 흉을 잡히면서 한 푼 두 푼 모아서 집을 한 채 지었으니 들어가 살게. 문서 여기 있네.』

하며 땅과 집문서를 내놓았다. 그리고 생활철학 한 마디를 일러주었다.

『돈 한 푼이라도 우습게 여기지 말게. 천 냥 만 냥보다도

단 한 푼이 더 소중하다는 것을 명심하게.』
　지금 세상에 이런 장인이 있다면 매를 맞거나 칼부림을 당했을 게다. 어른이나 젊은이나 다 반성해야 하지 않을까.
　결국 따지고 보면 궁극적으로 〈마음이 세상을 유지하고 마음이 세상을 이끌고 마음이 세상을 다스리는 것〉이라는 세존의 가르침이 틀림없다는 것을 알게 된다.
　따라서 세상이 안락해지는 것도, 불행해지는 것도 다 이 사회를 구성하고 있는 사람들의 마음에 달린 것이다. 그러니 각 개개인의 마음가짐이 얼마나 중요한지는 두말할 필요가 없다.
　《잡아함경》의 〈박〉縛 : 36-1010이라는 경을 보자.

　한 천인이 세존께 여쭈었다.
『무엇이 세상을 결박하고 있으며
　무엇으로 그 결박을 항복받을 수 있습니까?
　또 어떤 법을 끊어 없애면
　열반을 성취했다고 할 수 있습니까?』
이 때 세존께서 게송으로 대답하시었다.
『애욕이 세상을 결박하고 있으며
　그 애욕을 항복받으면 해탈할 수 있으며
　그 애욕을 끊어 없애면
　열반을 성취했다고 일컫는 것이오.』
그러자 그 천인은 다시 게송으로 말했다.
『내 모처럼 참다운 수행자를 뵈옵고

완전한 반열반을 얻었으며……』
세존의 말씀을 듣고 매우 기뻐하며 머리를 조아리고……

앞의 경과 거의 비슷한 내용이다. 다만 앞의 경에서는 〈마음〉을 중심으로 설했고, 이 경에서는 〈애욕〉 곧 탐착하는 욕망을 주제로 삼았다. 이 경 바로 다음에 〈엄경〉掩經 : 36-1011 이라는 경이 있다.

천인이 게송으로 세존께 여쭈었다.
『무엇이 세상을 덮고 있으며
 무엇이 세상을 막고 있습니까?
 무엇이 중생들을 결박하고 있으며
 무엇으로 이 세상이 세워졌습니까?』
이 때 세존께서 게송으로 대답하시었다.
『병과 늙음이 세상을 덮고 있으며
 죽음이 세상을 막고 있소.
 애욕이 중생들을 결박하고 있으며
 법이 이 세상을 이룩했소.』
그 천인은 세존의 말씀을 듣고 매우 기뻐하며……

이 경에서는 인간의 근본적인 괴로움인 생·노·병·사를 주제로 했으며, 세상은 갖가지 현상法으로 이룩된다고 설했다. 이 경 바로 다음에는 〈무명〉無明 : 36-1013이라는 경이 있다.

천인이 세존께 여쭈었다.
『그 무엇이 세상을 가리고 있으며
 무엇이 세상을 결박합니까?
 그 무엇이 중생을 기억하며
 무엇이 있어 중생의 깃대를 세웁니까?』
이 때 세존께서 게송으로 대답하시었다.
『무명이 세상을 덮고
 애욕이 중생을 결박하며
 가리고 덮음이 중생을 기억하며
 교만이 바로 중생들의 깃대요.』
그러자 천인이 다시 게송으로 여쭈었다.
『그렇다면 어떤 사람이 덮개가 없으며
 어떤 사람이 애욕에 결박당하지 않습니까?
 어떤 사람이 가리워진 데서 벗어나고
 어떤 사람이 교만의 깃대를 세우지 않습니까?』
다시 세존께서 게송으로 대답하시었다.
『모든 것을 옳게 깨달은 이는 여래요.
 여래는 바른 지혜로 마음이 해탈되어
 다시는 무명에 덮히지 않고
 또한 애욕에 결박당하지 않으며
 가리워진 데서 벗어나고
 〈나〉라는 교만의 깃대를 꺾어 없애오.』
천신이 세존의 말씀을 듣고 매우 기뻐하며……

결국 세상—중생—을 괴롭히고 속박하고 불안하게 하고……, 원한·갈등·시기·다툼 등이 끊이지 않는 것은 중생들이 무명에서 헤어나지 못하기 때문이다. 오랜 세월을 두고 6도를 윤회하게 하는 것은 바로 탐욕·애착·생로병사 四苦가 원인인 것이다. 다시 말해서 6도를 윤회하게 하는 원천적인 원인은 바로 무명 때문이라고 했다. 12연기의 근원이 바로 이 무명인 것이다.

4. 거북이의 교훈

세존은 이 세상을 구성하고 있는 사람들이 자신의 마음을 어떻게 단속하고 어떻게 삼가야 하는지 누누이 일깨워 주었다. 그 중에서 우선 이 세계를 이끌어가는 지도자는 어떠해야 하는지, 말하자면 세존의 지도자론을 들어보자.

여기 흥미있는 한 경이 있다. 세존이 정치 곧 지배자와 피지배자의 관계에 관해 설한 몇 안 되는 경 중의 하나인 〈작왕〉作王: 39-1098이라는 경이다.

세존께서 석씨촌釋氏村에 계실 때였다.
세존께서는 홀로 조용한 곳에서 선정삼매에 드시어 이런 생각을 했다.
「통치자가 사람을 죽이지 않고 남을 시켜 해치지도 않고 법을 무시하지 않고 마음대로 하지 않고 오직 법대로 다스릴 수는 없을까?」

그러자 세존의 동태를 엿보고 있던 마왕 파피야스는 세존이 이런 생각을 하고 있다는 것을 알고 모습을 바꾸어 세존 앞에 나타나서 말을 걸었다.

『참으로 지당하신 생각입니다, 세존이시여, 그렇습니다. 선서善逝시여, 세존께서 직접 통치하십시오. 왕이 되어 사람을 죽이지 않고 남을 시켜 해치지도 않고 법을 무시하지 않고 마음대로 하지 않고 오직 법대로 다스리십시오. 세존께서 왕이 되십시오. 반드시 뜻대로 되실 것입니다.』

이 말을 들은 세존께서는

「음, 이는 틀림없이 마왕 파피야스의 장난이구나.」

하고 생각하시고 마왕에게 말했다.

『마왕 파피야스야, 너는 왜 그런 말을 하느냐?』

그러자 마왕이 다시 말했다.

『세존께서는 네 가지 여의족如意足을 닦으시어 무엇이든지 생각대로 하실 수 있지 않습니까? 저 설산雪山을 황금으로 만들려고 생각하시면 곧 황금산을 만들 수도 있으십니다. 그래서 「왕이 되십시오. 뜻대로 될 것입니다」 하고 아뢰는 것입니다.』

세존께서는 마왕에게 게송으로 이르시었다.

『여기 저 설산만한 황금이 있어
　다시 두 곱으로 만든다 해도
　오히려 만족하지 않으리라.
　그래서 지혜로운 사람은

그것이 바로 세상의 결박이라고 알기에
　황금과 돌을 같다고 보느니.』
그러자 마왕은
『아, 고타마는 이미 내가 마왕이라는 것을 알아차렸구나』
하며 총총히 사라졌다.

　왕은 백성을 어떻게 다스려야 하는가? 어떤 왕을 이상적인 왕이라고 하는가? 불교에서는 법대로 바르게 나라를 다스리는 이상적인 왕을 〈전륜성왕〉轉輪聖王 줄여서 전륜왕 또는 윤왕이라고 하며, 금륜왕·은륜왕·동륜왕·철륜왕의 네 단계의 윤왕이 있다고 한다. 위의 경은 그런 바람직한 왕에 관해 설한 경이다.
　《아함경》에 〈악마상응〉惡魔相應이라는 여러 경이 있다. 악마상응이란 마음 속에 문득문득 일어나는 바르지 못한 생각들 곧 바른 수행을 훼방하는 부정적인 생각을 악마의 짓으로 비유해서 설한 경이라는 뜻이다.
　이 경에서도 보듯이, 세존도 어느 순간에 문득문득 정치에 관심이 쏠렸던 것 같다. 그러나 세존의 관심은 자신이 국왕이 되겠다는 것이 아니라 국왕들의 전횡專橫, 영토에 대한 끊임없는 집착, 그 욕망을 이루기 위한 전쟁, 군비확장과 호화로운 생활을 유지하기 위한 재원확보, 재물을 축적하기 위해 백성들을 수탈하는 행위 등에 대한 관심이었을 것이다.
　괴로움의 바다에서 헤어나지 못하는 중생들을 구제하려는

대자비, 곧 중생제도라는 큰 명제를 위해 노심초사하는 세존으로서는 왕에게 시달리는 백성들을 그냥 보아넘길 수는 없는 일이었고 바로 그런 차원의 관심이었지 왕권에 대한 관심은 결코 아니었을 것이다. 그런데 마왕─마음 속에서 꿈틀거리는 갈등─은 엉뚱하게 왕권 자체에 대한 갈등을 부추겼던 것이다.

〈국왕〉, 이는 누구나 부러워하는 지위다. 지금도 한 나라의 대통령이나 수상이 되는 것이 모든 사람의 꿈이 아닐까?

그러나 그야말로 성군 소리를 들을 만큼 선정善政을 하는 통치자가 몇이나 되겠는가? 더구나 옛날의 군주야말로 절대자였으니 세존이 걱정한 대로, 사람을 함부로 죽이고 이런 저런 일로 백성들을 괴롭히며 모든 것을 법대로 공정하게 처리하지 않고 마음 내키는 대로 통치하는 왕이 얼마나 많았겠는가?

예나 지금이나 동서양을 막론하고 통치자들은 권력을 잡으면 차차 욕심이 생기는 것이 속성인 모양이다. 동서양을 통틀어 존경받는 이른바 성군이 극히 드문 것은 바로 이런 욕망 때문일 것이다.

세존은 마왕에게 이렇게 타일렀다. 황금이 설산만큼 있다 해도, 아니 그것이 두 배가 되었다 해도 단 한 사람의 만족도 채우지 못한다고. 사람의 욕망은 그렇게 엉뚱하고 한이 없는 것이다.

설산은 히말라야를 말한다. 엄청난 황금이 그야말로 산처럼 쌓여 있다고 해도 만족할 줄 모르는 것이 사람의 욕망이다. 〈말 타면 경마 잡히고 싶다〉는 우리 나라 속담처럼 끝도 없고 한도 없는 것이 사람의 욕망이다.

그래서 지혜있는 사람은 〈만족을 모르는 것이 욕망이며, 괴로움의 원인이 욕망이며 이 욕망이야말로 세상의 속박〉이라는 것을 바로 알기에 결코 동요되지 않으니, 호시탐탐 인간이 타락하기만을 엿보고 있는 마음 속의 악마 – 갈등과 욕망 – 에게 부질없는 유혹을 하지 말라고 경고하신 것이다.

여기 동화처럼 재미있고 매우 시사적示唆的이며 아름다운 비유가 있다. 〈거북〉43-1167이라는 경이다.

비구들아,
거북이 한 마리가 저녁 때가 되어 물을 마시러 물가에 갔다. 때마침 하루 종일 먹이를 구하러 쏘다니던 늑대도 목이 말라서 물을 마시러 왔다가 거북을 보고
「옳거니. 저기 느림보 거북이가 있구나. 이제 허기를 면하게 됐구나.」
하고 거북에게 달려들었다.
거북은 물을 마시려다 느닷없이 늑대가 달려들자 혼비백산하여 목을 움추리고 네 발을 모두 오무리고 늑대의 기색을 살폈다. 배가 고픈 늑대는 거북에게 달려들었지만 거북의 몸이 워낙 단단해서 어디 한 군데 물어뜯을 데가 없었다. 거북의 둘레를 뱅글뱅글 돌던 늑대는, 거북이 머리든 발이든 내밀 때까지 기다리기로 했다.
거북은 늑대가 옆에 쭈그리고 앉아 있는 것을 알고 늑대가

가기를 기다리고 있었다. 마냥 기다리다 지친 늑대는 다른 먹이를 찾아 가버리고 말았다.
『제자들아, 마음에 조금이라도 빈틈이 생기면 거북을 노리는 늑대처럼 악마는 마음의 빈틈을 엿본다.
눈의 계율을 잘 지키면 파피야스는 그 틈을 타지 못하니, 그대들은 해탈하는 데 자유로울 것이다. 귀·코·혀·몸·뜻도 이와 같다.』

세존께서 다시 게송으로 설하시었다.

거북이 늑대를 두려워해
여섯 가지를 몸 안에 감추듯
비구들은 그 마음을 잘 거두어
모든 감각과 생각을 감춘다.
의지하거나 두려워하지 말고
마음을 굳게 덮어 말하지 마라.

그러나 우리 마음에는 빈틈이 너무 많다. 아니 스스로 빈틈을 만들고 있는지도 모른다. 머리카락만한 빈틈이 돌이킬 수 없는 큰 화를 부르는 것이다.
위 경에서 말한 네 가지 여의족이란 무엇인가. 인간의 정신을 자유자재하게 조절하는 네 가지 힘이다. 옛 경에서는 이를 신통력神通力이라고 했다. 세존은《증일아함경》29-7에서 여의족에 관해 이렇게 설했다.

『비구들이여, 네 여의족을 닦아라. 이를 거듭거듭 닦으면 이 언덕에서 저 언덕에 이를 수 있다.
네 가지 여의족이란 무엇인가.
비구들이여,
자신이 바라는 바欲求를
뜻대로 실천하는 능력이 생기는 여의족을 닦고
정진精進을 뜻대로 실천하는 능력이 생기는
여의족을 닦고
사색(마음)을 뜻대로 실천하는 능력이 생기는
여의족을 닦고
관觀을 뜻대로 실천하는 능력이 생기는
여의족을 닦으라.
이 네 여의족을 거듭해서 닦으면 저 언덕에 이르는 데 큰 힘이 된다.』

이들 4신통이야말로 저 언덕에 이르는 뗏목인 셈이다.

5. 섶나무가 다하면 불은 꺼진다

다시 본론으로 돌아와서 세계에 관해 더 살펴보기로 하자. 이 세상은 넓다. 살고 있는 사람도 많다. 그런만큼 세상을 보는 견해도 매우 다양하다. 대체 세상이란 어떤 것인가. 여러 견해에 대해 세존은 어떻게 생각했을까. 역시《잡아함경》

에 있는 〈견〉見: 34-962이라는 경에서 세존의 견해를 들어보자.

세존께서 제타숲 아나타핀디카에 계실 때였다. 어느 날 한 바차인婆磋人이 와서 세존께 문안을 여쭙고 한 옆으로 물러나 앉아서 세계에 관해 질문을 했다.
『고타마시여,
 이 세계는 영원합니까, 영원하지 않습니까?
 영원하기도 하고 영원하지 않기도 합니까?
 이 세상은 끝이 있습니까, 없습니까?
 목숨이 곧 몸이라고 할 수 있습니까?
 아니면 목숨과 몸은 따로입니까?
 여래는 다음 생이 있습니까, 없습니까?』
『만일「세상은 영원하다. 이것은 진실이며 다른 것은 허망하다」고 말한다면 그것은 뒤바뀐 소견이오. 관찰한다는 소견 · 흔들리는 소견 · 더러운 소견 · 결박하는 소견 · 괴로운 소견 · 걸리는 소견 · 번민하는 소견 · 애타는 소견으로서 소견에 얽매이게 되오. 그래서 어리석고 무식한 범부는 이 세상에서 생로병사와 근심 · 슬픔 · 고통 · 번민이 생기는 것이오.
또「세상은 영원하지 않다. 영원하기도 하고 영원하지 않기도 하다, 영원한 것도 아니고 영원하지 않은 것도 아니다. 끝이 있다. 끝이 없다. 끝이 있기도 하고 끝이 없기도 하며 끝이 있는 것도 아니고 끝이 없는 것도 아니다. 목숨이 곧 몸이다. 목숨과 몸은 따로다. 여래는 후생後生이 있다. 여래는 후생이 없다. 후생이 있기도 하고 없기도 하다. 후생이 있는 것도 아니고 없는 것도 아니다」라고 한다면 이 또한 뒤바뀐 소견이오.…… 근심·슬픔·고통·번민이 생기는 것이오.』

그러자 바차인이 다시 여쭈었다.

『그러면 고타마께서는 어떻게 보십니까?』

세존께서 대답하시었다.

『여래는 이미 다 보았소. 이는 괴로움의 진리요. 이는 괴로움의 쌓임·괴로움의 소멸·괴로움을 소멸하는 길을 보았소. 이렇게 알고 보았기 때문에 일체의 소견과 일체의 감정, 일체의 출생, 〈나〉·〈나의 것〉이라는 소견·〈나〉라는 교만과 얽매임을 끊고, 그것들을 고요하고 시원하고 진실하게 하오. 따라서 난다生고 해도 옳지 않고 나지 않는다고 해도 옳지 않은 것이오.』

『어찌하여 옳지 않다고 하십니까?』

『여기 어떤 사람이 불을 피웠다고 합시다. 그대는 불이 타는 것을 볼 것이오. 또 불이 타다가 꺼지면 그대는 불이 꺼지는 것을 볼 것이오. 그런데 어떤 사람이 「여기 타고 있던 불이 어디로 갔소? 동쪽으로 갔소? 아니면 서쪽·남쪽·북쪽으로 갔소?」 하고 묻는다면 그대는 뭐라 대답하겠소?』

『불이 탄 것은 섶나무가 있었기 때문이고, 섶나무가 다 됐기 때문에 꺼진 것이지 동쪽으로 갔거나 서쪽·남쪽·북쪽으로 간 것은 아니라고 대답할 것입니다.』
『그렇소. 육체는 이미 끊어졌소. 느낌受·생각想·행위行·의식識도 이미 끊어진 줄 알게 되오. 마치 나무를 뿌리째 뽑은 것과 같소. 다시는 싹이 트지 않을 것이오. 그런데 동쪽으로 갔느니 서쪽·남쪽·북쪽으로 갔다고 하면 그것은 옳지 않은 것이오.』
바차인은 세존의 말씀을 듣고 매우 기뻐하며 자리에서 일어났다.

세존은 이런 토론을 바람직하지 않은 일이라고 했다. 사람이 어디서 왔느냐, 죽으면 어디로 가느냐는 따위의 토론은 무익한 것이니 차라리 조용히 앉아서 사색을 하라고 했다.
　이 경에서도 세상이 영원하냐 영원하지 않느냐, 영원하지도 않고 영원하지 않은 것도 아니냐. 또는 영원한 것도 아니고 영원하지 않은 것도 아니냐, 몸과 마음은 하나냐 별개의 것이냐. 여래는 다음 생에 다시 태어나느냐 태어나지 않느냐……
　이런 갖가지 견해에 대해 세존은 간명하게 대답하신다.〈섶나무가 있는 동안은 불이 타지만 섶나무가 다되면 불은 꺼지는 법, 이를 두고 불이 동으로 갔느니 서로 갔느니 하고 논란을 벌이는 것은 무의미하다〉는 것이다.
　현명한 사람은 나무를 뿌리째 뽑아 다시는 싹이 트지 않게 하듯이, 고·집·멸·도의 네 진리四聖諦를 바르게 깨치고 색·수·상·행·식 등 괴로움의 근원을 끊어 없애야 한다.

그래서 세존은 범부들이 느끼는 이 세상에 대해 이렇게 설한다. 〈접촉〉觸經: 16-452이라는 경을 보자.

『비구들이여,
 갖가지 세계가 있기에 갖가지 접촉觸이 생긴다.
 갖가지 접촉이 있기에 갖가지 느낌受이 생기고,
 갖가지 느낌이 생기므로 갖가지 욕망愛이 생긴다.
 비구들이여, 갖가지 세계란 어떤 것인가?
 눈의 세계 · 귀의 세계 · 코의 세계 ·
 혀의 세계 · 몸의 세계 · 뜻의 세계를 말한다.
 이른바 18경계가 그것이다.
 눈의 경계로 말미암아 눈의 접촉이 생기고,
 눈의 접촉으로 말미암아 느낌이 생기고,
 눈의 접촉에서 생긴 느낌으로 말미암아 욕망이 생긴다.
 귀의 경계로……. 코의 경계로…….』

세존은 이어 이렇게 설하신다16-453.

『눈의 경계 · 빛깔色의 경계 · 눈의 식識의 경계……
 뜻의 경계 · 현상法의 경계 · 식의 경계,
 이런 갖가지 경계, 이른바 18경계로 말미암아
 갖가지 접촉이 생기고, 갖가지 접촉으로 말미암아
 갖가지 느낌이 생기고, 갖가지 느낌으로 말미암아
 갖가지 욕망이 생기는 것이오.

그러므로 비구들이여,
　마땅히 갖가지 경계를 잘 분별해야 하오.』

또 이렇게 설하신다16-454.

『갖가지 경계로 말미암아 갖가지 접촉이 생기고,
　갖가지 접촉으로 말미암아 갖가지 느낌이 생기고,
　갖가지 느낌으로 말미암아 갖가지 생각想이 일어 나고,
　갖가지 생각으로 말미암아 갖가지 욕망欲이 생기고,
　갖가지 욕망으로 말미암아 갖가지 감각覺이 생기고,
　갖가지 감각으로 말미암아 갖가지 열이 생기고,
　갖가지 열로 말미암아 갖가지 욕구求가 생기는 것이오.』

　세존의 가르침은 늘 이렇게 논리가 정연하다. 어떤 현상이 생기는 단계를 체계적으로 분석하여 그 근원을 규명해 간다. 범부가 보고 듣고 느끼는 세계, 그런 접촉을 통해 범부의 마음이 어떻게 변화하는지를 잘 설명해 준다. 결국 이 18가지 경계는 범부들의 괴로움이고 고통의 원천이라고 설하신다. 그러므로 이 18경계를 삼가라고 경고하신다. 이 18경계야말로 번뇌의 원천이기 때문이다.
　《잡아함경》제8권에 이 18경계를 경계하라고 설하신 일련의 경들이 있다. 그 경들의 요점들만 간추려보자.

『눈은 덧없는 것이라고 바르게 관찰하라.

바르게 관찰하면 눈을 삼가는 마음이 생기고,
눈을 삼가고 멀리 厭離하면 기쁨이 생기고
탐욕에서 벗어나며, 마음이 바르게 해탈하게 될 것이오.
귀는 덧없는 것이라고……
코는 덧없는 것이라고……』離喜貪經 : 8-188

『만일 눈에 대해서
분별하지 못하고 알지 못하며 끊지 못하고,
탐욕에서 벗어나지 못하면
괴로움에서 벗어나지 못할 것이오.
만일 귀에 대해서……
만일 코에 대해서……』知經 ① : 8-190

『만일 눈에 대해서
분별하지 못하고 알지 못하며 끊지 못하고
탐욕에서 벗어나지 못하면,
그는 생 · 노 · 병 · 사의 괴로움을
뛰어넘지 못할 것이오.
만일 귀에 대해……
만일 코에 대해……』知經 ② : 8-191

『만일 눈에 대해서 욕심을 떠나서
해탈한 사람은 바르게 괴로움을 멸할 수 있고
만일 귀에 대해서……

만일 코에 대해서……』不離欲經 ; 8-192

『만일 눈으로 기쁨을 느끼는 사람은
　곧 괴로움에 대해서 기쁨을 내는 것이며
　괴로움에서 해탈하지 못한 것이다.
　만일 귀로……
　만일 코로……』生喜經 ; 8-194

『모든 것은 덧없는 것. 무엇이 덧없는가.
　이른바 눈은 덧없는 것이며,
　물질色과 눈의 식과 눈의 접촉과
　눈의 접촉으로 생기는 느낌은 덧없는 것이오.
　모든 것은 덧없는 것……
　이른바 귀는 덧없는 것이며…….』무상경 ① ; 8-195

『모든 것은 덧없다. 어떻게 모든 것은 덧없는가.
　이른바 눈은 덧없는 것이며,
　빛깔과 눈의 식과 눈의 접촉과
　눈의 접촉으로 생기는 느낌 또한 덧없다.
　이와 같이 귀·코…….
　그러므로 거룩한 제자로서 이와 같이 관찰하는 자는
　눈에서 해탈하고
　빛깔과 눈의 식과 눈의 접촉과
　눈의 접촉으로 생기는 느낌에서 해탈할 것이다.

이와 같이 귀 · 코…….
이런 사람은 생 · 노 · 병 · 사와
근심 · 슬픔 · 번뇌 · 괴로움에서
해탈했다고 나는 말한다.
이처럼 모든 것은 괴롭고 비었으며 〈나〉가 아니다.
모든 것은 빈 업業의 법이며 부서지는 법이며,
모든 것은 나고 늙고 병들고 죽는 법이며,
모든 것은 근심 · 번뇌의 법이며,
모든 것은 모이고 멸하는 법이며,
모든 것은 알아야 하는 법이며,
모든 것은 분별해야 하는 법이며,
모든 것은 끊어야 하는 법이며,
모든 것은 깨달아야 하는 법이며,
모든 것은 증득證得해야 하는 법이며,
모든 것은 악마요, 악마의 세력이며 악마의 그릇이오.
모든 것은 타고 있소.
모든 것은 불꽃처럼 타며 사라지는 것이오.』

無常經 ②: 8-196

세계에 관한 경을 하나 더 살펴보자.
세존이 갓 출가한 제자 1천 명과 함께 계실 때였다. 이들은 출가하기 전에는 머리를 땋는 색발외도索髮外道들이었다. 그래서 세존께서는 이들을 교화하기 위해 세 가지를 나타내 보이示現시었다.

곧 하나는 신족변화神足變化고, 둘은 남의 마음을 알아내는 것이고, 셋째는 가르침을 나타내 보이는 것, 이렇게 세 가지였다.
〈시현경〉示現經 : 8-197에 이런 대목이 있다.

이와 같이 내가 들었다.
……
『비구들이여,
 일체는 불타고 있다. 어떻게 일체가 불타고 있는가.
 눈이 불타고 있고, 빛깔과 눈의 식과 눈의 접촉과
 눈의 접촉으로 인하여 생기는 느낌도 불타고 있다.
 이와 같이 귀·코…… 도 불타고 있다.
 무엇으로 불타고 있는가.
 탐욕의 불로, 성냄의 불로, 어리석음의 불로 불타고 있다.
 생·노·병·사와 근심·슬픔·고통·번뇌憂悲苦惱의
 불로 불타고 있다.』
이 때 1천의 비구들은 세존의 말씀을 듣고 모든 번뇌를 끊고 마음의 해탈을 얻었다.

우리도 이제 이쯤에서 그 옛적 세존의 제자들이 그랬던 것처럼, 세계를 바로 보는 눈이 열리지 않았을까.
바르고 안락하고 평화로운 세계는 모든 사람의 마음에 달려 있는 것이다.

제5장
지혜로운 삶 – 깨달음

제5장
지혜로운 삶 - 깨달음

1. 범부와 지혜있는 사람의 차이

　세존은 제자들에게 참다운 삶의 기준을 어디에 둘 것인가에 대해 여러 가지로 일깨워 주셨다. 가령 아름다운 외모인가, 혹은 넉넉한 재물인가, 아니면 강한 힘인가. 그렇지 않으면 호화롭고 막강한 권력인가.
　우리들은 지금 참다운 행복의 기준을 어디에 두고 있을까. 넓직한 아파트·고급 승용차·비싼 모피 코트·외국 나들이 때 사 온 최고급 장식품·수입 골프채·장식장 빼곡히 수집한 양주……, 물론 다 좋다. 그렇게 살지 못하는 사람이 능력없는 사람이고 현대 사회에 적절히 적응하지 못하는 사람일 테니까.
　어떤 사람이 이런 말을 했다. 옛날 선비들이 「황금 보기를 돌같이 하라」고 한 것은 없는 자의 자위일 뿐이라고. 오죽

했으면 황금의 참가치를 몰라서 황금과 돌을 같은 값으로 보았겠느냐는 것이다.

하기야 세존께서도「최소한 남에게 베풀 수 있는 정도의 재력은 갖추어야 한다」고 했다. 전생이 어떻고 다음 생에 어찌될까 하며 걱정하지 말고 현재 내가 얼마나 안락하게 살 것인가를 걱정하라고 하지 않았던가. 앞(제2장 5)에서도 보았듯이, 육안을 잃은 세존의 10대 제자 아누루다阿那律에게 실을 꿰어준 세존의 뜻을 되새겨 볼 일이다.

『아누루다여, 내게 복을 짓게 해다오. 아마 이 세상에서 나만큼 현세의 복을 짓기 위해 노력하는 사람은 없을 것이다. 내가 실을 꿰어주마.』

세존께서는 이렇듯 현실적인 복을 강조하셨다. 얼핏 들으면 대단한 모순같지만, 세존께서는 현세의 안락·행복이야말로 범부 중생이 바라는 것이라고 하셨다. 그래서 남에게 베풀지도 못하고 사는 것은 바람직하지 않다고 하신 것이다. 법에 따라 바르게 벌어서 남에게 베풀면서 넉넉하게 살되 호화롭고 사치스럽지 않게, 근검 절약하고 건실하게 살라고 하신 것이다.

가지고도 궁상을 떨며 사는 것과 검소하게 사는 것은 다르다. 전자는 있으면서도 안달을 하고 인색한 것이며 후자는 헛되게 낭비하지 않는 것이다. 쥐뿔도 없으면서 허세를 부리고 낭비하는 것은 좋지 않은 생활이지만 제 분수대로 쓸

줄은 알아야 한다. 그래야 남에게 폐를 끼치지 않게 된다. 같이 식사를 하러 가면 제일 나중에 나와서 오랫동안 신발 끈을 맨다든가 하는, 내 것은 아끼면서 남의 덕은 보자는식의 태도는 바람직하지 못한 생활태도다.

　세존께서는 경제의 4분법을 설하셨다. 즉 수입을 4등분해서 그 하나는 사업 운영에 쓰고, 또 하나는 살림에 쓰고, 또 하나는 장차를 위해 저축하고, 나머지 하나는 일가 친척이나 이웃을 위해 쓰라고 하셨다. 정당하게 벌어서 합리적으로 쓰되 그 일부는 사회에 환원하라고 하신 것이다.

　3천 년이 지난 오늘의 현실에도 합당한 경제원리가 아닐 수 없다. 물론 그 당시와 오늘의 생활패턴이 다르니 불합리하다고 할지도 모르지만 그 정신만은 우리가 꼭 배워야 할 것이다.

　이렇게 현세의 안락과 행복을 누리려면 탐내는 마음·성내는 마음·어리석은 마음 곧 마음의 삼독을 멀리하고 악을 짓지 않고 선한 업을 지으면 그 공덕으로 현세에 안락하고 다음 생에도 좋은 과보를 받아 안락할 것이니, 다음 생의 행·불행을 걱정할 것이 아니라 지금 당장 얼마나 바르고 선하게 그리고 안락하게 살 것인가를 걱정하라고 하신 것이다.

　그래서 세존께서는 다음과 같이 말씀하셨다.

『하늘에서나 사람 사는 세계에서나
　세상의 모든 힘 가운데

행복의 힘을 가장 으뜸으로 친다.
행복을 바탕으로 불도를 이루어라.』(증일아함경)

또 이 행복을 바탕으로 다음과 같은 조건을 설하시었다.

『어리석은 자를 가까이하지 말고
 현명한 사람을 가까이하고
 맑은 환경에서 생활하고
 항상 공덕을 쌓되 올바른 서원을 세우고
 널리 배우고 기능을 익히되
 규율있는 생활을 하며 고상한 말을 쓰라.

 효도하고 처자를 사랑하라.
 바른 생업을 갖되 노력하라.
 보시를 행하고 계를 지켜라.
 부끄러운 일을 하지 마라.
 악한 짓을 즐기지 말고 술을 삼가라.
 언행은 신중히 하라.

 남을 높이고 나를 낮추어라.
 분수를 지키고 은혜를 잊지 말아라.
 모든 일을 참을성있게 하되 온화하게 하라.
 기회있는 대로 불법을 배우고 깨끗하게 수행하라.』(경집)

추상적이고 막연한 행복론으로 지새우는 것은 무익한 일이다. 현재 내가 어떤 가치관을 가지고 어떻게 사느냐가 중요한 것이다. 바르게 그리고 떳떳하게 살면, 누구에게나 꿀릴 것이 없다. 소신이 뚜렷하니 하는 일에 자신이 생기고 원만하게 이루어진다. 이렇게 사는 것이 불자다운 삶이다.

세존께서 《잡아함경》〈사유〉思惟 ① : 16-407라는 경에서 이렇게 경고하시었다.

『비구들아, 부디 세간을 생각하지 마라. 무슨 까닭인가.
세간 생각은 이치(진리)에 아무런 이익도 되지 않는다.
법(여러 현상)에도 아무 이익이 되지 않는다.
범행梵行 : 바른 행에도 아무 이익이 되지 않는다.
지혜도 아니며, 깨달음도 아니기 때문에
열반涅槃에 이르지 못하기 때문이다.
마땅히
이것은 괴로움의 성제聖諦 : 진리다.
이것은 괴로움이 모이는 성제다.
이것은 괴로움이 멸하는 성제다.
이것은 괴로움이 멸하는 길이다 하고 생각하라.
무슨 까닭인가.
이런 생각은 바로 이치에 이익이 되며
법에 이익이 되고
범행에 이익이 되며
이는 지혜요, 열반으로 향하기 때문이다.』

세간을 생각하지 말라는 것은 세간의 이런저런 잡스러운 일에 얽매이고 집착하지 말라는 것이다. 실생활에 아무 도움도 되지 않으며 오히려 해가 많다는 것이다. 그러니 보다 현실적이며 실질적인 사실에 대해 사유하라고 하시었다.

예를 들어 남의 험담이나 하고 어제 누구하고 술을 얼마나 마셨다느니, 술을 마시고 무슨 실수를 했다느니, 누구 엄마가 무슨 옷을 새로 샀다느니, 누구네 집에서는 차를 새로 바꾸었다느니, 한도 없고 끝도 없고 아무 이익도 되지 않는 이런 세간 잡사雜事에 얽매이면 욕심이 생기고, 욕심이 생기면 집착하게 된다는 것이다.

집착은 곧 괴로움이다. 스스로 괴로움을 자초하지 말라고 하신 것이다. 보다 건실하고 생산적인 생각을 하라고 하신 것이다.

이 경을 좀더 들어보자. 재미있고 동화 같은 과거 세상의 이야기다.

옛날 어떤 사람이 라자그라하 성王舍城을 떠나 한 연못에 이르렀다. 그 사람은 그 못 가에 앉아서 세간을 생각하고 있었다.

때마침 수없이 많은 코끼리부대象軍 · 말부대馬軍 · 수레부대車軍 · 사람부대步兵의 네 군사들이 연뿌리蓮根 구멍으로 한도 없이 들어가는 것을 보았다. 그는 「세간에 없는 것을 보았다.」고 생각했다. 그리고 여러 사람이 모인 곳에 가서 「여러분, 나는 세상에서 볼 수 없는 것을 보았다.」고 떠들어댔다. 그러자 사람들은 「저 사람은 미치고 실성하여 세상에 없는 것을 보았다고 떠든다.」고 상대도 하지 않았다.

부질없는 생각은 아무 이익도 없다. 사람들이 사는 일 자체가 자잘하고 부질없는 것은 일상 생활에 너무 집착하기 때문이다. 보다 근본적인 생활의 줄기는 잊어버리고 극히 지엽적인 일에 집착하기 때문이다. 자잘한 일은 과감하게 놓아버리고 근본적인 것을 생각하라고 하신 경계다.

네 군사란 네 부류의 군대라는 뜻이다. 당시 전투부대의 편성이다. 코끼리부대가 앞서 나가면서 적을 제압하고 그 뒤를 이어 기동성이 뛰어난 기마부대가 적진을 교란하면 그 뒤를 수레부대―지금의 기계화탱크 또는 裝甲車부대가 무찌르며 나아간다. 그러면 뒤를 따르는 보병부대가 패잔병을 소탕하여 적을 평정한다. 이를 〈사병〉四兵이라고 한다.

세존께서 다시 말을 이으셨다.

『그러나 이 사람은 미치지도 않았고 실성하지도 않았다. 그가 본 것은 다 진실이었다.

그 사람이 못 가에서 세간을 생각하고 있을 때 제석천帝釋天의 군사와 아수라阿修羅의 군사가 네 부대를 일으켜 하늘에서 싸웠었다. 그 결과 제석천의 군사가 크게 이기고 아수라의 군사가 패하자 그들은 어떤 연 뿌리의 구멍으로 도망을 치고 있었던 것이다.

그러니 비구들이여, 세간을 생각하지 말아라. 무슨 까닭인가. 그것은 이치에 아무 도움도 되지 않으며……
열반에 이르지 못하기 때문이다.
마땅히 이것은 괴로움의 진리다…….
괴로움이 멸하는 길이다 하고 생각하라.
이런 생각은 바로 이치에 이익이 되며…….
이는 지혜요, 열반으로 향하기 때문이다.』

깨닫지 못한 미혹한 중생들은 나고 죽고 하면서 여섯 세계를 전전한다. 곧 〈육도〉六道, 六趣를 윤회하는 것이다. 육도란, 천상계·인간계·수라修羅, 阿修羅계·축생畜生계·아귀餓鬼계·지옥계의 여섯 세계를 말한다. 이 경에 있듯이 육도 중의 수라들은 제석과 자주 싸운다고 한다. 제석과 수라의 싸움 이야기는 《구사론》俱舍論을 비롯한 여러 경에 자주 등장한다.

수라는 혈기가 왕성하여 매우 호전적好戰的이어서 늘 천상계 곧 제석천왕에게 싸움을 건다고 한다. 물론 그 결과는 천상의 승리로 끝난다. 수라들은 제석과 싸울 때 해와 달을 손으로 가리기 때문에 일식과 월식이 일어난다는 재미있는 이야기가 《구사론》에 있다. 어수선하게 흩어진 장면을 보면 〈아수라장 같다〉고 하는 말도 여기서 나온 말이다.

세존은 이 경에 나오는 어떤 사람처럼 실답지 않고 쓸데없는 일, 잡다한 세상 일에 정신을 팔면 세상 사람들이 그를 실없는 사람, 진실하지 않은 사람으로 여겨 상대도 하지 않는다고 경고하셨다. 그럴 시간에 진실한 것을 생각하라고 충고하신다.

실제로 우리는 아까운 시간을 쓸데없는 일에 낭비하는 경우가 얼마나 많은가. 하는 일 없이 남의 일에 감 놔라 배 놔라 하는 등 오지랖 넓은 사람이 얼마나 많은가. 또 백해무익한 화토로 시간을 죽이고 있는 사람이 얼마나 많은가. 이런 쓸데없는 짓 하다가 말다툼이 시작되고 사소한 말다툼이 싸움으로 번지거나 욕심을 내다가 나쁜 짓으로 발전해서 죄를 짓게 된다. 그래서 패가망신하는 것이다.

이런 시간에 사회봉사라도 하면 공덕이나 쌓을 것을, 그러지도 못하고 악업만 지어간다는 것이다. 지혜로운 사람은 세존의 충고처럼 보다 현실적이며 실질적인 생활로 공덕을 지으며 산다.

2. 나무토막을 서로 비비면 불이 일지만

한 번은 세존께서 강당 옆을 지나시는데 여러 비구들이 강당에 모여 앉아서 토론을 하고 있었다.

세간은 영원하다. 세간이란 덧없는 것이다.
세간은 항상한 것도 아니고, 덧없는 것도 아니다.
세간은 한정이 있다. 세간은 한정이 없다.
세간은 한정이 있는 것도 아니고 없는 것도 아니다.
사람의 명이 곧 몸이다. 명과 몸은 별개의 것이다.

여래는 죽으면 그만이다. 여래는 죽어도 뒤에 남는다.
…….
〈思惟 ② : 16-408〉

그들의 토론은 한없이 계속되었다. 이를 본 세존께서 그들에게 이르시었다.

『많이 모여 앉아서 무슨 논의를 하느냐?』
『세존이시여. 저희들은, 혹은 영원하다 혹은 덧없다고. 말했습니다.』
그러자 세존께서 비구들에게 말씀하시었다.
『그런 논의는 하지 말아라. 그와 같은 논의는
 이치에 아무런 이익도 되지 않는다.
 법에 아무런 이익도 되지 않는다…….
 마땅히 이렇게 논의하라.
 이것은 괴로움의 진리다.
 이것은 괴로움이 모이는 진리다.
 이것은 괴로움이 멸하는 진리다.
 이것은 괴로움이 멸하는 길이라고.
 이와 같은 논의는 이치에 이익이 되며
 법에 이익이 되며…….
 그러므로 아직 사성제에 대해 밝히 알지 못하거든
 마땅히 왕성한 욕심을 내어
 밝히 알 때까지 배워야 한다.』
여러 비구들은 이 말씀을 듣고 받들어 행하였다.

또 〈깨달음〉覺 ① : 16-409이라는 경에서는 이렇게 경고하신다.

『비구들이여,
 탐貪하는 마음의 감정을 일으키지 말고
 성내는 마음의 감정을 일으키지 말고
 해치려는 마음의 감정을 일으키지 말라.
 무슨 까닭인가.
 이 모든 생각은 이치에 아무 도움이 안 되며
 법에 아무 이익도 안 되며
 범행에 아무 이익도 안 되며
 지혜도 아니며 깨달음도 아니므로
 열반으로 향하지 않기 때문이다…….』

이렇듯 세존의 가르침대로 「이치에 이익되고, 법에 이익되고, 바른 수행에 도움이 되며, 지혜와 깨달음을 이루고 열반에 이르는」 사람과 그렇지 못한 세속의 범부중생들과는 어떤 점이 다른가. 열반에 이르려면 어떤 마음으로 어떻게 생각하고 어떻게 닦아야 하는 것일까.

여기 〈무문〉無聞① : 12-289이라는 경이 있다. 무문이란 세존의 정법을 들은 적이 없는 범부라는 뜻이다. 이에 대해 세존의 육성을 듣고 배운 제자들을 성문聲聞 또는 다문多聞이라고 한다.

이 경은 무문의 범부들이 생각하는 바와 다문의 성스러운 제자들이 생각하는 바를 비교해서 설하시었다.

『비구들이여,
  무문의 범부들도
  사대로 된 육신四大所造을 싫어하여
  욕심을 버리고 벗어나고 싶어하지만
  의식―마음·뜻·식이라고도 하는―에 대해서는
  그렇지 않다.
  왜냐 하면 사대로 된 몸은
  증감增減이 있고 취사取捨가 있음을 알기 때문이다.
  그러나 마음과 뜻과 식에 대해서는
  싫어하고 욕심을 버리고 벗어나지 못한다.
  왜냐 하면
  긴긴밤 동안 의식을 보호하고 아끼면서
  이것은 〈나〉다, 〈나의 것〉이며
  〈나의 본질〉이라고 집착하여
  의식을 등져버리지 못하기 때문이다.

  비구들이여, 무문의 범부들이
  차라리 사대로 된 육신을 〈나〉라고 집착하는 것이
  의식을 〈나〉라고 집착하는 것보다는 낫다.
  왜냐 하면
  사대로 된 육신은 그래도 10년 20년 내지
  백 년 동안 머물고 활동하지만

마음이라고도 하고 뜻이라고도 하고
식이라고도 하는 의식은
밤이고 낮이고 때없이, 잠깐 사이에도 변하고
바뀌어 다른 것이 되기도 하고
다시 없어지기도 하기 때문이다.
마치 원숭이가 쉴새없이 이 나무에서 저 나무로
한 가지를 잡았다 또 다른 가지를 잡듯이
의식도 쉼없이 변하고 생겼다가는 다시 멸한다.

비구들이여,
그러나 나의 가르침을 들은 성제자들은
모든 것을 연기緣起에 따라 잘 생각하고 잘 관찰한다.
즐거움의 촉觸을 통해 즐거움을 느끼면樂受
그 즐거움의 느낌을 바르게 깨달아 알고
그 즐거움의 느낌을 멸한다.
즐거움의 느낌을 멸하면
즐거움의 느낌을 일으킨 즐거움의 촉이 멸하고
즐거움의 촉을 통해 생긴
즐거움의 느낌도 멸하고 그치므로
맑고 시원하고 쉬고 마치게 된다.
괴로움의 촉 · 기쁨의 촉 · 근심의 촉 · 버림捨의 촉도
이와 같다.

나의 가르침을 배운 성제자들은

색(육신)에 대해 싫어하는 마음을 내고
느낌受 · 생각想 · 행위行 · 의식識에 대해
서로 싫어하는 마음을 낸다.
싫어하기 때문에 바라지 않고
바라지 않기 때문에 벗어나게解脫 되며
벗어났으므로 벗어났다는 것을 아는 지혜가 생긴다.
그래서「나의 생은 이미 다했으며
바른 행도 다 이루었고 할 일도 다 마쳤으니
다음 생에는 다시 몸을 받지 않는다」고
바르게 알게 된다.』

우리의 몸은 지 · 수 · 화 · 풍의 4대四大 ; 元素가 모여서 육신을 이루고 있다가 나이 들고 늙어 인연이 다하면 죽는다. 육신을 이루고 있던 4대는 각각 지 · 수 · 화 · 풍으로 흩어진다. 이처럼 덧없는 것이 〈증감취사〉다.

무문의 범부도 비록 세존의 가르침을 배우진 못했어도 사대로 이루어진 이 육신의 덧없음은 안다. 한때는 젊고 건강하지만榮 차차 나이를 먹고 병들면枯 싱싱하던盛 육신은 까부라져서衰 마침내 명을 마치게 되는 것이다. 그래서 비록 범부 중생이지만 덧없는 육신에서 벗어나려고 한다는 것이다.

이 세상의 모든 현상 그리고 물질은 반드시 이 영고성쇠의 과정을 겪는다. 곧 인연에 따라 생겨나면生 얼마 동안 이 세상에 머물다가住 세월이 흐르면 차차 변화해서異 마침내 사라지고 만다滅. 이것이 세상의 이치다. 다른 말로는 성 · 주 · 괴 · 공成住壞空이라고도 하며, 이것이 세간의 네 가지 모습 곧 〈4상〉四相인 것이다.

이러한 육신(물질)에 상대되는 것이 바로 마음이라고도 하고 뜻意이라고도 하고 혹은 식識이라고도 하는 의식 곧 정신이다.

범부 중생들이 육체의 무상은 알지만 마음의 무상은 모른다는 것이다. 왜냐 하면 의식이 곧 〈나〉고 〈내 것〉이고 〈나의 본질〉이라고 여기고 그것에 매달려 집착하기 때문이다.

그러나 세존께서는, 무문의 범부들이 의식에 집착하는 것보다는 차라리 육신에 집착하는 것이 낫다고 하신다. 왜냐 하면 육신은 그래도 10년 20년 30년……, 그 모습을 이루고 존재하지만 의식은 순간순간 때없이 일어났다가 또 순간에 변하고 사라지는 등 변화무쌍하니 이는 육신보다 더 덧없으므로 집착할 것이 못 된다는 것이다.

이런 범부 중생들과는 달리 세존의 가르침을 배운 다문 제자들은, 사대로 이루어진 육신은 물론이거니와 의식마저도 덧없는 것임을 잘 알고 있기에 결코 집착하지 않으며 그것에서 벗어날 줄 안다는 것이다.

이것이 있으므로 저것이 있으며, 이것이 생김으로써 저것이 생긴다. 이것이 없으면 저것도 없으며, 이것이 멸하면 저것도 멸한다.

곧 무명 때문에 행이 생기고, 행으로 말미암아 식이 일어

나고……, 이것이 괴로움의 원인이며 괴로움이 쌓이는 까
닭이며…….
따라서 무명을 남김없이 멸하면 행이 멸하고……,
이것이 괴로움을 멸하는 길이다.

이렇게 잘 알고 관찰하기 때문에 괴로움에서 벗어날 수 있
다고 했다. 즉 색·수·상·행·식을 멀리하기 때문에 집착
하지 않게 되고 집착하지 않으니 욕심이 안 생기고 욕심이
안 생기니 벗어날 수 있다는 것이다.
 세존은 또 같은 제목의 경 無聞 ②: 12-290에서 나뭇가지 두
개를 비벼서 불을 일으키는 비유로 이를 설명했다. 그 비유
부분만 인용해 보자.

 비유하면
 두 나무가 서로 비비고 화합하면 불을 내지만
 두 나무가 각각 떨어지면 불도 또한 멸하는 것 같이
 낙을 느끼는 촉으로 말미암아 즐겁다는 느낌이 생긴다.
 그러나 그 즐겁다는 느낌을 일으킨 촉을 멸하면
 그 촉으로 말미암아 생긴 즐겁다는 느낌도 멸한다.

 불을 일으 키는 원인이 된 두 나무를 각각 따로 떼어 원인
을 없애면 불이 일어나지 않듯이 느낌 受의 원인인 촉을 멸하
면 그 느낌도 멸한다는 것이다.
 우리는 일상 생활에서 수도 없이 이런 것을 경험할 것이

다. 술을 한 잔 들면觸 기분이 좋아지고 사소한 스트레스에서 벗어날 수 있어 즐거움을 느낀다受. 그러나 이 즐거움은 경제적 손실을 비롯하여 시간을 낭비하고, 건강을 해치고, 남에게 폐를 끼치거나 실수를 하는 등 여러 가지 부작용(괴로움)을 야기하게 된다.

이 괴로움을 없애려면 그 원인인 술을 마시지 않으면 된다. 술을 마시지 않으면 술(촉)로 말미암아 생긴 한 때의 즐거운 느낌(수)을 멸할 수 있고 즐거운 느낌이 없으면 즐거움에 대한 집착도 생기지 않고 집착이 생기지 않으니 괴로움이 생기지 않으며 술의 유혹(탐욕)에서 벗어날 수 있는 것이다.

비유가 적절치 못할지 모르지만 개개인이 자신의 고민이나 괴로움에서 벗어나려면 세존이 설하신 이 정형화된 설법에 자신의 처지를 대입시켜 생각하면 그 고민이나 괴로움에서 벗어날(해탈) 수 있을 것이다.

세존께서 바라는 것도 바로 개개인이 고민이나 괴로움에서 벗어나 마음의 평화를 찾고 안락하게 사는 것이다.

3. 마음을 성찰省察하는 법을 설하소서

그래서 세존께서는 다시 〈촉법〉觸法 : 12-291이라는 경에서 이렇게 설하신다.

세존께서 비구들에게 물으시었다.
『비구들이여, 그대들은 마음의 움직임 內觸法을 성찰省察한
 일이 있느냐?』
이 때 세존의 등 뒤에서 부채를 부치고 있던 아난다가
세존께 아뢰었다.
『세존이시여. 지금이 바로 그 때입니다. 부디 여러 비구들
 을 위해 마음을 성찰하는 법을 설해 주시기 바랍니다.』
『오냐. 내 그대들을 위해 설해 주마. 잘 들어라.
 마음의 움직임을 관찰하려면 이렇게 생각하거라.
 만일 중생들 마음에 갖가지 괴로움이 생기거든
 이 괴로움은
 무엇이 원인이며 무엇의 모임이며
 무엇의 남이며 무엇의 닿임인가 하고.
 또 이렇게 생각하라.
 욕망이 인이며 욕망의 모임이며 욕망의 남이며
 욕망의 닿임이라고.

 다시 이렇게 생각하라.
 욕망은 무엇이 인이며 무엇의 모임이며
 무엇의 남이며 무엇의 닿임인가.
 세간에서 사랑執著하는 것,
 그것 때문에 욕망이 생기고
 그 욕망에 얽매이고 얽매여서 머물게 된다고.
 왜 사랑하는 것, 그것 때문에 욕망이 생기는가.

사랑하는 그것은 영원하다, 한결같다, 안온하다,
병이 없다는 생각,
또 사랑하는 것은 〈나〉다,
〈내 것〉이라는 생각을 가지고 보면
욕망이 더하고 자란다.
욕망이 더하고 자라면 괴로움이 더하고 자란다.
괴로움이 더하고 자라면
생 · 노 · 병 · 사 그리고
근심 · 슬픔 · 괴로움 · 번뇌에서
해탈하지 못한다.

비유하자면 길 가에 맑고 시원한 샘이 있는데
어떤 사람이 그 샘에 독을 풀었다 하자.
길 가던 사람들이 피곤에 지치고 목이 타서
그 물을 마시려고 할 때 한 사람이 말하기를
「그 물이 맑고 시원하지만 독을 풀었으니 마시지 마시오.
만일 마시면 죽을지도 모르고
혹은 죽을 만큼 괴로울 것이오.」
하고 말렸으나 길 가던 사람들이
그의 말을 믿지 않고 물을 마신다면
잠시는 시원하고 기갈을 면하겠지만
그들은 죽거나 죽을 만큼 괴로워할 것이다.

이와 마찬가지로 세간의 사랑하는 것을 보고

항상하다는 소견, 한결같다는 소견,
안온하다는 소견, 병이 없다는 소견,
〈나〉라는 소견, 〈내 것〉이라는 소견을 가지고 보면
생 · 노 · 병 · 사 그리고
근심 · 슬픔 · 괴로움 · 번뇌에서 해탈하지 못한다.

만일 세간의 사랑하는 것을 보고
병病과 같고, 종기와 같으며,
가시와 같고 살기殺氣와 같으며,
덧없고 괴로우며 공空이며 〈나〉가 아니라고 보면
그 욕망은 곧 사라진다.
욕망이 사라지면 괴로움도 사라진다.
괴로움이 사라지면
생 · 노 · 병 · 사 그리고
근심 · 슬픔 · 괴로움 · 번뇌도 사라진다.

비유하자면 길 가던 사람들이
샘물에 독을 탔다는 말을 듣고
「이 물에는 독이 있다. 이 물을 마시면 죽거나
죽을 만큼 괴로울 것이다.」하며
목 마른 것을 참고 그 물을 마시지 않는 것과 같이
세간의 사랑하는 것을 보고
병과 같고, 종기와 같으며……〈나〉가 아니라고 관찰하면
생 · 노 · 병 · 사……괴로움 · 번뇌에서 해탈할 것이다.

그러므로 아난다여.
이 법을 이와 같이 보고, 이와 같이 듣고,
이와 같이 깨닫고, 이와 같이 알라.
과거나 미래에도 이와 같이 관찰하라.』
여러 비구들은 이 말씀을 듣고 기뻐하며 받들어 행하였다.

　스스로 자신의 내면을 관찰하고 다잡아 방일放逸하지 않도록 단속하라고 경계하신 가르침이다.
　먼저 마음의 움직임을 어떻게 관찰할 것인가를 설하신다. 그리고 두번째로 마음의 움직임도 연기법에 따라 단계적으로 관찰하라고 비유를 들어 설하시고 끝으로 모름지기 세존의 가르침을 배운 불자라면 응당 이렇게 생각해야 마땅하다고 설하신다.
　여기 또 가장 기본적인 한 경이 있다. 〈청정〉3-84이라는 경이다.

색(육신)은 덧없는 것이다. 덧없기 때문에 괴로움이다.
괴로움이기에 〈나〉가 아니다無我.
〈나〉가 아니기에 〈나의 것〉도 아니고
나의 본체도 아니다.
이렇게 관찰하는 것을 바른 관찰이라 한다.
수(느낌)・상(생각)・행(행위)・식(의식) 역시
이와 마찬가지다.

이렇게 관찰하면 세간에서 취할 것이 아무 것도 없다.
취할 것이 없으니 집착할 것도 없고
집착할 것이 없으니 스스로 열반에 이른다.
그래서「나의 생은 이미 다했으며
바른 행을 이미 다 마쳤으며 할 일을 이미 다 했으므로
후세에 다시는 몸을 받지 않을 것」이라는 것을
스스로 알게 된다.

바른 지혜正智로 오온(색수상행식)을 여실如實하게 깨달아 바른 견해가 생기면 집착할 것이 없어지고 집착할 것이 없으므로 해탈하게 된다고 설하신다.
우리 현실은 어떠한가. 한 통속이 되어 돈을 주고 받은 판사·검사·변호사, 돈 많이 준 사람을 교수로 채용한 대학교수들 그리고 연구비를 조작해서 사복을 채운 교수 등 이른바 이 사회의 지성이라 자처하고 엘리트라는 지식인들이 특히 이 가르침을 마음에 새겨야 할 것이다.
이 경 바로 다음에〈정관찰〉正觀察 : 3-85이라는 경이 있다.

제자들이 세존께 아뢰었다.
『세존이시여. 법의 근본이시며, 법의 눈이시며,
 법의 의지이신 세존이시여.
 부디 여러 비구들을 위해 말씀해 주십시오.
 모든 비구들이 말씀대로 받들어 행할 것입니다.』
세존께서 비구들에게 말씀하시었다.

『비구들이여. 자세히 듣고 잘 생각하여라.
　색(육신)을 두고
이것은 〈나〉다. 이것은 〈나의 것〉이라고 보지는 않느냐?
　수느낌 : 感覺를 두고
이것은 〈나〉다. 이것은 〈나의 것〉이라고 보지는 않느냐?
　상생각 : 表象을 두고……
　행행위 : 意志을 두고……
　식(의식)을 두고
이것은 〈나〉다.
이것은 〈나의 것〉이라고 보지는 않느냐?
……
　색은 덧없는 것이냐, 아니냐?
　수는 ……. 상은 ……. 행은 …….
　식은 덧없는 것이냐, 아니냐?
……
　덧없는 것이라면 괴로움이겠느냐, 아니겠느냐?
　덧없는 것이고 괴로움이라면
그것은 변하고 바뀌는 법이다.
성제자라면
그것을 〈나〉다, 〈나의 것〉이다 라고 하지 않는다.
색·수·상·행·식도 마찬가지다.
또 과거거나 미래거나 현재거나,
안이거나 밖이거나, 굵거나 가늘거나,
좋거나 나쁘거나, 멀거나 가깝거나

일체가 다 〈나〉도 아니며 〈나의 것〉도 아니다.
이렇게 관찰하면 세간에 취할 것이 아무 것도 없다.
취할 것이 없으니……스스로 열반에 이른다.
그래서 나의 생은……스스로 알게 된다.』
세존께서 말씀을 마치자 모든 비구들은 기뻐하며 받들어 행하였다.

이 경에서는 과거도 미래도 이렇게 관찰하라고 설하셨다. 세존께서 설하신 미래란 언제일까. 바로 오늘을 두고 하신 것이 아닐까.
 그렇다. 지금 우리는 과연 색을 어떻게 보고 있으며, 수는? 상은? 행은? 식은? 과연 어떻게 보고 있는가. 곰곰이 생각해 보면 뉘우칠 점이 하나 둘이 아니다. 부끄럽기 짝이 없다.

4. 광대가 죽으면 천계에 난다고 하는데

 일상 생활 속에서 법을 믿고 따르며 실천하는 선남자善男子가 어떻게 고에서 벗어나는가를 일러 주신 말씀이 있다. 선남자란 세존의 가르침을 배우고 바르게 닦아 나가는 남자를 이르는 말이다. 여자는 선여인이라고 한다. 〈믿음〉信 : 2-47이라는 경을 보자.

신심이 있는 선남자는 바른 믿음으로 이렇게 생각한다.
「나는 마땅히
 색(사물)을 싫어하고 멀리厭離하는 마음을 내고
 수(감각)를 싫어하고 멀리하는 마음을 내고
 상(표상)을 싫어하고 멀리하는 마음을 내고
 행(의지)을 싫어하고 멀리하는 마음을 내고
 식(의식)을 싫어하고 멀리하는 마음을 내고
 머물러 마땅히 법을 그대로 따르리라」고.
 그리하여 그 선남자는
 색에서 벗어나고
 수에서 벗어나고
 상에서 벗어나고
 행에서 벗어나고
 식에서 벗어나서
 마침내 생·노·병·사와
 근심·슬픔·괴로움·번뇌에서 해탈하리라.

 괴로움에서 벗어나는 첫걸음은 덧없는 색·수·상·행·식에 대한 집착을 버리고 이를 멀리하는 것이라고 했다. 그러나 인간들이 과연 얼마나 이를 멀리할 수 있을까. 물질만능의 소비시대를 사는 현대인들이 특히 명심해야 할 덕목이 아닌가 생각된다.
 사회문제가 되고 있는 청소년 범죄나 가정파탄, 사회의 불의不義니 비리 등은 모두 색에 집착하고 수·상·행·식에 집착한 나머지 저질러지는 것이다. 최근에는 법조계의 비리가 보도되어 사회에 충격을 준 일도 있다. 이 역시 근본적으로는 색을 비롯한 수·상·행·식에 집착한 데서 생긴 비리다.

다시 세존의 가르침을 들어보자. 실생활에서 우리는 어떻게 생각하고 어떻게 관찰하고 어떻게 처신할 것인가. 세존께서는 덮어놓고 아무에게나 추상적이며 고매한 설법을 하신 것이 아니라 그 상대에 따라 일상 생활 속의 실례를 들어가며 쉽게 이해하도록 설하신다.

이처럼 상대에 따라 그 처지나 수준에 맞추어서 법을 설하는 것을 〈대기설법〉對機說法이라고 한다. 그래서 듣는 사람이 흥미를 가지고 인상 깊게 법을 배우고 깨닫게 되는 것이다. 세존이야말로 뛰어난 교사시다. 그래서 세존을 삼계의 도사導師, 색계·욕계·무색계의 교사·지도자라 하는 것이다.

여기 그러한 경 하나를 보자. 〈흉악〉凶惡 : 32-910이라는 경이다.

세존께서 라자그라하王舍城 교외의 대나무숲竹林園에 계실 때 그 근처 마을의 촌장이 찾아왔다. 그는 어찌나 포악했던지 마을 사람들은 그를 흉악이라고 불렀다.

흉악촌장이 세존 앞에 이르러 예배를 마치고 한 옆으로 물러나 앉아서 세존께 질문을 했다.

『세존이시여. 저의 딱한 사정을 아뢰고자 합니다.

마을 사람들은 제가 화를 잘 내고 말을 막하고 사납게 군다고 흉악이라 부릅니다.
어떻게 하면 흉악이란 별명을 면하게 되겠습니까?』
그러자 세존께서 촌장에게 말씀하시었다.
『바른 소견正見을 닦지 않기 때문에 남에게 성을 내게 되고
성을 내기 때문에 거친 말을 하게 되고 사나워서
사람들이 나쁜 별명을 붙이는 것이오.
또 바른 뜻正念 · 바른 말正語 · 바른 언행正業 ·
바른 생활正命 · 바른 노력正精進 · 바른 생각正思 ·
바른 선정正定을 닦지 않기 때문에 남에게 성을 내고
성을 내기 때문에 남에게 거친 말을 하고 사나워서
사람들이 나쁜 별명을 붙이는 것이오.』
그 흉악촌장은 세존께 아뢰었다.
『세존이시여. 고맙습니다. 앞으로 성을 내지 않고
거친 말을 하지 않고 온순하게 대하겠습니다.』
세존께서 다시 말씀하시었다.
『그것은 가장 진실한 것이오.』
흉악은 매우 기뻐하며 예배를 올리고 물러갔다.

《잡아함경》에는 이처럼 촌장을 대상으로 하여 법을 설한 〈취락주상응〉聚落主相應이라는 경들이 따로 있다. 이 중에는 읽다가 혼자 미소를 짓게 되는 경도 있고 또 매우 흥미있는 경도 있다.
이 경의 주인공도 가만히 생각해 보면 고소苦笑를 자아내게 하는 위인이다. 자신이 하는 짓은 생각하지 않고 흉악이

라는 별명만 늘 불만스러웠던 모양이다. 그래서 평소의 고민을 해결하기 위해 세존을 찾아온 것이다.

　짧막한 꽁트를 읽는 것처럼 재미있으면서도 스스로 생각하게 하는 경이다. 촌장의 행동이나 말투 그리고 촌장을 돌려세우고 등 뒤에서 삐죽거리는 마을 사람들의 표정이 눈에 선하다.

　세존은 참으로 자상하신 스승이시다. 〈탈라푸라〉遮羅周羅 ; 32-907라는 경에 또 다른 촌장의 이야기가 전한다. 이 촌장은 광대들이 사는 마을의 촌장이었다. 라자그라하의 대나무 동산에 계신 세존을 찾아온 이 촌장은 이런 질문을 했다.

　탈라푸라 촌장은 세존께 나아가 문안을 드리고 나서 한 옆으로 물러나 앉아 이렇게 여쭈었다.
『세존이시여,
　우리에게 노래하고 춤추며 익살을 부리는
　광대짓을 가르쳐 준 늙은 광대들이 말하기를
　어린 광대들이 사람들 앞에서
　노래하고 춤추며 익살을 떨어
　사람들을 웃기고 즐겁게 해주면 그 업이 인연이 되어
　죽은 뒤에 환희천歡喜天에 태어난다고 했습니다.
　광대짓을 하면 정말 그 과보로
　천계에 나게 되겠습니까?』
『그만 두시오. 촌장. 더 묻지 마시오.』
　하지만 그 촌장은 거듭 세 번이나 여쭈었다.

그래서 세존께서 그에게 물으셨다.
『촌장, 내 말을 듣고 대답해 보시오.
 옛부터 이 마을의 광대들은
 탐욕을 부리고 탐욕의 밧줄에 묶이어 있었고
 성을 내고 성을 내서 그 밧줄에 묶이어 있었고
 어리석어서 어리석음의 밧줄에 묶이어 있었소.
 이를 보고 배운 어린 광대들이 구경꾼 앞에서
 탐욕과 성냄 그리고 어리석은 짓을 연출하여
 사람들을 웃기고 즐겁게 해주었다면
 어린 광대나 구경꾼들이 과연
 탐욕과 성냄 그리고 어리석음의 밧줄에서 풀려났겠소?
 아니면 더욱 단단히 결박되었겠소?』
『더욱 단단히 결박되었을 것입니다.』
『그렇소. 비유하자면
 어떤 사람이 밧줄에 묶여 있는데
 오래 전부터 그에게 앙심을 품고 있던 사람이
 그 밧줄에 물을 자주 뿌리면
 그 밧줄은 점점 조여들어
 묶여 있는 사람은 더 고통을 받게 되듯이
 광대들의 연기를 보고 웃고 즐긴 사람들은
 더 탐욕스러워지고 성을 잘 내고 어리석어질 것이오.
 과연 그 어린 광대들이 죽은 뒤에
 환희천에 태어나겠소?』
『아닙니다. 어린 광대들은 구경꾼들을

더 탐욕스럽고 더 성을 잘 내고 더 어리석게 했습니다.
그러니 그 업보 때문에 천계에 날 수는 없습니다.』
세존께서 다시 말씀하시었다.
『그렇소. 그 어린 광대들이 죽은 뒤에
천계에 태어난다는 것은 잘못된 소견이오.
그 어린 광대들은 반드시 지옥이나 축생畜生으로
태어날 것이오.』
세존의 말씀을 듣고 있던 그 촌장은 눈물을 흘리면서 슬퍼하였다.
이를 보신 세존께서 다시 말씀하시었다.
『촌장. 그래서 아까 세 번씩이나 내가 묻지 말라고 한 것이오.』
그러자 촌장이 다시 세존께 아뢰었다.
『세존이시여. 그래서 우는 것이 아닙니다.
그런 이치도 모르고 늙은 광대들의 말만 듣고
철없고 분별없는 저 어린 광대들을 속여
업을 짓게 한 제가 너무 한스럽고
어린 광대들이 너무 가엾어서 우는 것입니다.
오늘부터 저 어린 광대들이
더 업을 짓지 않도록 하겠습니다.』
『잘 생각하시었소, 촌장.』
촌장은 세존의 가르침을 듣고 기뻐하며 예배를 드리고 물러갔다.

인도는 지금도, 예전만큼은 아니지만 오래된 구습舊習대로 카스트 제도가 남아 있다고 한다. 예전에는 이 제도가 상당히 엄격해서 같은 직업에 종사하는 사람들끼리 모여 살았다고 한다. 이 마을은 광대들이 모여 사는 마을이었다. 늙은 광대들이 어린 광대들에게 늘, 많은 사람들을 웃기고 즐겁게 해주었으니 천계에 나게 될 것이라고 부추겼으리라.

늙은 광대들이 거짓으로 그랬든 모르고 그랬든, 어린 광대들에게 못할 짓을 한 것이다. 이 촌장은 세존의 가르침을 듣고 눈물을 흘리며 크게 뉘우쳤으니 다시는 어린 광대들에게 광대놀음을 시키지 않았을 것이다. 세존의 가르침은 언제나 이렇게 절절하고 절실하여 가슴에 와닿는다. 이런 가르침을 들은 사람이 다시 잘못을 저지르겠는가.

우리가 직업—아니 생업이라고 해야 옳겠다—을 가질 때 이 촌장처럼 업을 짓는 일을 업으로 삼아선 안 되는 까닭이 바로 이런 데 있는 것이다.

그리고 세간에는 잘 알지도 못하고, 혹은 잘못된 속설을 믿고 공덕을 지었느니 부처님의 가피를 받았느니 하고 함부로 말하는 일이 비일비재하다. 우리 주변에는 불교를 잘 아는 이, 깨달은 도사가 너무 많은 것이다. 함부로 아는 체, 깨달은 체하는 것도 업을 짓는 일이다. 그것이 얼마나 어리석고 무식한 짓인지 곰곰이 되새겨보아야 하겠다.

5. 물에 던진 기름항아리

매우 흥미있는 또 하나의 경을 보자. 《중아함경》에 〈가미니〉伽彌尼 ; 3-17라는 경이 있다.

세존께서 중생들을 교화하기 위해 여러 지방을 유행遊行하시다가 나란타那難陀라는 나라의 어느 숲에 머물고 계실 때였다. 그 숲에서 멀지 않은 곳에 대장장이들이 모여 사는 마을이 있었다. 이 마을에 가미니라는 청년이 있었다. 용모가 단정하고 준수한 청년이었다.

어느 날, 아침 일찍 가미니가 세존을 찾아뵙고 그 발에 예배하고 나서 한 옆으로 물러나 앉았다. 그리고 이렇게 질문을 했다.
『세존이시여. 저희 마을에 한 바라문이 있습니다.
 그는 하늘을 섬긴다고 거드름을 피웁니다.
 그래서 누가 죽었을 때
 그 죽은 사람의 이름을 부르고 빌면
 죽은 자가 하늘에 나게 된다고 합니다.
 세존은 법의 주인이시니
 세존께서도 사람이 죽으면 마음대로
 하늘에 나게 해주십니까?』
세존께서 가미니에게 물으셨다.
『가미니여, 내가 그대에게 묻겠다.
 아는 대로 대답해 보라.

여기 한 쌍의 내외가 있다고 하자.
이들은 무지하고 게을러서 바르게 노력도 하지 않고
악한 일을 예사로 하다가 죽었다.
이 때, 그 바라문과 여러 사람들이 모여서
합장을 하고 그들의 이름을 부르며
천상에 나라고 축원한다면
무지하고 게을러서 바른 노력도 하지 않았고
악한 일을 예사로 했던 그 내외가
좋은 곳으로 가서 천상에 나겠느냐?』
가미니가 대답했다.
『아닙니다, 세존이시여.』
『그렇다. 가미니여.
비유하자면 저기 깊은 못에 무거운 돌을 던지고
그 바라문과 여러 사람이 모여서
합장을 하고 그 돌을 향해 축원을 한다면
그 인연으로 무거운 돌이 물 위로 떠오르겠느냐?』
『아닙니다. 세존이시여.』
세존께서 다시 가미니에게 물으셨다.
……

  이 경은 비교적 긴 경이다. 앞에서 말한 대로 《잡아함경》은 짧은 아함경이라는 뜻이고 《중아함경》은 잡아함경에 비해 비교적 긴 경이며, 아주 긴 경은 《장아함경》이라고 한다.
  이 경은 《중아함경》에 속한 경이어서 꽤 길다.

세존과 이 가미니와의 대화는 계속된다. 이번에는 그 바라문을 믿지는 않았지만 늘 바른 소견으로 부지런히 노력하고 악한 일을 하지 않은 부부 이야기를 하시었다.

『가미니여. 이들이 죽은 뒤에
　그 바라문과 여러 사람들이 모여서
　합장을 하고 그들의 이름을 부르며
　반드시 악한 곳에 가서 지옥에 날 것이라고
　축원한다면 그들이 지옥에 날 수 있겠느냐?』

　하고 물으시니 가미니는 그렇지 않다고 대답하자, 세존께서는 이런 비유를 설하시었다.

『가미니여. 여기 기름이 든 항아리가 있다.
　이 기름항아리를 물에 던지고
　그 바라문과 여러 사람이 모여서 합장을 하고
　기름은 가라앉고 깨진 항아리는 떠오르라고
　축원을 한다면
　물에 뜬 기름이 가라앉고
　깨진 항아리가 물에 뜨겠느냐?』

　가미니는 물론 안 된다고 대답했다. 이 경은 많은 것을 생각하고 많은 것을 깨닫게 해준다. 믿으라, 그러면 은총을 받고 천당에 난다. 믿지 않으면 지옥에 떨어진다는 맹목적인 타력신앙의 논리가 얼마나 황당한 것인지 명백하게 일깨워주는 비유다. 그리고 바른 신앙이란 어떤 것인가를 알게 해준다.

바른 신앙이란, 바른 견해를 가지고 바르게 노력하고 바른 행을 해야 한다는 것이다. 지극히 상식적인 이야기 같지만 이를 실천하기는 여간 어려운 게 아니다. 경에는 10악惡을 멀리하고 10선善을 지으라고 했다. 불교에서는 인간의 마음과 행위에 관한 악으로,

① 산 목숨을 죽이는 악—살생殺生
② 남이 주지 않은 것을 함부로 갖는 악, 다시 말해 도둑질
　—투도偸盜
③ 삿된 음행을 저지르는 악—사음邪淫
④ 말을 함부로 하는 악—망어妄語

등 네 가지 악을 꼽는다. 여기에

⑤ 술을 마시는 악—음주飮酒

을 더해서 다섯 가지 악을 경계하라고 가르친다. 재가신도가 계를 받을 때도 이 5가지 악을 짓지 않겠다는 서원을 한다. 이것이 바로 〈5계〉다.

또 악을 좀더 구체적으로 분석 정리한 것이 이른바 몸身과 입口과 마음意으로 짓는 〈3업業〉이다.

위의 살생·투도·사음이 몸으로 짓는 악身業이고, 망어· 기어綺語·악구惡口·양설兩舌은 입으로 짓는 악口業이다. 그리고 탐욕·진에瞋恚·어리석음愚癡은 마음으로 짓는 악意三業이다.

곧 몸으로 짓는 〈신3〉, 입으로 짓는 〈구4〉, 마음으로 짓는 〈의3〉을 합한 10가지 악이 〈10악〉이다. 이 10악의 반대가 바로 〈10선〉이다.

이 10악에 5계 중의 음주가 빠진 것은, 음주 자체가 악이 아니라 다만 술을 지나치게 마셨을 때 저지르게 되는 악遮罪을 경계하신 것이므로 10악에 들지 않는 것이다. 그리고 〈의삼〉이란 곧 탐심貪心·진심嗔心·치심癡心 등 마음의 3독毒을 이른다.

또 한 가지는 신을 믿는 종교에서 말하듯, 신에게 구원을 해달라고 비는 것은 미신이라는 것을 알 수 있다. 악을 지은 사람이 천계에 나게 해달라고 축원한다고 해서 그 악업을 지은 사람이 천계에 나지 못한다는 것은 범부도 다 아는 사실이다. 또 선업을 짓고 천계에 날 사람이 그 신을 믿지 않았다고 해서 천계에 나지 못하는 것은 아니다. 선업이든 악업이든 자신이 지은 업은 반드시 지은 대로 그 과보果報를 받는 것이다.

불자들도 이 점을 명백하게 분별해야 바른 불자가 될 수 있다. 악업은 악업대로 지으면서 기도만 한다고 해서 소원이 이루어지는 것은 아니기 때문이다.

여기서 매우 중요한 의문이 생긴다. 이 논리 대로라면 악업을 지은 사람은 영원히 구제될 수 없지 않느냐는 의문이다. 그렇다면 죄를 지은 사람이 어떻게 해야 괴로움의 세계인 이 사바에서 부처의 세계인 저 언덕으로 갈 수 있을까?

우리가 사는 사바 세계를 〈차안〉此岸이라고 한다. 그리고 우리가 지향하는 이상의 세계인 열반의 경지를 〈피안〉彼岸이라고 한다.

비유를 들어 말하자면, 무거운 돌은 물에 가라앉는다. 이는 세 살 먹은 아이도 아는 사실이다. 때문에 무거운 돌을 이쪽 강가에서 강 건너인 저쪽 강가로 운반하려면 뗏목이나 배가 있으면 된다. 집더미 만한 무거운 돌이라도 뗏목이나 배에 실으면 강을 건널 수 있다.

불교에서는 이 뗏목이나 배처럼 돌을 운반할 수 있는 운송 수단을 방편方便이라고 한다. 즉 강을 건너고자 하는 목적을 이루기 위한 수단과 방법을 방편이라고 하는 것이다.

돌을 뗏목이나 배에 싣고 강을 건널 때, 뗏목이나 배가 작으면 작은 돌밖에 실어나를 수가 없다. 그러나 뗏목이나 배가 크면 아무리 큰 돌이라도 운반할 수가 있다. 이렇듯 작은 돌밖에 운반할 수 없는 작은 배—방편—를 불교에서는 〈소승〉小乘이라고 한다. 이에 반해 아무리 큰 돌이라도 운반할 수 있는 큰 배를 〈대승〉大乘이라고 한다.

물론 〈소승〉이니 〈대승〉이니 하는 말은 세존이 하신 것이 아니라 돌아가신 뒤에 생긴 것이지만 그 근본은 이미 세존께서 일깨워 주신 것이다. 다시 말해서 물에 가라앉을 수밖에 없는 돌—죄를 짓고 지옥에 떨어질 수밖에 없는 중생도 이 뗏목을 타면 피안으로 갈 수 있다는 것이다. 강을 건너는 뗏목, 이것이 바로 세존의 가르침인 불법이다.

브라만이나 많은 사람들이 모여서 물에 가라앉은 돌이 떠오르라고 기원을 한다고 그 돌이 떠오르는 것은 아니다. 돌이 물에 가라앉지 않도록 방편을 써야 무사히 강을 건널 수 있는 것이다.

그런데 중생들은 강을 건너야겠다는 목적과 강을 건너는 방편을 혼돈하고 있다. 차안에서 피안으로 가겠다는 목적은 젖혀 놓고 방편인 뗏목에 매달린다. 달을 가리키면 달을 보아야지, 달은 안 보고 달을 가리키는 손가락을 보고 있는 것이다.

세존께서는 이 점을 일깨우신 것이다. 믿기만 하면 구원을 받는다고 주장하는 종교인들과, 물가에 모여서 가라앉은 돌이 떠오르라고 축원하는 브라만은 똑같다 하지 않을 수 없다. 얼마나 어리석은가.

그렇다면 돌이 물에 가라앉지 않도록 안전하게 피안으로 운반하는 뗏목인 세존의 가르침을 더 들어보자. 《잡아함경》에 〈왕정〉王頂 : 32-912이라는 경이 있다.

세존께서 참바瞻婆라는 나라의 한 못 가에 머물고 계셨다. 이 때 근처 마을의 왕정이라는 촌장이 찾아와서 세존의 발에 머리를 조아리고 나서 한 옆으로 물러나 앉았다. 그리고 세존께 여쭈었다.
『세존이시여. 세간에서 말하기를, 사문沙門 고타마는 수행자들의 고행을 부질없는 짓이라고 비난한다고 하는데 사실입니까? 아니면 잘못 전해진 뜬소문입니까?』
세존께서 대답하시었다.
『사실이요.

다만 고행만 부질없는 짓이라고는 하지 않았소.
다섯 가지 욕망五欲을 즐기고 집착하는 천한 짓과
자신의 육체를 괴롭히는 고행,
이 두 가지를 부질없는 짓이라고 했소.
이 두 극단에 의지해서는 안 되오.
나는 이 두 극단을 떠난 중도를 깨달았소.

오욕을 따르고 향락을 즐기는 범부도 세 부류가 있소.
첫째 부류는, 법을 어기고 함부로 축재蓄財하여
자신도 안락하지 못하고
부모도 제대로 봉양하지 못하며
가족이나 친지를 돌보지도 않으며
신앙심도 없어서
다음 생의 좋은 과보를 바라지도 않는 사람들이요.

둘째는, 혹은 법대로 혹은 법을 어기고 함부로 축재하여
스스로도 즐기며 부모를 공양하고
가족 친지를 돌보고 신앙생활을 하며
다음 생의 좋은 과보를 바라는 사람들이요.

셋째는, 법을 지켜 함부로 축재하지 않고
스스로도 즐기며 부모를 공양하고
가족 친지를 돌보고 신앙생활을 하며
다음 생의 좋은 과보를 바라는 사람이요.

또 자신의 육체를 괴롭히는 고행,
그 괴로움은 바른 법이 아니며
이치에 닿지 않는 이익을 바라는 짓이오.
이런 고행을 하는 자도 세 부류가 있소.

첫째는 처음부터 계율을 어기고 더럽혀
스스로 괴로워하며 바싹 여위어 살아가면서도
현세에서 불타는 번뇌를 떠나지 못하고
인간세상을 뛰어넘은 훌륭한 법을 알지 못하기 때문에
묘한 지견으로 안락하게 머물지 못하는 사람들이고

둘째는 처음부터 계율을 지켜 더럽히지 않고
스스로 괴로워하며 바싹 여위어 살아가지만
역시 현세에서 불타는 번뇌를 떠나지 못하고
인간세상을 뛰어넘은 훌륭한 법을 알지 못하기 때문에
묘한 지견으로 안락하게 머물지 못하는 사람들이오.

셋째는 처음부터 계율을 지켜 더럽히지 않고
스스로 괴로워하며 바싹 여위어 살아가면서
현세에서 불타는 번뇌는 떠났으나
인간세상을 뛰어넘은 훌륭한 법은 알지 못하여
묘한 지견으로 안락하게 머물지 못하는 사람들이오.

그러나 나의 가르침을 배운 성제자들은

오욕을 쫓고 향락을 즐기지 않고
스스로 괴로워하는 고행을 하지 않고
인간세상을 뛰어넘은 훌륭한 법을 알고
또한 지견으로 안락에 머무는 법을 알게 되는
훌륭한 길이 있고 자취가 있소.

탐욕이 있으면 그것이 장애가 되어
스스로를 해치거나 남을 해치거나
혹은 자신과 남을 함께 해치고
현세와 후세에 그 과보를 받아
근심하고 괴로워하게 되오.

또 성내는 마음이 있으면 그것이 장애가 되어
스스로를 해치거나 남을 해치거나
혹은 자신과 남을 함께 해치고
현세와 후세에 그 과보를 받아
근심하고 괴로워하게 되오.

만일 이러한 탐욕과 성내는 마음을 떠나
스스로를 해치지 않고 남을 해치지 않고
혹은 자신과 남을 함께 해치지 않으면
현세나 후세에 그 죄의 과보를 받지 않으므로
항상 즐겁고 안락할 것이오.
그리고 현세에서 불타는 번뇌를 떠나

열반에 가까워지고 스스로 깨달아 알게 될 것이오.

이렇게 현세나 후세에 죄의 과보를 받지 않고
항상 즐겁고 안락하며
현세에서 불타는 번뇌를 떠나
열반에 가까워지고 스스로 깨달아 아는 길,
팔정도가 바로 이 길이며 자취요.』
세존의 말씀을 듣고 이 촌장은 번뇌를 여의고
법의 눈이 열려 기뻐하며, 세존께 예배를 드리고 돌아갔다.

〈나는 중도를 깨달았다〉 세존은 늘 중도를 강조했다. 우리가 일상 생활을 하는 가운데 양 극단에 치우치지 않고 중도를 지킨다는 것은 매우 어려운 일이다. 범부중생으로서는 우선 중도를 분별하기가 어렵고 분별한 뒤에는 그것을 실천하기가 어렵다.
이 경에서도 보듯이 범부중생들은 향락의 유혹을 뿌리치기가 어렵다. 오늘날과 같이 유혹의 손길이 다양해진 사회에서는 한층 더 어렵다. 이른바 정경유착이니, 권력형 비리니 하는 이야기들은 근래에 귀에 못이 박히도록 들은 말이다.
권력의 그늘 아래서 실정법을 교묘히 어기면서 갖은 수단을 다해 축재했다가 탄로가 나서 쇠고랑을 찬 사람도 보았고, 부정한 방법과 비리로 축재한 기업인의 경우도 보았다.

심지어 전직 대통령이 엄청난 축재 때문에 수감되기도 하고 현직 대통령의 아들이 돈 때문에 감옥살이를 하는 것도 보았다.

이렇게 큰 사건이 아니더라도 우리 주변에서 흔히 돈·애정·마약·도박·술 등, 이런 천한 향락에 얼키고 설켜 고통을 받는 경우를 볼 수 있다. 기성세대는 기성세대대로 젊은 세대는 젊은 세대대로, 경쟁이나 하듯이 향락을 좇고 있다. 웬 골프장, 골프연습장이 그리도 많은가. 또 단란주점·비디오방·노래방·묻지마 관광·러브호텔 등 그 종류도 이루 헤아릴 수 없다. 대학 주변은 온통 먹고 마시고 놀자판이다. 아무리 외진 지방 소도시도 다를 바 없다. 나라 전체가 천한 향락에 빠진 느낌이다.

이제는 대학에서 교수를 임용하는데 정가가 매겨져 있고, 검찰 판사 변호사가 한 통속이 되어 돈을 주고 받고……. 이런 판에 고·집·멸·도 사성제니 여덟 가지 거룩한 길八正道이니 하는 말이 귀에 들어오겠는가.

그런데 불교도 이런 시대의 흐름에 물들어가고 있는 것 같다. 연꽃은 진흙 속에서 피어나되 물들지 않는다고 하는데 우리 나라의 연꽃은 그렇지가 않은 것인가. 지나치게 기복과 재물에 치우쳐 중도를 지키지 못하는 것 같다.

이처럼 혼탁하고 향락에 탐닉된 사회에서 어떻게 나를 바로 보고 지키며 바른 길을 찾아 정진할 것인가.

이제 일반적으로 생활이 많이 편리해졌고, 예전처럼 먹고 사는生存 문제보다는 어떻게 더 편리하게 살며 인생을 즐길 것인가 하는 문명한 세상이 되었다. 이른바 〈문화적〉이라는 명분을 앞세워 생활규범이 파괴되고 있는 것이다. 그래서 더욱 세존의 가르침이 필요하다.

다만 이 세존의 가르침이 현대인에게 어필할 수 있도록 현대적으로 재해석하여 적극적으로 알려주는 작업, 실질적인 불사佛事가 필요한 때다. 거대한 사찰건물·동양 최대의 불상보다도 현대인 내면에 불상을 새겨 주는 일이 더 급한 불사가 아닐까.

세존께서는 한역《아함경》에는 없는 남전南傳《아함경》의 〈상가라바〉相應部經典 46-55라는 경에서 외도인 바라문에게 이렇게 충고하시었다.

상가라바여.
여기 물을 담은 그릇이 있는데
그 물에 빨간색·노란색·파란색 물감을 풀었다면
그 물에 얼굴을 비치고 관찰할 때
얼굴을 바르게 볼 수도 없고 바르게 알 수도 없을 것이오.
이와 마찬가지로
마음이 탐욕에 사로잡히면
자신에게 이로운 일도 분별하지 못하고
남에게 이로운 일도 분별하지 못하며
모든 것을 바르게 보지 못할 것이오.
또 성내는 마음에 사로잡히면
자신에게 이로운 일도 분별하지 못하며

남에게 이로운 일도 분별하지 못하며
모든 것을 바르게 보지 못할 것이오.

상가라바여.
여기 물을 담은 그릇이 있는데
그 물이 불에 끓고 있다면 김이 나고 거품이 들끓어
그 물에 얼굴을 비치고 관찰할 때
얼굴을 바르게 볼 수도 없고 바르게 알 수도 없을 것이오.
이와 마찬가지로
마음이 혼미昏迷에 사로잡히면
자신에게…… 바르게 보지 못할 것이오.

또 여기 물을 담은 그릇이 있는데
그 물이 물풀과 이끼로 덮혀 있다면
그 물에 얼굴을 비치고 관찰할 때
얼굴을 바르게…….
이와 마찬가지로
마음이 침착치 못하고 산만하면
자신에게…… 바르게 보지 못할 것이오.

이 경은 계속해서, 물풀과 이끼에 덮이고 진흙으로 혼탁해진 물을 비유하고, 산만한 마음·의혹에 쌓인 마음에 대해 똑같이 설한다. 그리고 이러한 탐욕·성내는 마음·혼미한 마음·산만한 마음·의혹에 쌓인 마음에서 벗어나는 길을 잘 알면 자신에게 이익되는 일·남에게도 이익되는 일은 물론 모든 것을 바르게 볼 수 있다고 설하셨다. 이어서

  여기 7가지의 각지가 있다.
  이 7가지의 각지는 방해하는 것도 없고
  장애가 되는 것도 없고
  마음에 그 어떤 때도 없으므로
  이를 배우고 닦으면
  지혜가 생겨 해탈을 이룩하는 데 도움이 될 것이오.

하고, 마음을 다스리고 참되고 이익이 되는 일·해로운 일, 참된 일·참되지 못한 일, 선한 일·악한 일을 분별하여 가릴 줄 아는 지혜를 닦는 데 도움이 되는 7가지의 길을 설하셨다. 이 7가지의 길을 〈칠각지〉七覺支라고 한다.
  7각지란 어떤 것인가.
  첫째 택법擇法각지. 모든 법現象을 살펴서 선한 것은 취擇하고 악한 것은 버리는 것.
  둘째 정진精進각지. 수행을 함에 있어 고행을 하지 않고 바른 수행법으로 게으름 없이 부지런히 닦는 것.
  세째 희喜각지. 참된 법을 알고 기뻐하는 것.
  넷째 제除각지. 참된 견해·그릇된 견해를 분별하여 바르지 못한 견해와 번뇌를 끊어 없애는 것.
  다섯째 사捨각지. 6경에 집착하는 바르지 못하고 선하지 않은 마음을 끊어 없애는 것.

여섯째 정定각지. 사색參禪을 통해 번뇌와 망상을 없애는 것.

일곱째 염念각지. 잘 생각하여 정定과 혜慧가 고르게 하는 것.

마음의 망상을 떨쳐내고 온갖 번뇌에서 벗어나 피안으로 가는 길을 아는 것만으로는 피안에 이르지 못한다. 평생 동안 한시도 게을리하지 않고 노력해야 갈 수 있는 것이다.

나는 이제 여든 살이다.
마치 낡은 수레를 이리저리 고쳐서 타고
좀 더 가고자 하는 것과 같이 나도 그렇다.
그러나 스스로 힘써 정진하면서 이 고통을 참으련다.
일체의 사물을 생각지 않고 고요히 정에 들어
내 몸은 안온하며 번뇌도 고통도 없다.
마땅히 자신을 등불로 삼고 법을 등불로 삼아라.
부디 다른 것을 등불로 삼지 말라.
자신에게 귀의하고 법에 귀의하라.
부디 다른 데에 귀의하지 말라.

장아함경 2권 遊行經 初

제6장

저 언덕으로 가는 사람 — 수행修行

제6장
저 언덕으로 가는 사람 - 수행修行

1. 눈 먼 거북이의 항해

 불교에서는 흔히, 중생이 인간으로 태어나기 어렵고 인간으로 태어나서 불법을 만나기 어렵고 불법을 만난다 해도 깨닫기 어렵다고 말한다. 이는 불교의 인연법에서 말하듯이 모든 것이 인연임을 말하는 것이다.
 인연이 없으면 인간으로 태어나지도 못했을 것이고 혹 인연이 있어 인간으로 태어났다 해도 불법을 만날 인연이 없으면 불법을 모르고 일생을 마치게 된다는 것이다. 또 불법을 만났더라도 인연이 아니면 깨닫지 못하고 만다. 그래서 경을 펴고 공부를 시작하기 전에 반드시 외는 게송이 하나 있다.

 다시 없이 깊고 깊은

오묘한 부처님의 가르침　　　　　　　　無上甚深微妙法
백천만 겁을 지난다 해도
만나기 어려워라　　　　　　　　　　　百千萬劫難遭遇

　인간으로 태어나기도 어렵거니와 불법을 만나기는 더욱 어렵다. 더구나 불법에서는 그저 우연히 어쩌다가 되는 일이란 단 하나도 없다. 우리 범부의 눈으로는 이 깊고 오묘한 인연의 사슬을 보지 못하기 때문에 우연히 어쩌다 그리 되었겠지 하고 생각하지만 결코 그렇지 않다. 모든 것은 필연인 것이다.
　여러 생을 두고 그 어떤 인연이 있어서 고맙게도 불법을 만나게 되어 지금 경을 공부하고자 하니 이 가르침의 참 뜻을 꼭 알아야겠다고 바라는 것이다. 그래서 이렇게 서원을 한다.

이제부터 경을 펴들고 공부를 하겠습니다.　　我今聞見得受持
바라건대 깊고 오묘한 경의 이치를
환히 알게 되어지이다.　　　　　　　　　　願解如來眞實義

　이 게송을 〈개경게〉開經偈라고 한다. 세존께서는 불법을 만나는 어려움을 《잡아함경》〈눈 먼 거북〉盲龜 : 15-405이라는 경에서 이렇게 설하시었다.

『비유하면 이 큰 땅덩이가 모두 큰 바다가 될 때

바다 한가운데에 구멍이 나 있는 나무토막이 떠 있어
물결에 흔들거리며 바람을 따라 동서로 떠돈다.
이 때 바다에 한량없이 수명이 긴 거북이 있어
백 년에 한 번씩 머리를 물 위로 내민다.
이 거북이 백 년에 한 번씩 머리를 내밀고
그 나무의 구멍을 만날 수 있겠느냐?』

하고 아난다에게 묻자 아난다는 도저히 만나기 어렵다고 대답했다. 그러자 세존은 이렇게 결론을 설하신다.

『눈 먼 거북과 그 나무토막이 서로 엇갈리겠지만
또 서로 만나기도 할 것이다.
이처럼 어리석고 미련한 범부들이
5취趣를 떠돌다가도
잠깐 사람의 몸을 받기는 이보다 더 어렵다.
왜냐 하면,
저 중생들은 이치를 행하지 않고 법을 행하지 않으며
선행을 하지 않으며 진실을 행하지 않으며
서로 죽이고 해치며, 강한 자는 약한 자를 업신여기는 등
한량없는 악을 짓기 때문이다.
그러므로 비구들이여,
아직 4가지 진리를 밝히 알지 못하거든
마땅히 왕성한 욕망을 일으켜 알기를 힘써야 한다.』

지구상의 땅덩이가 모두 바다가 되려면 얼마만한 세월이 흘러야 할까. 그야말로 끝도 없고 한도 없는 아득한 겁이 걸릴 것이고, 그 바다에 뜬 구멍난 나무토막과, 백 년에 한 번 머리를 물 위로 내미는 거북이 만나려면 또 얼마나 오랜 세월이 걸릴까. 또 다행히 나무토막을 만난다 해도 거북이 과연 그 구멍에 목을 뀔 수가 있을까.

너무나 아득한 이야기여서 정신이 어지러울 정도다. 아무리 크고 빠른 슈퍼컴퓨터가 있어도 이 계산은 해내지 못할 것이다. 이처럼 인간으로 태어나기가 어렵고 불법 만나기가 어려운 까닭은 바로 인간 자신들이 행을 바르게 하지 않고 악을 지었기 때문이라고 하셨다. 따라서 이런 악을 짓지 않으려거든 괴로움의 4가지 진리를 빨리 배워 알고 이를 실천하라고 일깨우신다.

세존은 다시 〈대해〉大海 : 8-217라는 경에서 인간이 악을 짓는 6처六處를 바닷물에 비유해서 설했다. 어떻게 이 바다를 건너야 할까.

여러 비구들이여.
세간의 어리석은 자들은
바다란 다만 물이 많이 모인 곳으로만 생각하지만
성인들은 그렇게 생각하지 않는다.
눈은 사람의 큰 바다요, 저 사물色은 높은 파도다.
저 사물의 높은 파도를 잘 참고 넘으면
파도에서 춤 추는 나찰녀羅刹女 귀신 벗어나

눈의 큰 바다를 건널 수 있을 것이다.
귀·코·혀·몸·뜻은 사람의 큰 바다요, 이들의 대상인
소리·냄새·맛·감촉·법現象은 높은 파도다.
이 파도들을 잘 참고 넘으면
파도에서 춤추는 나찰녀 귀신 벗어나
귀·코…… 뜻의 바다를 건널 수 있을 것이다.

 우리가 살고 있는 이 세상의 모든 것, 눈에 보이는 사물이며 귀에 들리는 갖가지 소리, 갖가지 냄새·맛·촉감 그리고 온갖 현상들이 다 우리를 집어삼키려는 높은 파도고 그 파도 사이사이에는 우리를 물에 빠뜨리려는 갖은 장애와 마장魔障이 있다고 했다.
 그러나 이 높은 파도의 유혹을 잘 참고 견디면 이들 장애를 무사히 넘어서 바다를 건너 저 언덕에 이를 수 있다고 일깨워 주신다.
 불자들이 항상 외는 《반야심경》 끝의 〈아제 아제 바라 아제〉는 범어 〈가테 가테 파라 가테〉를 한자로 음사한 말이며 〈가세 가세 저 언덕으로 가세〉라는 뜻이다. 이 경에서 말하는 저 언덕이 바로 〈파라〉다. 세존께서는 궁극의 안락과 행복, 이상향을 일러 〈파라〉라고 했다. 번뇌가 다 끊어져 괴로움이 없는 절대 안락의 세계가 피안인 것이다.
 세존께서는 〈대해〉 끝에서 다시 게송偈頌으로 이렇게 설하신다. 앞에서 설한 가르침을 거듭해서 게송으로 설할 때 이 게송을 〈중송〉重頌이라고 한다는 것은 앞에서 설명했다.

제6장 저 언덕으로 가는 사람 • 251

저 바다의 큰 파도와
나쁜 벌레 나찰녀 귀신의 두려움 참고
건너기 어려운 바다 건너면
모든 괴로움 다 끊어져
지혜 생기고 바른 행 이루어
영원히 열반의 저 언덕으로 가리.

2. 강심江心으로 흘러가는 나무

이렇게 괴로움의 바다를 건너되 그 파도 사이사이에 숨은 나찰녀·귀신 같은 갖가지 장애를 어떻게 벗어나 무사히 건널 것인가. 여기서 세존의 간곡한 충고를 들어보자.

즉 갖가지 장애에서 벗어나려면 이 쪽에도 저 쪽에도 치우치지 말고 바른 행을 닦아 갖가지 장애에서 벗어나야 한다는 충고다. 〈흘러가는 나무〉流樹 : 43-1174라는 경을 보자.

한 비구가 세존께 여쭈었다.
『세존이시여. 저를 위해 법을 설해 주십시오. 제가 집을 나와 수염과 머리를 깎은 것은, 바른 법을 닦아 열반을 얻고자 해서입니다. 부디 어떻게 배우고 어떻게 닦아야 하는지 가르쳐 주십시오.』
하고 간청하자 세존께서는 강물에 흘러내려가는 나무토막을 비유로 들어 다음과 같이 설하셨다.

『그대는 저 강가강 한가운데로 떠내려가는
　큰 나무를 보느냐?
　저 큰 나무가 저쪽 언덕에도 닿지 않고
　물 밑에 가라앉지도 않고,
　강 기슭에 떠밀려 오르지도 않고
　소용돌이에 휘말리지도 않고
　사람이 건져가지도 않고
　썩지도 않고 강물을 따라 순순히 흘러가면
　장차 저 큰 바다에 이를 것이다.

　비구도 이와 같다.
　이쪽 언덕에도 닿지 않고
　저쪽 언덕에도 닿지 않고
　물 밑에 잠기지도 않고
　강 기슭에 떠밀려 오르지도 않고
　소용돌이에 휘말리지도 않고
　사람이 건져가지도 않고
　썩지도 않으면 순순히 흘러
　열반에 이른다.』
그러자 그 제자가 다시 여쭈었다.
『세존이시여. 이쪽 언덕이란 무엇이며
　저쪽 언덕이란 무엇이며
　……
　또 썩는다 함은 무엇입니까?

세존이시여. 원컨대 자세히 설해 주십시오.
조용한 곳에서
혼자 알뜰히 생각하고 받아지니겠습니다.』
세존께서 이렇게 설명하신다.
『잘 들으라. 내 그대를 위해 설해 주마.
이쪽 언덕이란 사람 몸의 여섯 감각기관六處이요,
저쪽 언덕이란 바깥의 여섯 경계(감각의 대상)를 말한다.
또 물 밑에 잠긴다 함은
탐내고 집착하고 탐욕을 즐기는 것을 말한다.
강 기슭에 떠밀려 올라간다 함은 〈나〉라는 마음 나는 청정하다는 교만한 마음이며, 소용돌이에 휘말린다 함은 계율에서 벗어나 세속 일에 휘말리는 것이며, 사람이 건진다 함은 세속 사람無聞의 범부과 다름없이 6근을 통해 기뻐하고 근심하고 걱정하고 괴로워하는 것을 말하며, 썩는다 함은 계를 지키지 않고 악한 짓·부정한 짓을 하면서 청정한 체하고 사문이 아니면서 사문인 체하는 것을 말한다.
이것이 이쪽에도 저쪽에도 닿지 않고
열반으로 흘러가는 것이다.』

세존의 설명이 끝나자 그 제자는 기뻐하며 숲으로 가서 혼자 조용히 앉아 〈물에 흘러가는 나무〉의 가르침을 생각하고 마침내 아라한이 되었다고 한다. 경은 또 계속된다.

이 때 근처에서 소를 먹이고 있던 난다가 세존께 아뢰었다.
『세존이시여.
 저는 이쪽에도 닿지 않고 저쪽에도 닿지 않고
 물 밑에 가라앉지도 않고
 강 기슭에 떠밀려 올라가지도 않고
 소용돌이에도 휘말리지 않고 사람이 건져가지도 않고
 썩지도 않고 열반으로 흘러갈 것입니다.
 그러니 저를 제자로 받아주십시오.』
『그렇다면 저 소들을 주인에게 돌려주고 오너라.』
『세존이시여. 저 소들은 새끼가 있으니 데려다 주지 않아도 돌아갈 것입니다.』
『저 소들은 돌아가겠지만 너는 소 주인에게 먹을 것 입을 것을 받고 있는 몸이니 가서 말을 하고 와야 한다.』
난다는 소를 주인에게 돌려주고 돌아와서 세존께 아뢰었다.
『세존이시여. 소를 돌려주고 왔습니다. 저도 바른 법을 배우도록 허락해 주십시오.』
『난다여. 너는 바른 법 안에서 중이 되어 계를 받고 비구가 될 것이다.』
난다는 마침내 수염과 머리를 깎고 세존께 계를 받고 비구가 되었다.

이 경은 이렇게 출가한 난다가 혼자서 열심히 정진한 끝에 열반의 경지를 스스로 알게 되어 「이제 나의 미혹한 삶은 끝났다. 청정하고 바른 행을 다 닦았다. 다음 생에는 다시 생을 받지 않을 것이다」하고 알게 되어 마침내 아라한이 되었다고 끝을 맺었다.

이 경은 물론 출가한 제자들에게 설한 가르침이지만 출가하지 않은 우리도 꼭 명심하고 따라야 할 가르침이라고 생각한다. 우리는 세상을 살면서 이쪽저쪽의 갖가지 유혹에 이끌려서 얼마나 많은 죄를 짓고 사는가. 때로는 알면서도 그 유혹을 뿌리치지 못해서 죄를 짓고 혹은 나도 모르는 사이에 휘말려서 죄를 짓기도 한다.

하지만 오늘과 같은 사회에서 이처럼 이쪽 저쪽에 걸리지 않고 똑바로 강물 한가운데로 흘러가는 사람이 몇이나 있을까. 세존 당시의 사회와는 비교도 안 될 만큼 훨씬 복잡하고 다양해진 오늘의 사회에서는 신분의 높고 낮음이나 가진 것이 있고 없고를 막론하고 법대로 바르게 살기가 그만큼 어려워졌다.

그러나 대다수의 사람들은 비록 넉넉치 못한 형편에다 누가 알아주지 않아도 이런 흐름에 같이 휩쓸리지 않고 바르게 살아가려고 노력한다. 오히려 남보다 더 갖고 있는 소수의 사람들이 더 욕심을 부리고 분수에 넘치는 것을 바라다가 마침내 죄를 짓는 경우가 많다.

요즘 사회문제가 되고 있는 청소년 범죄, 10대들의 가출 등도 따지고 보면 근본적으로 기성세대들의 책임이며 가정의 책임이다. 우리 사회에 만연하고 있는 기성세대들의 방만하고 책임없는 사고방식 때문에 물 흐름이 원활치가 못한 것이다. 곳곳마다 부정 부패 비리로 물길이 막히고, 정체되어 썩고, 소용돌이치고…….

이런 세존의 가르침이 아니더라도, 또는 유식한 학자들의 어려운 이론을 빌지 않더라도, 쉽게 말해서 이 사회가 상식대로 흘러가면 이 지경이 되지는 않았을 것이다. 상식이 통하지 않고 상식 이하의 짓거리가 상상도 못할 정도로 만연하고 있기 때문에 이 꼴이 되고 만 것이다.

이 사회의 물결이 상식대로 흐른다면 오늘과 같이 이쪽 저쪽에 걸리고 소용돌이에 휘말리고 강기슭에 밀려 올라가고 물 밑에 잠기고 속으로 썩어들어 가겠는가.

이제라도 모든 사람들이 스스로를 반성하고 한 사람 한 사람이 각자「나만이라도 바르게 흐르겠다」고 다짐한다면 우리 사회의 흐름은 순조로울 것이다.

이런 그릇된 흐름을 어떻게 하면 바로잡을 수 있을까…….

앞에서 본 〈잠부카다카〉閻浮車: 18-490라는 경에 그 해답이 아주 간단 명쾌하게 나와 있다.

세존께서 마가다국摩竭陀國의 나라那羅마을에 계실 때였다. 세존의 상수上首 제자인 사리푸트라도 같이 있었는데 어느 날, 사리푸트라의 오랜 친구인 잠부카다카라는 외도가 찾아와서 여러 가지 문제를 놓고 서로 문답을 하는 내용이다.

그 중의 한 대목을 보자.

잠부카다카가 사리푸트라에게 다시 물었다.

『친구여. 아라한이라는 말을 많이 하는데
  대체 아라한이란 무엇인가?』
사리푸트라가 대답했다.
『벗이여. 아라한이란
  탐욕의 괴멸壞滅, 성냄嗔恚의 괴멸, 어리석음愚癡의 괴멸,
  이를 아라한이라 하네.』
『그렇다면 그 아라한과를 실현하는 방법道이 있는가?』
『물론 있지. 세존께서 설하신
  여덟 가지 성스럽고 바른 길八正道
  이것이 바로 아라한을 실현하는 길일세.』
『그 여덟 가지 성스럽고 바른 길은 어떤 것인가?』
『정견正見 · 정사正思 · 정어正語 · 정업正業 · 정명正命 ·
  정정진正精進 · 정념正念 · 정정正定 이것이 팔정도일세.』
『친구여. 참으로 놀랍군. 아라한에 이르는 도가 매우 훌륭
  하군.』
  잠부카다카는 매우 기뻐하며 다시 사리푸트라에게 물었
  다…….

이 경은 다시 계속된다. 아라한과는 앞에서도 말했듯이 붓다와 똑같은 경지에 이른 수행자를 이르는 말이다. 바꾸어 말하자면 모든 괴로움에서 벗어나 완전히 자유로워진 성인인 것이다.

이런 성인이 되는 것은 지극히 간단하다. 우리 마음의 3독이라는 탐 · 진 · 치만 끊으면 되는 것이다. 그 3독을 끊으려

면 어떻게 하면 되는가. 팔정도를 닦으면 된다고 했다.
  바른 견해를 갖도록 노력하고 - 정견
  바른 생각을 하려고 노력하고 - 정사
  바른 말을 쓰려고 노력하고 - 정어
  바른 행을 하도록 노력하고 - 정업
  바른 생활을 하려고 힘쓰고 - 정명
  바른 노력을 하려고 힘쓰고 - 정정진
  바른 마음을 지니려고 노력하며 - 정념
  바른 정신을 지니도록 노력하면 된다 - 정정

 이런 노력으로 마음의 삼독을 없애면 아라한이 될 수 있다고 했다. 이처럼 명백한 길을 두고도 가지 못하는 범부들. 왜 못 가는가. 전생에 이어 현세에 지은 자신의 업 때문에 생긴 장애가 그토록 두텁기 때문이다.
 범부들이 짓는 인과의 과보가 현세에 한하지 않고 과거·현재·미래 삼세에 미친다고 한다. 그러니 내 말 한 마디, 내 행동 하나하나가 얼마나 중요하며 마음 씀씀이를 얼마나 조심해야 하는지 명심해야 한다.

 또 잠부카다카가 다시 사리푸트라에게
 『번뇌가 다한다는 것은 어떤 것인가?』
하고 질문을 하자 사리푸트라가 이렇게 대답을 했다.
 『친구여. 번뇌가 다한다 함은 어떤 것인가.
  범부에게는 세 가지의 누三漏가 있으니

욕심의 누欲漏와 유有의 누有漏와 무명의 누無明漏가 있네.
이 세 누를 남김없이 버리는 것,
이를 번뇌가 다하는 것이라고 하네.
친구여,
저 8정도야말로 이 삼유를 남김없이 없애는 길일세.』

〈누〉漏란 우리의 여섯 기관에서 새어나오는 번뇌를 이르는 말이다. 마치 안에서 밖으로 새어나오듯 번뇌가 일어난다 해서 이를 누라고 한다. 다시 말해서 〈욕루〉는 탐욕으로 말미암아 생기는 번뇌다. 범부들의 욕망을 어찌 다 말할 수 있겠는가. 그러니 또 어찌 번뇌가 없겠는가. 이런 번뇌를 다 욕루라고 한다.

〈유루〉는 유 곧 생존하고 있는 데서 생기는 번뇌를 말한다. 유는 앞의 연기법에서 보았듯이 생존을 말하며, 생존하기 때문에 생기는 번뇌가 바로 유루다. 범부들은 생존에 대해 매우 집착을 한다. 어떻게 하면 조금이라도 더 오래 살까. 왜 나는 죽어야 하나. 병 들지 않고 죽지 않는 길은 없을까 하고 고뇌한다. 이런 것이 유루다.

〈무명루〉는 어리석고 무명하기 때문에 생기는 번뇌를 말한다. 앞의 연기법에서 보았듯이 모든 번뇌 괴로움이 이 무명에서 비롯된다. 그러니 어찌 번뇌가 없겠는가. 이런 번뇌가 바로 무명루인 것이다.

이렇듯 세존께서는, 괴로움의 원인苦聖諦, 괴로움의 쌓임集聖諦, 괴로움의 멸진滅聖諦 그리고 괴로움의 멸진에 이르는 길道聖諦을 바르게 깨닫고 도성제를 이루는 방법인 8정도를 잘 알고 부지런히 닦으라고 누누이 일깨우셨다.

3. 다섯 뿌리五根

세존께서는 범부들에게, 범부에게도 8정도를 닦고 깨칠 수 있는 충분한 능력이 있으니 분발해서 부지런히 닦으라고 격려하셨다. 여기 〈분별〉分別 : 26-647이라는 경이 바로 그 경이다.

비구들이여. 다섯 뿌리五根에 대해 설하겠다.
5근이란 무엇인가. 이른바
믿음의 뿌리信根
정진하는 뿌리精進根
생각하는 뿌리念根
선정의 뿌리定根
지혜의 뿌리慧根
이를 5근이라 한다.

어떤 것이 믿음의 뿌리인가.
여래를 믿는 깨끗한 마음을 내되 그 근본이 굳건해서
그 어떤 훼방도 다 물리쳐 믿음을 지키는 힘能力
이를 믿음의 뿌리라 한다.

어떤 것이 정진의 뿌리인가.
이미 생긴 악은 끊고,
아직 생기지 않은 악은 생기지 않도록 힘쓰고
아직 생기지 않은 선은 힘써 닦고,
이미 생긴 선은 더욱 북돋아 닦는 힘
이를 정진의 뿌리라 한다.

어떤 것이 생각하는 뿌리인가.
바른 생각과 바른 지혜로 세간의 탐욕과 근심을 항복받고
몸과 마음과 법을 바르게 관하고 분별하는 힘
이를 생각하는 뿌리라 한다.

어떤 것이 선정의 뿌리인가.
탐욕과 악에서 벗어나 깨달음을 얻고 바르게 관찰하여
욕계의 번뇌를 여의고 그 기쁨을 즐기는 힘
이를 선정의 뿌리라 한다.

어떤 것이 지혜의 뿌리인가.
모든 것은 괴로움이며 苦聖諦,
고의 모임 集聖諦이라는 진리와
고를 멸하는 진리 滅聖諦와 고를 멸하는 길 道聖諦을 아는 힘,
이를 지혜의 뿌리라 한다.

세존은 범부에게도 다섯 가지의 뿌리가 있다고 했다. 그러

니 제자들이여, 자신이 이미 지니고 있는 능력을 잘 닦아서 바르게 깨달아 열반에 이르라고 당부하신다.

흔히들 모든 사람은 불성을 지니고 있다悉有佛性고 한다. 누구나 깨달아 부처가 될 능력을 지니고 있다는 것이다. 더구나 깨달아 열반에 이르는 길을 세존께서는 자세히 아주 친절하게 가르쳐 주셨다. 그러니 누구나 마음만 먹으면 열반에 이를 수가 있다. 다만 자신이 얼마나 열심히 그리고 꾸준히 그 길로 가느냐가 문제인 것이다.

한문 경전에 〈오근〉五根이라고 되어 있어 〈다섯 가지 뿌리〉라고 번역을 했으며, 동국역경원의 한글 대장경에도 다섯 가지 뿌리라고 번역되어 있으나, 불교에서 5근이라고 하면 일반적으로 시각眼 · 청각耳 · 후각鼻 · 미각舌 · 촉각身의 다섯 감각기관 곧 5관五官을 뜻한다.

그러나 여기서는 힘 또는 능력이라는 뜻의 범어 indriya를 〈근〉이라고 한역한 것이다. 다시 말해서 깨달음에 이르는 다섯 가지의 뛰어난 작용 또는 능력이라는 뜻이다.

왜 유독 이 〈근〉에 대해 길게 사설을 늘어놓느냐 하면 범어를 한자로 번역하고 그것을 또다시 우리말로 번역할 때 뜻풀이를 하다 보니 딱 들어맞거나 마땅한 어휘가 없을 때 어려움이 따른다는 것을 알리고, 아울러 이로 인해서 가뜩이나 난해한 한문 경전을 공부할 때 많은 혼란이 생긴다는 것을 말하기 위해 이렇게 길게 사설을 늘어놓는 것이다.

현재 남아 있는 파리어 경전을 바로 우리말로 번역할 때는 이 인드리야를 우리말로 뭐라고 번역할까. 우리 나라도 어서서 파리어 경전 → 한문 경전 → 우리말 경전이라는 중역重譯을 면하고 파리어 경전 → 우리말 경전이 실현되어야겠다. 지금도 아주 미미하지만 그런 시도가 시작되고 있긴 하다. 〈민족사〉에서 파리어원전을 바로 번역한《법구경》을 출간한 것도 그 한 예라 하겠다.

번역 또는 중역에서 오는 여러 가지 어려운 문제는 전문 불교학자나 파리어 전공자들에게 맡기기로 하고 다시《아함경》의 항해航海로 돌아가기로 하자.

한문 경전에는 없는 〈사기성〉沙祇城 : 相應部 48-43이라는 경에, 이 오근이 곧 〈오력〉五力이라는 세존의 설명이 있다. 세존께서 사케다의 한 숲에 계실 때 제자들에게 설하신 경이다.

비구들아.
오근이 곧 오력이며,
오력이 곧 오근이라는 것은 무슨 말인가.
왜 그러한가. 잘 듣고 잘 생각하라.
믿음의 뿌리는 곧 믿음의 힘信力이고,
믿음의 힘은 곧 믿음의 뿌리다.
정진의 뿌리는 곧 정진의 힘이며
정진의 힘은 곧 정진의 뿌리다.
생각의 뿌리는 곧 생각의 힘이며
생각의 힘은 곧 생각의 뿌리다.

선정의 뿌리는 곧 선정의 힘이며
선정의 힘은 곧 선정의 뿌리다.
지혜의 뿌리는 곧 지혜의 힘이며
지혜의 힘은 곧 지혜의 뿌리다.

비구들아,
비유하자면 한 강이 있는데
동쪽을 향해 동쪽으로 기울고 동쪽으로 흘러드는데
그 한 가운데에 섬이 있다고 하자.
그런데 이 강이 혹은 하나라고도 하고
혹은 둘이라고도 한다. 그것은 무슨 까닭일까.
어떻게 생각하고 어떤 근거로
강이 하나라 하고 혹은 둘이라고 하는가.
이 강물이 섬 동쪽으로도 흐르고 서쪽으로도 흐르므로
이 강의 흐름이 하나라고 한다.
또 이 강물이
섬의 동쪽으로도 흐르고 서쪽으로도 흐르므로
이 강의 흐름은 둘이라고 한다.
비구들아,
이와 마찬가지로 신근은 신력이고 신력은 바로 신근이며
정진근이 정진력이고 정진력은 바로 정진근이며
염근이 염력이고 염력은 바로 염근이며
정근이 정력이고 정력은 바로 정근이며
혜근이 혜력이고 혜력이 바로 혜근이다.

비구들아,
5근을 잘 배우고 거듭거듭 닦는다면
마침내 모든 번뇌를 멸하고 이 세상에서
마음의 해탈, 지혜의 해탈을 알게 되고
그 안에 머물게 될 것이다.

5근은 인간의 다섯 가지 능력 곧 가능성이고 5력은 5근을 닦고 개발해서 생기는 힘 곧 현실적인 성과다. 범부가 지닌 능력을 어떻게 닦고 발전시키느냐에 따라 현실적으로 얼마만한 성과 곧 안락과 행복을 누리게 되는가를 설명하신 것이다.

이를 뒤집어 말하자면—5근의 반대 곧 현재 우리가 현실에서 보는 바와 같이 우리 사회에 만연하고 있는 총체적인 부정 부패 그리고 향락을 좇는 부정적인 풍조 역시 인간이 저지르는 짓임을 감안할 때, 우리가 기본적으로 지니고 있는 이 5가지의 가능성을 마음먹고 닦고 발전시킨다면 얼마든지 가능한 일이며 또 바람직한 것이다.

마땅히 사회풍조에 부화뇌동하지 말고 한 사람 한 사람이 나만이라도 세존의 가르침에 따라 5근을 닦고 닦는다면 우리 사회의 총체적인 부정 부패를 능히 없애고 정의로운 복지사회를 실현시킬 수 있을 것이다.

이것이 세존의 가르침을 믿고 받드는 이른바 오늘의 한국불자들—승僧과 속俗이 이룩할 최대의 과제이며 또 짊어지고 있는 막중한 책임인 것이다. 그런데 오늘의 한국불자들은 과연 무엇을 하고 있는가.

　세존께서는 자신이 입멸하고 난 뒤 먼 훗날 불교의 이름 아래 잘못된 믿음, 잘못된 행으로 세상이 어지러워지리라는 것을 미리 짐작하시고 〈법사〉法嗣라는 경에서

　비구들아,
　그대들은 나의 법을 상속하라.
　재물의 상속자가 되어서는 안 된다.
　나는 그대들을 아끼고 가련하게 여기기 때문에
「나의 제자들은 법의 상속자가 되라.
　재물의 상속자가 되지 말아라」하고 바라는 것이다.

라고 경고하시었다. 지금 한국의 불자들은 승·속을 막론하고 어떠한가. 염불엔 마음이 없고 잿밥에만 마음이 있는 승려가 있는가 하면, 재가자 중에는 바른 진리를 배우고 닦아 마음의 3독을 없애고 청정한 열반에 이르고자 하지는 않고, 세속의 영예와 덧없는 재물 그리고 유한한 육신에 집착하여 무문無聞의 범부만도 못한 업을 짓는 이가 얼마나 많은가. 그런 사람일수록 불도에 통달했다고 자랑하며 남에게 불법을 일러주겠다고 동분서주한다.

　세존의 가르침을 바르게 배우고 바르게 닦는 사람은 말없이 묵묵히 닦는다.
　조용히 홀로 사색하며 스스로를 관한다. 그리고 세존의 가르침대로 말없이 실천한다. 그런 사람에게서는 향내가 난

다. 물에 뜨는 기름처럼, 스스로 물에 뜨려고 애를 쓰지 않아도 물에 뜬다. 스스로 깨치고 도통했다고 자랑하는 사람은 물항아리처럼 물에 가라앉는다.

  5근에 관한 세존의 말씀을 더 들어 보자(상응부 48-45).

어떤 뿌리를 어떻게 배우고 얼마나 거듭 닦아야
번뇌를 멸하고 깨달은 비구가 되겠느냐?
비구들이여. 잘 듣고 잘 생각하라.
오직 한 뿌리만 잘 배우고 거듭거듭 닦으면
번뇌를 멸하고 깨달음을 이룩하고
「나의 미망은 이미 끝났다.
청정한 행을 다 닦았고 할일을 다 마쳤다.
이제 다시는 미망의 생을 받지 않을 것이다」
라고 알게 될 것이다.
그 하나의 뿌리란 무엇인가. 바로 지혜의 뿌리다.
지혜를 갖춘 비구는 믿음의 뿌리·정진의 뿌리·생각의 뿌리·선정의 뿌리가 저절로 갖추어지게 된다.

  5근 중에서도 지혜를 닦는 일이 가장 중요하다는 것을 강조하신 가르침이다.
  지혜의 뿌리가 5근의 근본인 것이다.

4. 스스로를 의지하라

세존께서는 이렇게 스스로 노력하는 사람이야말로 진정한 불자라고 하시며, 재물을 상속받는 붓다의 제자가 아닌 법을 상속받는 붓다의 제자가 되라고 하시었다.

〈16비구〉2-36라는 경을 보자. 그 어떤 것에도 흔들리지 말고 오로지 붓다의 가르침인 법과 자기 자신을 의지하라고 하시면서 확고한 자신감을 심어주고 계신다.

세존께서 마투라摩偸羅국에 계실 때였다. 여러 비구들에게 이렇게 당부하셨다.

『비구들이여,
　자기 자신을 피난처로 삼고 자기를 의지해 머물라.
　법을 피난처로 삼고 법을 의지해 머물러
　다른 것에 의지하지 말고 다른 것에 머물지 말아라.
　비구들이여,
　무엇이 원인이 되어
　걱정 · 슬픔 · 번뇌 · 고통이 생기는가.
　물질이 있어 물질로 말미암아 물질에 얽매이기 때문에
　아직 생기지 않은
　걱정 · 슬픔 · 번뇌 · 고통이 생기게 되고
　이미 생긴 걱정 · 슬픔 · 번뇌 · 고통이
　더욱 자라고 커진다.
　느낌受 · 생각想 · 지어감行 · 의식識 역시 마찬가지다.

비구들이여,
물질이나 현상이 변하지 않고 바뀌지 않으며
항상 바르게 머무는 것을 보았더냐.
물질도 현상도 다 덧없는 것이다.
변하고 덧없는 것이라는 것을 알면
그는 욕심을 떠나고 욕심을 멸해서
모든 번뇌가 없어질 것이다.
그리하여 혹 물질로 인연하여
걱정 · 슬픔 · 번뇌 · 고통이 생기더라도
그것을 끊고 끊은 뒤에는 집착할 것이 없다.
집착하지 않으므로 안온한 즐거움에 머물게 된다.
안온한 즐거움에 머무는 것을 열반이라 한다.
느낌 · 생각 · 지어감 · 의식 또한 이와 같다.』
세존께서 말씀을 마치자 열여섯 비구는 모두 번뇌를 끊고 마음의 해탈을 얻었다.

오직 세존의 가르침과 자기 자신에 의지하여 세상의 고뇌를 철저하게 관찰하고 이를 극복하라고 일러주신다. 관찰의 대상은 물론 5온과 무상 · 고 · 무아다. 그리고 그 외의 그 어떤 것에도 의지하지 말라고 당부하신다. 이 가르침은 후세에 편찬된 여러 경에 나온다. 〈자등명 · 법등명〉自燈明 法燈明이라는 유명한 가르침이 바로 이것이다. 곧 스스로를 등불로 삼고 세존의 가르침을 등불로 삼으라는 뜻이다.
세존은 또 비구들에게 이런 비유도 설하시었다. 〈행〉行 :

16-447이라는 경이다.

　비구들이여.
　중생은 언제나 경계와 함께하고 경계와 화합한다.
　어떻게 경계와 함께 하는가.
　중생이 착하지 않은 마음일 때는
　좋지 않은 경계와 함께하고
　착한 마음일 때는 좋은 경계와 함께한다.
　또 더러운 마음일 때는 더러운 경계와 함께하고
　훌륭한 마음일 때는 훌륭한 경계와 함께한다.

　비구들이여.
　저기 콘단냐憍陳如가
　많은 비구들과 거닐고 있는 것을 보느냐?
　저들은 모두 상좌上座이며 많이 아는 대덕大德으로
　범행梵行을 갖춘, 출가한 지 오래된 사람長老들이다.
　또 저기 마하카샤파大迦葉와
　거닐고 있는 비구들을 보느냐?
　저들은 욕심이 적고 만족할 줄 알고少欲知足
　두타의 행頭陀行을 닦은 사람들이다.
　또 사리푸트라와 거닐고 있는 비구들을 보느냐?
　저들은 큰 지혜智慧와 변재辯才를 갖춘 사람들이다.
　또 저기 목갈라나目犍連와 거닐고 있는 비구들을 보느냐?
　저들은 크게 신통력을 얻은 사람들이다.

또 저기 아누루다阿那律와 거닐고 있는 비구들을 보느냐?
저들은 모두 천안이 열린天眼通 사람들이다.
또 저기 우파리優婆離와 거닐고 있는 비구들을 보느냐?
저들은 계와 율을 잘 지키고 행한戒行 사람들이다.
또 저기 푸루나富樓那와 거닐고 있는 비구들을 보느냐?
저들은 다 변재가 뛰어나
법을 잘 설하고 법을 널리 펴는 사람들이다.
또 저기 카차아나迦旃延와 거닐고 있는 비구들을 보느냐?
저들은 다 논의論議에 뛰어나고
법의 이치를 잘 아는 사람들이다.
또 저기 아난다阿難와 거닐고 있는 비구들을 보느냐?
저들은 모두
내가 설한 가르침을 많이 들은多聞 사람들이다.
또 저기 라훌라羅睺羅와 거닐고 있는 비구들을 보느냐?
저들은 모두 율과 비밀한 행蜜行을 잘 닦은 사람들이다.
또 저기 데바닷다提婆達多와
거닐고 있는 비구들을 보느냐?
저들은 모두
온갖 악한 생각을 하고 악한 행을 익힌 사람들이다.
이처럼 뜻이 같고 행이 같은 자끼리 모이는 것
이를 경계와 함께하고 경계와 화합한다고 하는 것이다.
그러므로 모든 경계를 잘 분별해야 한다.

여기서 거닌다는 것은 그저 걷는 것이 아니라 수행參禪·看

經하는 사이사이에 졸음을 쫓거나 가벼운 운동을 하기 위해 일정한 코스를 도는 것을 말한다. 이를 경행經行이라고 한다.

이 경에 나오는 장면도 수행을 하다가 경행시간이 되어 많은 비구들이 무리를 지어 경행을 하고 있는 모습이다. 여기 10대 제자가 거의 다 등장한다. 이들 우두머리와 뜻을 같이 하거나 이들을 따르고 배우는 비구들이 무리를 이루고 있는 모습을 보고 유유상종類類相從을 실감나게 설하시었다. 이런 것을 일러 경계와 함께하는 것이라고. 그러니 경계를 잘 분별할 줄 알아야 한다고 경계하신 경이다.

매우 흥미있는 경이 아닐 수 없다.

범부들도 비슷한 자들끼리 모이는 속성이 있다. 이 속성에서 벗어나 나보다 나은 사람을 따라 배우고 본을 받으라는 가르침이다. 《법구경》에 스승으로 삼을 선지식이 없을 때는 차라리 〈무소의 뿔처럼 혼자서 가라〉고 한 것도 바람직하지 않은 경계와는 화합하지 말라는 경고인 것이다.

여기서 세존이 일깨워 주신 또 다른 경의 가르침을 들어보자. 〈어리석음과 교활함〉愚癡黠慧 : 12-294이라는 경이다.

어리석고 무식한 범부도
무명에 덮이고 애욕에 매여서 의식識이 생긴다.
마음 속의 이 의식과 몸 밖의 명색名色이 인연이 되어
접촉觸이 생기고 이 촉이 6근에 닿아서
여러 가지 느낌을 받는다.

혹은 영리하고 지혜로운 사람도
무명에 덮이고 애욕에 매여서 의식이 생긴다.
마음 속의 이 의식과 몸 밖의 명색이 인연이 되어
접촉이 생기고 이 촉이 6근에 닿아서
여러 가지 느낌을 받는다.

그러면 이 어리석은 사람과
지혜있는 사람은 어떻게 다른가.
어리석은 사람은 언제까지나
무명을 끊지 못하고 애욕에서 벗어나지 못한다.
무슨 까닭인가.
어리석은 사람은 성스러운 수행을 닦지 않아
고를 멸하지 못하기 때문이다.
따라서 어리석은 사람은
몸이 무너지고 명이 다하면 다시 생을 받는다.
생이 있으므로
생로병사와 우비고뇌憂悲苦惱에서 해탈하지 못한다.

지혜로운 사람은 무명을 끊고 애욕에서 벗어난다.
무슨 까닭인가.
지혜로운 사람은 성스러운 수행을 닦고
고를 멸하기 때문이다.
따라서 지혜로운 사람은
몸이 무너지고 명이 다하면 다시 생을 받지 않는다.

생이 없으므로 생로병사와 우비고뇌에서 해탈한다.

이를 고에서 해탈한다고 말한다.
어리석은 사람과 지혜로운 사람이 이렇게 다른 것은
바로 성스러운 수행을 하기 때문이다.

세존은 연기의 법으로 괴로움에서 해탈하는 법을 설하시었다. 어리석은 사람이나 지혜로운 사람이나, 무명 때문에 몸을 받고 그 몸의 6근을 통해 6경과 접촉하여 갖가지 느낌을 받게 된다. 이때 어리석은 사람은 괴로움에서 벗어나지 못하지만 지혜로운 사람은 괴로움에서 벗어난다. 성스러운 가르침을 알고, 닦느냐 못 닦느냐에 달렸다는 것이다.

소에게 물을 먹이기 위해 소를 물가로 끌고 갈 수는 있지만 소가 물을 마시고 안 마시고는 전적으로 소에 달렸다. 소가 스스로 마시지 않는다면 물을 먹일 수 없는 것이다.

다시 〈피안〉彼岸 ① : 28-771이라는 경을 읊조려 본다.

많은 사람 중에
저 언덕으로 건너가는 사람은 드물고
많은 사람 중
대개는 이 언덕에서 어정거리네.

내가 설한 이 바른 법을
잘 따라 능히 행하는 사람

그는 저 건너기 어려운
생사의 강을 건너느니.

나는 지금 어디쯤 있을까. 아직 이쪽에서 서성거리고 있을까, 아니면 저 언덕으로 가는 뗏목에 매달려 있을까, 혹은 저 언덕에 이미 발을 내디디고 있을까 …….

제7장
다함께 불도를 성취하고지고 — 회향廻向

제7장
다함께 불도를 성취하고지고 - 회향廻向

1. 이 공덕을 모든 사람에게

불교의식을 끝마칠 때는 꼭 다음과 같이 축원을 한다.

바라옵건대 이 공덕이	願以此功德
모든 이에게 고루 미치어	普及於一切
나와 더불어 만 중생이 다함께	我等與衆生
불도를 이루게 되어지이다.	皆共成佛道

  내가 닦은 이 공덕이 오직 나만의 것이 아니라 만 중생의 공덕이 되게 해달라는 기원이다. 이렇게 내 공덕을 다른 사람에게 돌리는 것을 회향回向이라고 한다.
  얼마나 아름다운 일이며 얼마나 대범한 일인가. 요즘같은 각박한 세태 속에서 내 공을 남에게 돌려준다는 것이 어디

쉬운 일인가. 그러나 불교에서는 아무 망설임없이 선뜻 남에게 베풀어 주겠다고 기원을 한다.

이런 마음이 대자대비다. 그런데 이렇게 입으로는 기원을 하지만 이 게송대로 내 마음이 열려 있는 것일까. 좀 회의적이다. 그저 관습적으로 이 게송을 외는 것은 아닐까? 말로만 그렇게 외고 마음이 열리지 않는다면 나를 속이는 짓이고 남을 속이는 짓이고 불·보살께 거짓말을 하는 일이다. 이 얼마나 무서운 죄를 짓는 것인가.

또 모든 의식 끝에는 의례 이런 서원을 한다. 다 잘 아는 네 가지 큰 서원四弘誓願이다. 이 사홍서원은 모든 부처 모든 보살 그리고 출가자 재가자 모두가 공통으로 발원發願하는 서원이다. 그래서 이를 총원總願이라고 한다. 근본이 되는 서원이라는 뜻이다.

이 총원에 대해 각 부처나 보살에 따라서는 각각 자신만의 서원이 있다. 이를 별원別願이라고 한다. 예컨대, 약사여래의 12원, 아미타불의 48원, 보현보살의 10대원 등이 그것이다. 그리고 우리들 각자의 개인적인 발원도 물론 별원이다.

이렇게 불교에서는 나보다는 남을 먼저 생각하는 자비를 강조한다. 오계 중에 산 목숨을 죽이지 않는不殺生 마음이나 말을 함부로 하지 않는不妄語 것 등도 다 이런 맥락에서 지키라는 계인 것이다. 앞에서도 보았듯이 불교의 세계관이나 존재에 관한 사상(연기사상) 등이 모두 그렇듯이 어느 하나 만의 독립된 존재를 인정하지 않는다. 모든 존재가 다 서로 관련이 되어 있다는 것이다.

따라서 우리가 살아간다는 것은 모든 존재나 현상과의 밀접한 관계성을 의미하는 것이다. 〈이것이 있으므로 저것이 있고……〉하는 상의성의 관계 즉, 모두가 상대적이며 다 함께 어울려야 살아갈 수 있는 것이다.

어떻게 살아가는 것이 더불어 사는 것인가. 세존의 가르침을 들어보자. 〈우파사카〉優婆塞 : 33-927라는 경이다.

우파사카란 범어의 Upasaka를 음역한 말이며 근선남近善男 또는 청신사淸信士라 한역한다. 가정을 이루고 생활을 하면서 세존의 가르침을 따르고 받드는 남자 곧 삼귀의계三歸依戒를 받고 5계戒를 받아지니는 남자, 재가신도를 말한다. 이 경에서는 우파사카만을 말했지만 여자 재가신도도 포함되어 있다. 여자 신도는 우파시카Upasika, 근선녀, 청신녀라고 한다.

세존께서 자신이 태어난 카피라바투에 계실 때였다. 세존과 같은 샤캬족의 마하나마摩訶男라는 사람이 찾아왔다.
마하나마가 세존 앞에 나아가 머리를 조아려 예배하고 나서 한쪽으로 물러나 앉아 여쭈었다.
『세존이시여. 어떤 사람을 참다운 우파사카라고 합니까.』
세존께서 마하나마에게 이르시었다.
『집에 있으면서 청정하게 닦아 익히고 깨끗하게 머물러
　「나는 목숨을 마칠 때까지 부처에 귀의하고 법에 귀의하고 비구중에 귀의하여 불법을 받드는 우파사카가 되겠습

제7장 다함께 불도를 성취하고지고 • 281

니다. 이를 증명하여 주십시오」하고 발원發願한 사람을 우파사카라 한다.』

그러자 마하나마가 다시 여쭈었다.

『어떻게 받들어야 온전한 믿음을 갖춘 우파사카라 합니까?』

『여래에 대한 바른 믿음을 근본으로 삼되
 사문이나 바라문 또는 천신·악마·범 등
 그 어떤 것이 방해한다 해도
 견고하여 움직이지 않아야 한다.
 이를 온전한 믿음을 갖춘 우파사카라 한다.』

『또 여쭙겠습니다. 계를 어떻게 지녀야
 계를 온전하게 지키는 우파사카라 합니까?』

『살생·도둑질·음행·거짓말·음주를 즐기지 않고
 이 다섯 가지 계를 지키면
 이를 온전하게 계를 지키는 우파사카라 한다.』

『또 어떻게 해야 온전하게 법을 듣는 우파사카라 합니까?』

『원만하고 순수하며 범행梵行이 청정한 여래의 가르침
 곧 처음도 중간도 또 마지막도 그 뜻이나
 이치가 정연한 불법을
 잘 기억하고 받아지니는 것을
 온전하게 법을 듣는 우파사카라 한다.』

『어떻게 해야 온전하게 보시를 하는 우파사카라 합니까?』

『인색한 마음의 때를 벗어버리고

얽매이지 않고 기꺼이 평등하게 보시하면
　　이를 온전하게 보시하는 우파사카라 한다.』
『어떻게 해야 온전한 지혜를 갖춘 우파사카라 합니까?』
『괴로움의 4가지 진리四聖諦를 바르게 알아
　　생멸의 이치를 깨달으면
　　이를 온전한 지혜를 갖춘 우파사카라 한다.』
　마하나마는 세존의 가르침을 듣고 기뻐하면서 예배하고 떠나갔다.

　세존과 같은 샤캬족의 마하나마라는 한 남자가 바람직한 불자가 되려면 어떤 마음가짐으로 어떻게 닦아야 하느냐고 질문을 한 것이다. 출가는 하지 않았지만 세존의 가르침을 따르는 불자로서 질문한 것이다. 이에 대해 세존께서는, 「삼보에 귀의하고 여래의 증명을 받아야 재가신도라 할 수 있다」고 하셨다.
　재가 신도가 되려면 우선 삼보에 귀의하고, 삼보에 귀의했으면 증명을 받아야 한다고 했다. 삼보에 귀의한다는 것은 믿고 따르겠다고 마음을 내는 것發心이다.
　우선 세존을 믿고 따르겠다고 마음을 내는 것이 중요하다. 마음을 낸다는 것은 마음이 세존을 향하는 것이다. 세존을 향한다는 것은 어둠 속에서 빛이 비치는 밝음으로 나아가는 것이다. 칠흑 같던 마음에 한 줄기의 빛을 비추는 것이다.
　어둠 속에서는 아무것도 볼 수 없지만 밝은 데로 나아가면 모든 것을 환히 볼 수가 있다. 밝은 지혜로 향하는 것이다.

이렇게 지혜로 나아가기로 했으면 세존 앞에 나아가 증명을 받아야 한다. 곧 계戒를 받는 것受戒이다. 계를 받는다는 것은 세존과의 약속이자 자기 자신과의 약속이다. 계는 스스로가 스스로에게 하는 자율적인 약속이고 율은 타율적인 규제다.

이렇게 세존과 자신에게 약속을 했으면 어떤 훼방꾼에게도 그 마음이 무너지지 않아야 한다. 그래서 온전한 우파사카가 되려면 몇 가지 수행을 해야 한다. 이 경에서는 믿음을 다지고信具足, 계를 지키고戒具足, 바른 가르침을 잘 기억해야 하고聞具足, 깨끗한 마음으로 기꺼이 베풀어야 하고施具足, 지혜를 갖추어야 한다고慧具足 했다. 이런 사람이 바람직한 우파사카다.

바람직한 우파사카를 위하여 세존은 다시 이렇게 권유하신다.《잡아함경》36권 앞부분 중에서 몇몇 경을 발췌해보자. 우선 〈교만〉憍慢 : 36-996이라는 경이다.

얼굴이 아주 미묘한 하늘 사람이 새벽에 세존 앞에 나아가 발에 머리를 조아리고 한 쪽에 물러나 앉으니 몸의 광명이 제타숲을 두루 비추었다.
그 하늘 사람이 게송으로 아뢰었다.
『교만한 마음 일으키고
 스스로 다스리지 못하며
 한 번도 고요함을 닦지 않고
 또한 선정에 들지도 않고

숲에서 함부로 놀면
　죽음의 저 언덕을 넘어가지 못하리.』
세존께서 게송으로 대답하시었다.
『교만한 마음 벌써 여의고
　마음은 언제나 선정에 들어
　밝은 지혜로 잘 분별하여
　일체의 결박에서 벗어났거니
　내 혼자 한적한 숲 속에서
　그 마음 함부로 놀지 않으니
　저 죽음의 악마 원수 벗어나
　어느 새 저 언덕에 건너갔네.』
하늘 사람이 다시 게송으로 아뢰었다.
『내 모처럼 만에 성인을 뵈니
　온전히 반열반을 얻어
　일체의 두려움 이미 여의고
　이 세상의 애착에서 벗어났네.』
세존의 말씀을 듣고 기뻐하면서 머리를 조아려 예배하고 물러갔네.

　교만심을 버리고 선정에 들어 조용히 자신을 관조하며 모든 번뇌를 벗어나라고 충고하신다. 그리고 공덕을 지으라고 하시었다. 〈공덕증장〉功德增長 : 36-997, 곧 공덕을 지으려거든 다음과 같은 좋은 일을 하라고 하신다.

『동산에 과일나무 심으면
 나무 그늘이 맑고 시원할 것이며
 다리나 배로 물을 건너게 해주고
 복이 되고 덕을 쌓는 집을 짓고
 우물을 파서 목마름을 풀어주고
 객사客舍를 지어 나그네 쉬게 하면
 그 공덕 밤낮으로 언제나 자랄 것이다.
 또 법답게 계율을 갖추면
 그 인연으로 안락을 누리리.』

한마디로 환경친화적인 사회봉사 사회복지에 힘쓰는 것이 공덕을 짓는 일이라는 것이다. 또 세존의 가르침에 따라 스스로 언행을 삼가면 공덕이 붙는다고 하시면서 구체적으로 공덕에 대한 과보를 설하시었다.

〈시하득대력〉施何得大力 : 36-998이라는 경에서는 무엇을 보시하면 큰 힘功德을 얻고, 무엇을 보시하면 묘한 얼굴德을 얻고, 무엇을 보시하면 안락福을 얻고, 무엇을 보시하면 밝은 눈分別力, 智慧을 얻고, 어떤 것을 일체의 보시라고 하느냐는 질문에 이렇게 대답하신다.

『음식을 보시하면 큰 힘을 얻고
 의복을 보시하면 묘한 얼굴을 얻고
 수레를 보시하면 안락을 얻고
 등불을 보시하면 밝은 눈을 얻고

집에서 손님을 기다리면
　　이를 일체의 보시라 하며
　　법으로 중생을 교화하는 것
　　그것은 바로 감로를 보시하는 것』

이라고 했다. 매우 구체적이고도 상징적이다. 흔히 보시에는 재시財施 · 법시法施 · 무외시無畏施의 세 가지 보시三施가 있다고 한다. 재시는 재물 등 물질적인 보시고, 법시는 불법을 전해주는 교화를 말하고, 무외시는 마음의 두려움을 없애주는 정신적 보시를 말한다.

　집에서 손님을 기다린다는 것은 모든 것을 다 베풀 용의가 있다는 뜻이리라. 어느 시대 어느 사회에서나 손님을 가정으로 초대하는 것은 가장 친근하고 융숭한 우대優待다. 이에서 더 극진한 보시가 없다는 뜻이다.

　〈환희〉歡喜 : 36-999라는 경을 보자.

『깨끗한 믿음으로 보시 행하면
　이 세상이나 저 세상
　어디고 그가 가는 곳에는
　언제나 복된 과보가 그림자처럼 따른다.

　그러므로 인색한 마음 버리고
　때 없는 깨끗한 보시 행하라.
　보시하면 이승에서나 저승에서나

어디에나 기쁨 있으리라.』

　또 〈침박〉侵迫 : 36-1001이라는 경에서는 이렇게 경고하고 있다.

『그윽한 운명이 목숨을 앗아가기에
　사람의 목숨이 짧아지며
　늙음이 닥쳐와서 침노侵擄하건만
　아무도 구원하고 보호해 줄 자 없네.

　남아 있는 이 몸의 잘못을 보면
　사람들의 마음이 두려워지네.
　마땅히 이 세상의 탐애를 끊고
　무여無餘의 열반을 즐기라.』

　인간의 삶은 짧다. 늙음이나 병을 피할 길이 없다. 유한한 이 몸은 어디에도 숨길 데가 없다. 그러니 살아 있는 동안에 공덕을 지어 온전한 열반적정涅槃寂靜을 위해 노력하라는 것이다.

　무여의 열반. 마음의 번뇌를 다 끊어 열반에 이르렀건만, 어이하랴, 아직 육신의 괴로움이 남아 있으니有餘涅槃. 이 육신의 괴로움마저 끊어야 온전한 열반無餘涅槃이러니. 이 세상을 온통 불태우던 번뇌의 불길이 사그러들어 마침내 다 꺼진 깨달음의 세계(열반)는 잔잔한 바다처럼 고요하고 봄날의 양지쪽처럼 안락하다(적정). 다시는 생로병사니 우비고뇌 憂悲苦惱가 없는 고요를 즐기라는 것이다.

그러려면 모든 것에서 해탈해야 한다. 부지런히 닦아도 이룰까 말까 한 인생이다. 탐욕과 진심瞋心 그리고 어리석음의 늪에서 헤맬 여유가 없다.

2. 더불어 살려면

그래서 세존께서 다시 충고하신다. 모든 것을 끊어버리라고. 〈단제〉斷除 : 36-1002라는 경을 보자.

『다섯을 끊고 다섯을 버리고
 다섯 뿌리를 힘써 닦고 닦아
 다섯 가지 모임을 뛰어넘으면
 괴로움이 흐르는 물을 건너가리.』

오욕五欲을 끊고 다섯 가지 번뇌五結를 버리고 오근五根을 닦아 오온五蘊을 뛰어넘어라. 그러면 괴로움의 바다를 무난히 건너가리라고 했다.

〈각면〉覺眠 : 36-1003 곧 잠과 깨어남이라는 경을 보자.

『다섯 사람은 잠을 자고
 다섯 사람은 잠에서 깨었다.

다섯 사람은 더러움에 머물고
다섯 사람은 청정을 얻었다.』

악한 사람 선한 사람, 어리석은 사람 깨친 사람의 비율이 5:5, 그래서 이 세상은 조화가 되는가 보다. 그런데 요즘은 이 비율이 깨진 것일까. 악이 더 우세한 것 같으니 말이다. 또 이런 이야기도 하셨다. 〈인물〉人物 ; 36-1005이라는 경을 보자.

『논이나 집은 중생들의 소유다.
 어진 아내는 제일 좋은 길벗이며
 음식은 목숨을 보존해 주며
 직업은 중생의 의지처가 된다.』

기본적으로 직업을 가지고 먹고 살 만한 재물을 보전하고 어질고 착한 아내(남편)가 있어야 한다고 하셨다. 따지고 보면 인간의 가장 큰 행복이 바로 여기에 있는 것이다. 그야말로 배 부르고 등 따뜻하고 게다가 옆에 백년해로할 짝이 있으니 이에서 더 뭘 바랄 것인가. 진리는 항상 평범한데 있는 것이다.

가장 한국적인 것이 가장 세계적이라는 말마따나 가장 속된 것이 가장 성스러운 것일까.

또 이런 말씀도 하셨다. 〈애무과자〉愛無過子 ; 36-1006. 한글로만 보면 아이들 이야기 같으나 나보다 더 사랑스러운 것은 없다는 뜻이다.

『사랑스러운 것 중에 나 자신보다 더한 게 없고
재물 중에서 곡식보다 더 값진 것이 없고
광명에는 지혜의 광명보다 더 밝은 것이 없고
사무다薩羅는 바다보다 더한 게 없다.』

한 경을 더 보자. 〈찰리〉刹利 : 36-1007라는 경이다. 일상 생활에서 무엇이 가장 으뜸일까.

『두 발을 가진 자 중 여래가 가장 높고
네 발 가진 짐승 중 말이 제일이고
남편에게 순종하면 가장 어진 아내고
자식 중 효자가 가장 으뜸이다.』

요즘은 부인에게 순종하는 남편, 외조外助를 잘 해야 좋은 남편이라고 할 만큼 세태가 바뀌었다. 이런 현상을 어떻게 볼 것인가. 사람마다 각각 견해가 다르고 각 나라마다 문화가 다르므로 일률적으로 단정하기는 어렵지만 이런 풍조는 잘못된 것이라고 생각한다.
여자의 인격을 존중해 주고 부부가 서로 평등하게 대하는 것은 백 번 옳은 일이지만, 무조건 여성이 우선이고 여성의 위상만을 높이는 것은 자가당착自家撞着이다. 예전의 낮은 위상으로 인해 불평등하던 여성의 위상을 평준화해야지, 남녀의 위상이 뒤바뀌어서야 되겠는가.

　인간사회의 질서는 유지되어야 한다. 여자라고 차별을 하거나 부당한 처우를 해서도 안 되겠지만 남녀의 특성과 역할이 엄연히 다른데 이를 혼돈하거나 여자가 우위를 차지하려고 해서는 안 되는 것이다.

　세존도 남녀의 평등을 주창했지만 여인은 여인으로서의 본분을 지키고 그 역할을 잘 해야 한다고 하신 것이다.

　여기 또 다른 테마의 경들이 있다. 〈정사〉正士 ; 48-1287라는 경을 보자. 바른 생각, 바른 생활을 하는 사람을 가까이하라고 충고하신다.

『바른 선비正士와 함께 어울리고
　바른 선비와 일을 함께 도모하고
　바른 선비의 그 법見解을 알면
　그를 훌륭하고 선하다 한다.』

　앞에서도 보았듯이 인간은 유유상종하는 속성이 있다. 하지만 부처님께서는 나보다 훌륭한 사람과 사귀어야 내가 향상할 수 있다고 하셨다.

　또 여기 세존께서 왕에게 한 충고가 있다. 경에서는 왕에게 한 충고지만 이른바 사회의 지도층이라 할 수 있는 이들이 명심할 만한 가르침이라고 생각한다. 〈석산〉石山 ; 42-1147이라는 경이다. 비교적 긴 경이므로 요점만을 인용하기로 하자.

세존께서 수라바스티의 제타숲에 계실 때였다. 프라세나지트 왕이 한낮에 먼지를 흠빡 쓴 채 세존 앞에 이르러 머리를 조아려 예배하고 나서 한 쪽에 물러나 앉았다.
『대왕은 어디서 오는 길입니까?』
하고 세존께서 물으시자
『관정왕灌頂王은 넓은 국토를 다스리고 있습니다. 지금도 두루 돌아보다가 오는 길입니다.』
『대왕이시여. 내가 비유해서 묻겠습니다.
 동쪽에서 온 어떤 사람이 왕에게
「오다가 한 돌산을 보았습니다. 매우 크고 우람한 그 산이 밀고 오면서 땅 위의 초목이며 사람을 모조리 갈아없애고 있었습니다」하고 말했다고 합시다. 그런데 또 서쪽·남쪽·북쪽에서도 각각 사람이 와서 똑같은 말을 했다면 왕은 이런 엄청난 일을 당하면 어떤 계책을 세우시겠습니까?』
『만일 그렇다면 무슨 계책이 있겠습니까? 오직 선한 행을 닦고 세존의 법률을 알뜰한 마음으로 실천할 뿐입니다.』
『대왕이시여. 어째서 「관정왕은 모든 사람의 우두머리이며 절대자이니 국토 안의 모든 일과 백성을 맡아 다스려야 한다」고 하지 않으시오?』
『그것은 한가할 때 할 일입니다. 관정왕은 이 나라의 왕으로서 경영할 일이 많습니다. 말言語에는 말로 대응하고 재물은 재물로 대응하고 코끼리는 코끼리로 대응하고 수레에는 수레로 대응해서 싸워야 합니다. 그러면 혹은 이길 수도 있고 혹은 항복해야 합니다. 그 때는 자유로울 수가 없을 것입니다. 그러니 그런 험악한 두려움이 갑자기 일어난다면 다른 계책이 있을 수 없습니다. 오직 정의를 행하고 법과 복을 행하며 알뜰한 마음으로 세존의 가르침에 귀의하는 길밖에 없다고 한 것입니다.』
『그렇습니다. 옳습니다. 세상은 언제나 갈리고 있습니다. 늙고 병드는 괴로움이 쉴새없이 중생을 갈고 있으니 무슨 계책이 있겠습니까. 오직 바르게 정의를 세우고 법國法과 복과 선善 그리고 사랑을 닦고 여래의 법 안에서 방편으로 꾸준히 힘써야 합니다.』
세존께서는 이어 게송으로 말씀하셨다.
『마치 높고 크고 깨지지 않는 돌산이
　사방에서 몰려와 온 땅을 갈고 있을 때
　군사나 주술呪術의 힘으로
　그것을 막을 수 없는 것처럼
　이 세상은 늙음과 병과 죽음이
　언제나 중생을 갈고 있느니
　네 가지의 큰 종족이거나
　찬다라나 사냥꾼이나
　집에 있는 이나 집을 떠난 이나
　계율을 가지거나 계율을 범하는 자나
　모두 다 그것에 갈리고 있는데
　그를 구원할 아무도 없네.
　그러므로 저 지혜로운 사람은

자기 이익을 살펴보아
　　맑고 깨끗한 믿음을 세워
　　여래와 불법과 상가僧伽를 믿느니
　　몸과 입과 마음이 맑고 깨끗해
　　바른 법을 그대로 좇으면
　　현세에서는 좋은 이름 퍼지고
　　죽어서는 마침내 천상에 나느니.』

　세존께서 이렇게 설하시자 프라세나지트 왕은 기뻐하면서 예배하고 돌아갔다.
　〈관정〉은 〈정수리에 물을 붓는다〉는 뜻이다. 인도에서 왕의 즉위식卽位式 때나 태자를 봉하는 의식 때 바닷물을 정수리에 붓는 풍습이 있었으므로 왕의 권위를 상징적으로 표현할 때 관정왕이라고 했다.
　이 경에 나오는 프라세나지트 왕波斯匿王은 세존 당시 중인도의 강국인 코사라국의 왕이었으며 불법을 독실하게 믿고 불법을 옹호했던 왕이었다.
　특히 왕의 태자가 수다타須達장자와 같이 수도인 수라바스티舍衛城 근처에 있던 자신의 소유인 제타숲에 저 유명한 아나타핀디카祇園精舍라는 절을 지어서 세존께 바치기도 했다.
　이처럼 세존과 각별했던 프라세나지트 왕은 틈 나는 대로 아나타핀디카에 머물고 계신 세존을 뵈러갔다. 그리고 나라를 다스리는 데 도움될 가르침을 청했다.
　이 날은 왕이 나라를 통치하는 데 있어서 외교·군사·경제·민생 등 현실적인 문제도 중요하지만 근본적인 문제 곧 생로병사를 바르게 이해하는 통치자라면 현실적으로 어떻게 나라를 통치해야 하는지 해답이 나온다고 설하시었다.

곧 세간의 왕으로서 악을 멀리하고 선을 행하고 정의를 실천하며 불법에 따라 백성들의 복지를 위해 꾸준히 힘쓰는 것이 가장 바람직한 통치라고 했다. 위정자나 정치인들이 사사로운 생각을 버리고 이런 마음가짐으로 나라를 경영한다면 그야말로 정의로운 복지사회를 이룩할 수 있을 것이다. 모든 일에 탐욕이 앞서고 감정을 앞세울 때 비리와 부정부패가 생기는 것이다.

세존 당시에도 전쟁이 빈번하게 일어났다. 그 전쟁에 관한 흥미있는 경으로 〈전투〉戰鬪 ; 46-1236라는 경이 있다. 코사라국憍薩羅國의 프라세나지트 왕波斯匿王과 마가다국摩竭陀國의 아자타사투 왕阿闍世王 사이가 악화되어 급기야는 두 나라가 전쟁을 하게 되었다. 마가다국의 아자타사투 왕이 먼저 4군四軍―코끼리부대·기마부대·전차부대·보병부대를 이끌고 코사라로 쳐들어갔다.

아자타사투 왕이 4군을 이끌고 공격해 온다는 말을 들은 프라세나지트 왕은 급히 4군을 정비하고 맞서 싸웠다. 그러나 프라세나지트 왕의 군대가 패하여 4군이 뿔뿔이 흩어지자 왕은 단신 마차를 몰아 수라바스티 성으로 도망을 했다.

많은 비구들이 이른 아침에 가사를 입고 발우를 들고 수라바스티에 걸식을 하러 갔다가 이 소식을 듣고 돌아와서 세존께 아뢰었다.

『세존이시여. 걸식을 하러 갔다가 프라세나지트 왕이 아자타사투 왕에게 패하여 간신히 성으로 도망쳐 왔다고 들었습니다.』

그러자 세존께서 게송으로 말씀하시었다.

『싸워 이기면 원한을 품은 적敵이 늘고
싸워서 패하면 괴로워 잠을 자도 편치 않다.
이기고 지고 하는 이 두 가지를 버리면
자나 깨나 고요로운 즐거움뿐이니라.』

여러 비구들은 이 말씀을 듣고 받들어 행하였다.

이 경 바로 다음에 또 같은 제목의 경(46-1237)이 있다.

역시 두 나라의 전쟁 이야기다. 이번에도 아자타사투 왕이 먼저 4군을 이끌고 코사라국으로 쳐들어갔다.

그러자 프라세나지트 왕은 아자타사투 왕의 4군보다 배나 되는 군사를 이끌고 나와 싸웠다. 그 결과 선제공격을 했던 아자타사투 왕의 군사가 패하여 뿔뿔이 흩어지고 말았다. 싸움에 이긴 프라세나지트 왕은 아자타사투 왕의 코끼리며 말·수레 그리고 많은 재물을 노획했을 뿐 아니라 아자타사투 왕을 사로잡았다.

프라세나지트 왕은 생포한 아자타사투 왕을 자신의 마차에 태우고 수도首都인 수라바스티 성 밖 세존이 계신 아나타핀디카로 갔다.

한 수레를 타고 온 두 왕은 세존께 머리를 조아리고 한 옆으로 물러나 앉았다. 그리고 승리한 프라세나지트 왕이 세존께 아뢰었다.

『세존이시여. 이 왕은 마가다국 바이데히韋提希 왕비의 아들이온데 어쩌다 원한을 품고 싸움을 걸어와서 어쩔 수 없이 싸웠습니다. 그러나 나와 선왕先王은 아무 원한도 없었습니다. 그래서 왕을 풀어 주어 마가다로 돌아가게 하고자 합니다.』

그러자 세존께서 말씀하시었다.

『장하시오, 대왕이시여. 왕을 풀어주어 돌아가게 한다면 언제나 안락하고 좋은 일이 많을 것입니다.』

그리고 곧 이어 게송으로 말씀하시었다.

『나아가서 힘 자라는 대로 능히
 저들을 모두 노략질하면 원한만 늘어
 힘이 더한 자가 다시 이를 노략질한다.
 남을 괴롭히면 나를 괴롭히는 자 생기니
 업業의 수레는 돌고 돌아
 내가 빼앗으면 다시 내가 빼앗기네.』

모두들 이 말씀을 받들어 행하였다.

승리는 원한을 낳고 패자는 괴로움에 시달리니 승자도 패자도 모두 편안치가 않다. 이익을 위해 남의 것을 빼앗으면 내 것을 빼앗아 가는 자가 나타나고, 남을 죽이면 나를 죽이는 자가 나타나고, 내가 이기면 나를 이기는 자가 나타난다. 남을 비방하면 나를 비방하는 사람이 생기고 남을 괴롭히면 나도 괴로움을 당하게 된다. 그러나 어리석은 사람은 한때 이기면 이를 좋아한다. 그 업보로 괴로움을 당한다는 이 이치를 모르기 때문이다.

　일상생활에서도 마찬가지다. 고부간의 갈등·내외간의 냉전·형제간의 불화 등등 이겨도 괴롭고 져도 괴로우며, 이번에 내가 이기면 다음에는 내가 지게 마련이다. 그러니 승·패 이 둘을 다 놓아버리라고 충고하신다.

3. 어둠의 사람, 밝음의 사람

　또 여기 가진 자들이 명심할 세존의 가르침이 있다.〈재리〉財利 : 46-1230라는 경이다.

　어느 날 프라세나지트 왕이 세존을 찾아뵙고 이렇게 아뢰었다.
『세존이시여. 세상에는 훌륭하고 값진 재물을 가졌으면서도 더 욕심을 부리고 방자해져서 자랑하고 삿된 짓을 하는 사람이 많습니다. 반면에 그 재물을 자랑하지 않고 더 욕심을 부리지 않고 삿된 짓을 하지 않는 사람은 매우 적습니다.』
『그렇습니다. 대왕이시여. 어리석은 사람은 그 재물 때문에 방일放逸하고 더 탐욕스러워지고 삿된 짓을 하고 긴긴 밤 동안 아무 이익도 되지 않는 괴로움 때문에 잠을 이루지 못합니다.
　비유하자면 사냥꾼이 덫을 놓아 짐승을 잡아 죽이고 중생들을 괴롭혀 악한 업을 자꾸 쌓듯이.』
세존께서 다시 게송으로 말씀하시었다.
『훌륭한 재물에 탐욕을 내고
　그 탐욕에 혹惑하고 도취되어
　미쳐 날뛰면서 깨닫지 못하네.
　마치 덫을 놓아 짐승을 잡는 저 사냥꾼처럼.
　그는 당연히 큰 고통의 갚음을 받으리.』
　프라세나지트 왕은 매우 기뻐하며 예배하고 물러갔다.

　우리 주변에서도 이런 예를 흔히 볼 수 있다. 이 경에 등장하는 프라세나지트 왕이 세존을 믿고 따르던 독실한 불자이긴 하지만 강대국의 왕으로서 이런 생각을 할 수 있었다니 참으로 훌륭한 왕이었다는 것을 짐작하고도 남는다. 이런 왕이었으니 나라를 얼마나 잘 다스렸을까. 그 당시 그 나라의 백성들은 그야말로 요·순 임금 같은 왕 그늘에서 안락하게 살았을 것이다.
　오늘의 위정자들이 이 왕의 흉내라도 내고, 이 나라의 가진 자들이 세존의 이 말씀을 마음에 새겨 눈꼽만큼이라도 자신의 마음을 바로잡는다면 아마 세상이 달라질 것이다.
　내친 길에 프라세나지트 왕의 이야기를 더 들어보자. 〈명명〉明冥 : 42-1146이라는 경이다. 곧 밝음과 어둠이라는 뜻이다. 어느 날 프라세나지트 왕이 또 세존을 찾아뵈었다.

프라세나지트 왕이 아뢰었다.

『세존이시여. 브라만이 죽으면 그는 도로 브라만 집안에 태어나게 됩니까? 아니면 크샤트리아刹帝利 · 바이샤吠舍 · 수드라首陀羅 집안에도 태어날 수 있습니까?』

세존께서 말씀하시었다.

『그렇지 않습니다. 대왕이시여.
이 세상에는 네 부류의 사람이 있습니다.
어떤 사람은 어둠에서 다시 어둠으로 가고
어떤 사람은 어둠에서 밝은 데로 가고
어떤 사람은 밝은 데서 어둠으로 가며
어떤 사람은 밝은 데서 다시 밝은 데로 갑니다.

어떤 사람을 어둠에서 다시 어둠으로 간다고 하는가.
비천한 찬달라賤人 집에 태어나서 가난하고 단명하고 모습이 파리하고 천하게 사는 것을 어둠이라고 합니다. 이 어둠 속에서 살면서 몸身과 입口 그리고 뜻意으로 악한 행을 하고 그 인연으로 몸이 허물어지고 목숨이 다한 뒤에 나쁜 곳에 태어나게 되니, 뒷간에서 뒷간으로 가고 피로 피를 씻고 악을 버렸다가 다시 악을 짓듯이, 이를 어둠에서 다시 어둠으로 간다고 합니다.

어떤 사람을 어둠에서 밝은 데로 간다고 하는가.
역시 천하게 태어나 남을 위해 온갖 천한 일을 하면 이를 어둠이라 합니다. 이 어둠 속에서 몸과 입과 뜻으로 선행을 하면 그 인연으로 몸이 허물어지고 목숨이 끝난 뒤에 좋은 세상에 태어납니다. 비유하자면 평상平床에 올라 말을 타고 다시 코끼리에 올라타는 것처럼, 이를 어둠에서 밝은 데로 간다고 합니다.

어떤 사람을 밝은 데서 어둠으로 간다고 하는가.
세상 사람들이 부잣집 명문 집안이라고 하는 크샤트리아 집·브라만집·장자長者집에 태어나 총명하고 지혜로우며 친구도 널리 사귀고 재물이 넉넉하고 하인 종이 많아 즐거운 집, 이를 밝음이라고 합니다. 그러나 이 밝음 속에서 신·구·의로 악행을 하면 그 인연으로 몸이 허물어지고 목숨이 다한 뒤 나쁜 세상에 나게 됩니다. 비유하자면 높은 다락樓閣에서 내려와 큰 코끼리를 타고, 코끼리에서 내려와 말을 타고 다시 가마를 타고 가마에서 내려 평상에 앉고 그 평상에서 땅으로 떨어지는 것처럼, 이를 밝음에서 어둠으로 간다고 합니다.

어떤 사람을 밝음에서 밝음으로 간다고 하는가.
부유하고 즐거운 집에 외모가 단정하고 의연하게 태어나면 이를 밝음이라고 합니다. 이 밝음 속에서 신·구·의로 선행을 하면 그 인연으로 몸이 허물어지고 목숨이 다한 뒤 좋은 세상에 나서 안락합니다. 이를 밝음에서 밝음으로 간다고 합니다.
비유하자면 다락에서 다락으로 가는 것처럼, 이를 밝음에서 밝음으로 간다고 합니다.』

세존께서 다시 게송으로 말씀하시었다.

『가난하고 궁하여 괴로우며
 믿는 마음이 없어 원한만 많고
 인색하고 탐욕을 부리고
 바르지 못하고 삿된 생각으로
 의혹이 많고 어리석은 사람.
 계를 지니고 도 닦는 이를 비방하고
 남의 신세나 지며 사는 사람.
 명이 다한 뒤에는 지옥에 떨어지리니
 이를 어둠에서 어둠으로 간다고 하네.

 비록 가난하고 궁할지라도
 믿는 마음 깊어 원한 적으며
 부끄러움을 알고 잘못을 뉘우치고
 인색하지 않아 은혜로 보시하고
 계를 지니고 법대로 닦는 이에게
 겸손하고 안부 물으며
 남에게 보시를 권하고
 선행을 닦는 사람
 명이 다한 뒤에는 천상에 나리니
 이를 어둠에서 밝음으로 간다고 하네.

부유하고 즐거운 집에 태어나
믿는 마음이 없어 원한만 많고
인색하게 굴고 탐욕 부리며
질투 시기 나쁜 생각으로
삿된 의혹 품고 교만하며
수행하는 사람 공경하지 않고
헐뜯고 비방하며 칭찬하지 않으며
남이 보시하는 것을 방해하면
명이 다한 뒤에는 괴로운 지옥에 나리니
이를 밝은 데서 어둠으로 간다고 하네.

부유한 집안에 태어나서
믿는 마음이 있어 성 내지 않으며
부끄러움 알고 뉘우칠 줄 알며
남에게 베풀고 미워하는 마음 여의고
계를 지니고 바르게 닦는 이 보면
공손히 맞아 받들고 안부 물으며
남에게도 권하여 공양 올리게 하고
시주施主와 받는 이를 두루 찬탄하면
명이 다한 뒤에는 33천에 태어나리니
이를 밝음에서 밝음으로 간다고 하네.』
세존께서 이 말씀을 마치자 프라세나지트 왕은 이를 듣고 기뻐하며 예배하고 돌아갔다.

세존께서는 늘, 사람은 그 태생에 따라 귀한 사람이 되고
천한 사람이 되는 것이 아니라, 어떤 마음으로 어떻게 사느
냐에 따라 귀한 사람이 되기도 하고 천한 사람이 되기도 한
다고 역설하시었다. 내가 어떻게 마음을 쓰느냐, 어떻게 처
신하느냐에 따라 자신이 안락할 수도 있고 패가망신할 수도
있다는 것이다.

나는 과연 위의 네 부류 중 어느 부류에 속하는지 지금부
터라도 밝음으로 가는 사람이 되도록 노력해야 하지 않을
까. 어느 누구를 위해서가 아니라 나 자신을 위해서.

4. 굶주려 여위었을 때는 먹으면 되듯이

이렇게 밝음으로 나아가려면 어떻게 배우고 어떻게 닦아
야 할까. 앞에서 만났던 샤캬족의 마하나마가 등장하는 〈자
공〉自恐 : 33-930이라는 경이 있다.

마하나마는 세존 앞에 나아가 머리를 조아려 예배하고 나
서 한쪽으로 물러나 앉아서 여쭈었다.
『세존이시여. 이곳 카피라바투는 기후 안온하고 모든 것이
　풍족하여 사람들이 많이 모여서 삽니다. 어디를 가나 사
　람들로 붐비고 코끼리 수레 등이 혼잡하기 이를 데 없습
　니다. 그래서 저는 이렇게 복잡한 데서 사느라고 혹 부처
　님과 부처님의 법과 부처님을 따르는 비구중比丘衆을 잊

어버리고 지내다가 죽으면 어떻게 될까 하고 걱정이 됩니다.』
그러자 세존께서 마하나마에게 물으셨다.
『내가 비유를 들어 너에게 묻겠다. 한쪽으로 기운 큰 나무가 있다고 하자. 이 나무를 베면 어느 쪽으로 쓰러지겠느냐?』
『물론 기울었던 쪽으로 쓰러집니다.』
『그렇다. 그러니 걱정할 것 없다. 한쪽으로 기운 나무를 베면 기울었던 쪽으로 넘어지듯이 너는 항상 부처를 생각하고 부처의 가르침을 생각하고 부처를 따르는 비구들을 생각하고 닦고 익혔다. 그러니 혹 목숨을 마치고 몸은 비록 불에 타거나 바람에 날려 없어지더라도, 마음은 오래 동안 바른 믿음을 향하고 있었고 계와 보시 그리고 설법을 들어 지혜를 닦았으니 죽더라도 안락한 곳으로 가서 날 것이다.』
마하나마는 세존의 말씀을 듣고 매우 기뻐하며 예배하고 물러갔다.

매우 중요한 말씀이다. 특히 복잡하고 바쁜 현대인들이 명심해야 할 가르침이라고 생각한다. 경에서 보듯이 카피라바투는 기후도 좋을 뿐 아니라 사람도 많고 교통이 번잡할 정도로 경제활동이 매우 활발한 도시였던 것 같다. 그래서 마하나마는, 도시 전체가 활기에 넘쳐 물질적인 생활은 만족하지만 그런 속에서 생활하자니 자연 정신적인 내면의 생활이 소홀해지지나 않을까 하고 걱정이 되어 세존께 여쭈어 본 것이다.

그러자 세존께서는, 믿음과 법대로 닦고자 하는 마음만 잊지 않고 있다면 걱정할 것이 없다고 하셨다. 기울어진 나무가 기운 쪽으로 쓰러지듯이 마음이 어느 쪽을 향하고 있느냐가 중요하다고 격려하신 것이다.

오늘을 사는 나도 마찬가지다. 내 마음이 어느 쪽을 향하고 어떤 마음을 지니고 있는가가 중요한 것이다. 바른 마음을 지니고 있다면 계도 지킬 것이고 보시도 할 것이고 법을 듣고 지혜도 닦게 될 것이라고 하신 것이다.

〈수습주〉修習住 : 33-931라는 경이 있다. 역시 마하나마가 등장한다.

마하나마가 세존께 예배하고 한옆으로 물러나 앉아 여쭈었다.

『세존이시여. 아직 배우고 있는 비구가 어떻게 닦고 어떻게 익히고 머물러야 법과 율律 안에서 번뇌를 끊고 마음이 해탈하고 지혜가 해탈하여 열반에 이르러, 스스로 증득證得했다는 것을 알게 됩니까?』

세존께서 마하나마에게 말씀하시었다.

『이제 배우고 있는 비구가, 아직 얻지 못한 곳을 향해 위로 올라가서 안온한 열반을 구하려면, 마치 굶주린 사람이 여위었을 때 맛있는 음식을 먹으면 몸의 살이 찌는 것처럼, 여섯 가지를 생각하며 닦으면 안온한 열반을 빨리 이루게 될 것이다. 그 여섯 가지 생각이란 무엇인가.

첫째, 성인의 제자는 여래를 생각한다. 곧 〈여래는 정변지正遍知 · 명행족明行足 · 선서善逝 · 세간해世間解 · 무상사無上士 · 조어장부調御丈夫 · 천인사天人師 · 불佛 ; 붓다 · 세존世尊〉이라고.

이렇게 생각하면 탐욕의 번뇌가 일어나지 않으며, 성내는 마음, 어리석은 마음을 내지 않는다. 그래서 그 마음은 바로 여래의 뜻을 알고 여래의 바른 법을 얻어 여래에 대해 기뻐하는 마음이 생긴다. 기뻐하는 마음이 생기면 마음이 흐뭇해지고 마음이 흐뭇해지면 몸이 편안해진다. 몸이 편안해지면 느낌이 즐거워지고 느낌이 즐거워지면 마음이 고요해진다. 마음이 고요해지면 험악한 중생 속의 모든 장애에서 벗어나 법의 흐름에 들어가 마침내 열반에 이르게 된다.

둘째, 성인의 제자는 법을 생각한다. 곧 〈세존의 법 · 율은 현세의 생 · 사 · 고뇌에서 떠나기를 기다리지 않고 통달하여 현세의 인연으로 스스로 깨달아 안다〉고. 이렇게 법을 생각하고 탐욕과 성 내는 마음 · 어리석은 마음을 내지 않는다. 그래서 그 마음은 …… 법을 생각하는 힘이 배어 열반에 이르게 된다.

셋째, 성인의 제자는 승僧을 생각한다. 곧 〈세존의 제자는 선하고 바르고 곧고 정성으로 향하고 수순隨順하는 법을 행한다. 그리하여 수다원須陀洹이 되기도 하고, 사다함斯陀含이 되기도 하고, 아나함阿那含이 되기도 하고 아라한阿羅漢이 되기도 한다. 이를 사쌍팔배四雙八輩；四向四果의 성현이라고 한다. 그러므로 세존의 제자인 승은 깨끗한 계율을 완전히 갖추고, 삼매·지혜·해탈·해탈지견을 완전히 갖춘 응공應供이 된다〉고. 이렇게 승을 생각하고 탐욕과 성내는 마음·어리석은 마음을 내지 않는다. 그래서 그 마음은 …… 승을 생각하는 힘이 배어 열반에 이르게 된다.

넷째, 성인의 제자는 계율을 생각한다. 곧 〈계율을 부수거나 깨거나 더럽히지 말고 다른 계율을 섞지 말고 남의 계율을 가지지 말고 잘 보호한다. 현명한 사람은 계율을 칭찬하고 지혜로운 사람은 계율을 싫어하지 않는다〉고. 이렇게 계율을 생각하고 탐욕과 성내는 마음을 내지 않는다. 그래서 그 마음은 …… 계율을 생각하는 힘이 배어 열반에 이르게 된다.

다섯째, 성인의 제자는 보시를 생각한다. 곧 〈나는 좋은 이익을 얻었다. 인색한 때가 낀 중생 중에서 인색한 때를 벗게 되었다. 집이 없는 데서 해탈보시를 행하고 항상 내 손으로 보시하며 즐거이 버리는 법을 행하여 평등한 보시를 완전히 성취하자〉고. 이렇게 보시를 생각하고 탐욕과 성내는 마음을 내지 않는다. 그래서 그 마음은 …… 보시를 생각하는 힘이 배어 열반에 이르게 된다.

여섯째, 성인의 제자는 여러 천계諸天를 생각한다. 곧 〈4왕천 · 33천 · 야마천 · 도솔천 · 화락천 · 타화자재천이 있다. 바른 믿음을 가진 사람이 목숨을 마치면 저 여러 천계에 난다고 한다. 나도 바른 믿음을 닦자. 깨끗한 계율을 지키고 보시하고 세존의 법을 많이 듣고 버릴 것을 버리고 지혜를 닦는 사람은 목숨이 다한 뒤에 저 여러 천계에 난다고 한다. 나도 부지런히 닦자〉고. 이렇게 제천을 생각하고 탐욕과 성 내는 마음을 내지 않는다. 그래서 그 마음은 …… 제천을 생각하는 힘이 배어 열반에 이르게 된다.

마하나마여. 이제 배우는 비구가 안락한 열반을 이루고자 이와 같이 많이 닦고 익혀 빨리 열반을 얻은 사람은 바른 법 깨끗한 계율 안에서 모든 번뇌를 다하고, 번뇌가 없어 마음이 해탈하고 지혜가 해탈하여 현세에서 스스로 증득하게 되었다는 것을 알게 된다. 그래서 〈나는 이제 생이 다하고 범행도 다 닦았으며 할 일을 다 마쳤다. 다음 생에는 다시 이 몸을 받지 않을 것이다〉 하고 스스로 알게 되는 것이다.』
마하나마는 세존의 말씀을 듣고 기뻐하며 자리에서 일어나 예배하고 물러갔다.

이제 막 수행을 시작한 비구―우리 같은 재가자들이 어떻게 배우고 닦을 것인지를 매우 소상하게 가르쳐 주셨다. 우선 불·법·승 삼보를 생각하고, 계율을 굳게 지니고 기꺼이 보시를 하고 제천에 태어나기를 바라면 마침내 열반을 이루리라고 하셨다.

이런 수행이 말같이 쉽지는 않다. 몰라서도 못 닦지만 알고도 닦기 어려운 것이 수행이다. 더구나 오늘날같이 복잡다양한 세상에 살자면 마음은 그렇지 않은데도 주변에서 가만히 두질 않으니 마음의 중심을 잡는 일조차도 그리 쉬운 일이 아니다. 조용히 있고 싶어도 여기저기 유혹도 많고, 어쩔 수 없이 어울려야 하는 경우도 있다. 또 자칫하면 삿된 길로 빠지기도 쉽다. 지혜가 밝지 못해 정正·사邪를 분별하지 못할 때도 있을 것이다.

어느 절은 기도가 잘 되고 영험하더라, 어느 절에 도인이 계시다더라, 이러저러하게 하면 대학에 합격한다더라, 이렇게 기도를 하면 소원을 이룰 수 있다더라 하고 부추기기도 한다. 바른 법을 바르게 배우고 바르게 닦기가 쉽지 않다.

여기 그런 경이 있다. 〈아갈비〉阿碣毘 : 45-1198라는 경이다. 비구니가 고요히 좌선坐禪을 하고 있을 때 악마가 마음을 흔들어 사색을 방해하려고 한다는 내용이다.

수라바스티에서 걸식을 마치고 돌아온 아알라비카비구니가 안다숲에 들어가서 좌선을 하고 있었다.
이를 본 마왕 파피야스가 이렇게 생각했다.

「사문沙門 고타마의 제자 아알라비카 비구니가 좌선을 하
 고 있으니 내가 가서 방해해야겠다.」
곧 용모단정한 젊은이로 변신하고 비구니 앞에 나타나서
게송으로 말했다.
『이 세상을 벗어날超越 길 없느니
 멀리 떠나기를 바란들 무엇하랴.
 뒷날 후회할 일 하지 말고
 어서 돌아가 5욕이나 즐기시게.』
그러자 아알라비카 비구니는
「누가 나를 두렵게 하려는 것일까?
 이 젊은이는 사람인가, 아닌가.
 간악하고 교활한 사람이 나를 해치려는 것일까?」
이렇게 생각하다가 곧 판단하는 지혜가 생겨
「아니다. 이는 악마가 나를 훼방하려는 것이 틀림없다.」
는 것을 알고 게송으로 말했다.
『이 세상에는 벗어나는 길이 있어
 나는 그 길을 찾았다.
 미련하고 천한 악마여,
 너는 그 길을 알지 못한다.

 날카로운 칼로 헤집듯이
 5욕도 우리를 헤집어 놓고
 날카로운 칼로 살덩이를 베듯이
 5온도 우리를 자르느니

네가 즐기라고 말하는
다섯 가지 욕망
그것은 즐거워할 것이 아니라
크게 두려워해야 할 것이다.

모든 즐거움과 기쁨 이미 떠나고
갖가지 어둠도 다 버리고
모든 것이 멸했음을 몸으로 증득하면
번뇌 다하여 편안히 사느니

나는 네가 악마라는 것을
이미 알았으니 어서 사라지거라.』
악마 파피야스는
『저 아알라비카 비구니는 내 마음을 이미 알았다』
면서 이내 사라졌다.

우리 범부들은 순간순간마다 마음 속에 크고 작은 갈등을 겪는다. 점심에 국수를 먹을까 밥을 먹을까. 지금 나설까 차를 한 잔 마시고 나설까. 이런 하찮은 갈등을 비롯해서 노름판에 낄까 그냥 돌아갈까. 이 회사의 주식을 살까 저 회사의 주식을 살까. 저 여인과 결혼을 할까 이 여인과 결혼을 할까. 항상 갈림길에서 갈등을 겪는 것이 범부들이다.

그래서 바른 견해正見 · 바른 사유正思 · 바른 생각正念 · 바른 정신正定으로 확고한 가치관을 정립하고 단단히 마음의

제7장 다함께 불도를 성취하고지고 • 313

무장을 하고 있어야 하는 것이다.

이 경에 이어 파피야스의 방해에 대응하는 비구니에 관한 경이 《잡아함경》 45권 앞쪽에 집중적으로 편찬되어 있다. 파피야스는 어떻게든 수행하는 사람의 마음을 어지럽게 해서 악으로 향하게 하려고 한다.

여기서 파피야스의 훼방에 대응하는 상대가 비구니로 나오지만 이는 모든 수행자 더 나아가서는 세존의 가르침을 배우고 닦으려는 모든 사람에 해당하는 이야기이다. 오늘의 모든 범부 중생이 다 똑같이 파피야스의 표적인 것이다.

바늘 구멍 만한 틈만 있으면 지체없이 파피야스가 파고 든다. 실낱같은 파피야스의 손길은 날이 갈수록 굵어져서 마침내는 내 마음과 몸을 통째로 삼켜버린다.

세존의 가르침을 배우지 못하고 닦지 않으면 통째로 먹힌 다음에야 땅을 치고 탄식하게 된다. 따라서 빠를수록 좋다. 세존의 가르침이 어떤 것인지 관심을 가지라. 나와 내 가족 그리고 모든 내 이웃의 행복과 안락을 위하는 가장 빠르고 확실한 길이다.

불교는 스스로 닦는 종교다. 저 건너 언덕에 가려거든 가는 법을 배워서 스스로 뗏목을 저어가야 한다. 누가 건네주지 않는다. 내가 하기에 따라 저 언덕에 이를 수도 있고 건너지 못하고 이 쪽에서 서성거리다가 세월만 축내고 말 수도 있다.

《반야심경》의 마지막 구절을 잊지 말자.

『가세 가세 저 언덕으로. 저 언덕에 이른 자여, 행복하라!』

제8장

모든 사람의 행복을 위해 — 밭을 가는 농군처럼

제8장
모든 사람의 행복을 위해 - 밭을 가는 농군처럼

1. 어떤 빛이 으뜸인가

 세존께서 평생 동안 설하신 아함의 밝은 빛을 쬐었다. 눈이 부시도록 찬연한 아함의 광명은 그늘이 없다. 아무리 후미진 곳이라도 밝게 비춘다. 그래서 마음만 먹으면 누구나 언제든지 그 빛을 쬘 수 있다. 단지 게을러서 그 빛으로 다가가지 않기 때문에 빛을 쬐지 못하는 것이다.
 이제 더 주저하지 말고 저 우주처럼 광활하고 무한한 빛을 마음껏 쬐며 마음의 어둠을 몰아내고 그늘을 없애기 위해 조금만 더 부지런해져야겠다. 이 빛은 우리의 생명이자 희망이며 힘이다. 그리고 영원한 안락을 보장해 주는 양지다. 그런 양지를 외면하고 어둠에서 떨 까닭이 없다.
 자, 저 언덕으로 건너는 뗏목에 올라타자. 그리고 힘차게 삿대를 저어가자. 〈조명〉照明 : 49-1310이라는 경의 전문全文

을 인용해 본다.

이와 같이 내가 들었다.
어느 때 세존께서 수라바스티의 제타숲 아나타핀디카에 계셨다.
어느 날 새벽 용모가 미묘한 마아가다摩偈陀;彌耆迦라는 천자天子;하늘 사람가 찬란한 빛으로 제타숲을 두루 비추며 세존 앞에 이르러 머리를 조아려 예배하고 나서 한 쪽에 물러나 앉았다. 그리고 게송으로 여쭈었다.

『밝은 빛 어떤 것이 있어
 이 세상을 밝게 비출까
 바라옵건대 설하소서.
 어느 빛이 으뜸인지.』
세존께서도 게송으로 대답하시었다.
『세상엔 세 가지 광명 있어
 능히 세상을 밝게 비추느니
 낮에는 저 태양이 비추고
 밤에는 달이 광명을 비추며
 등불은 밤이나 낮이나
 여러 모양과 빛깔을 비추네.

 위 아래 여덟 방향의
 모든 중생들

빛을 받으니
　인간과 천상의 빛 가운데
　부처의 광명이 으뜸이라.』
　세존께서 이 경을 설하시자 마아가다 천자는 매우 기뻐하며 세존의 발에 머리를 조아리고 이내 떠나갔다.

　해와 달이 낮과 밤에 세상을 비추고 등불(燈)이 방 안을 비춘다면 세존은 진리의 광명으로 범부 중생들의 마음을 비추어 주신다. 이 진리의 빛이 이 세상의 광명 중 으뜸이라고 하신다. 영원한 생명의 광명이다.
　앞에서 보았듯이 어둠에서 어둠으로 가는 사람, 어둠에서 밝음으로 가는 사람, 밝은데서 어둠으로 가는 사람, 밝은 데서 밝음으로 가는 사람이 있으나 이 진리의 밝음으로 가는 사람은 참다운 안락을 얻는다.
　어떻게 해야 이 밝음으로 나아갈까. 여기 〈사리〉捨離 : 48-1285라는 경을 보자. 〈사리〉란 곧 버리고 떠나라는 가르침이다. 이 경에서도 역시 하늘 사람이 찬란한 광명으로 제타숲을 밝게 비추며 등장한다.

　그 하늘 사람이 게송으로 세존께 여쭈었다.
『무엇을 버리고
　무엇을 막아야 하나.
　어떤 법(일)을 떠나고
　무엇을 바로 보아야 안락을 얻을까.』

세존께서 게송으로 대답하시었다.
『성내는 마음이 일어나면 버려야 하고
 탐욕이 생기거든 거슬러 막아야 하며
 마땅히 무명에서 떠나라.
 그리고 진리를 바로 보면 안락하리.
 탐욕은 온갖 번뇌 일으키고
 탐욕은 외로움이 생기는 근본.

 번뇌를 능히 항복받는 사람
 그는 온갖 괴로움을 항복받는다.
 온갖 괴로움 항복받는 사람
 그는 또한 번뇌도 항복받으리.』
천자는 세존의 말씀을 듣고 기뻐하며 머리를 조아리고 떠났다.

이른바 마음의 3독—탐욕과 성내는 마음 그리고 어리석음을 버리고 떠나야 안락하다고 하신다. 또 한 경을 보자. 〈마가〉摩伽 : 49-1309라는 경이다. 역시 하늘 사람이 밝은 빛으로 제타숲을 비추고 나타나서 세존께 머리를 조아리고 여쭙는다.

마가라는 하늘 사람이 게송으로 세존께 여쭈었다.
『무엇을 죽이면 편히 잘 수 있으며
 무엇을 죽이면 좋은 즐거움 얻으리.

무엇을 죽이는 그 사람
　고타마의 칭찬을 들을까.』
세존께서도 게송으로 대답하시었다.
『만일 성내는 마음을 죽이면
　그 사람은 편안히 누워 잘 수 있고
　성내는 마음을 죽이는 사람
　그는 남들이 기쁨을 얻게 하리.
　성내는 마음은 악의 뿌리
　그것을 죽이는 사람, 나는 그를 칭찬하리.
　성내는 마음을 죽이고 나면
　긴긴밤 동안 그는 근심이 없으리.』
마가는 세존의 말씀을 듣고 기뻐하며 예배하고 사라져 나타나지 않았다.

　이렇게 자신의 안락을 위해 노력하는 사람은 자신의 안락은 물론 다른 사람에게도 기쁨을 준다고 하셨다. 이런 안락의 바탕이 되는 일상 생활은 어떻게 해야 바람직한가.
　여기서 세존의 지혜를 들어보자. 〈기능〉技能 : 48-1283이라는 경이 있다. 역시 밝은 빛으로 제타숲을 비추며 나타난 하늘 사람과의 대화다.

　그 하늘 사람이 게송으로 세존께 여쭈었다.
『사람들이 어떤 일을 하고
　지혜롭게 재물을 구할 때

제8장 모든 사람의 행복을 위해 • 321

다 각기 재물을 얻지만 어찌하여
어떤 이는 많이, 어떤 이는 적게 얻을까.』
세존께서 게송으로 대답하시었다.
『처음에는 갖가지 기능 배우고
방편으로 재물을 모으되
그 재물을 얻은 뒤에는
마땅히 네 몫으로 나누라.

한 몫은 먹는 데 쓰고
두 몫은 살림에 쓰고
나머지 한 몫은 간직해 두라.
곤궁할 때를 미리 생각해서.

생활을 경영하는 업으로는
농사 짓기, 장사하기
소나 양을 먹이어 번식시키기
셋집을 놓아 이익 구하기
집 짓기와 침구 만들기
이것이 여섯 가지 생업生業.
방편으로 직업에 힘쓰면
이 세상을 안락하게 살아가리.

이처럼 자기 업에 힘써서
지혜롭게 재물 구하면

그에 따라 재물 생기니
모든 물이 바다로 흐르듯하리.

그리하여 재물의 이익이 생기니
꿀벌이 온갖 꿀을 모아들이듯
밤낮으로 재물이 불어나
마치 재미 쌓는 흙더미 같으리.

늙은 자에겐 재물을 주지 않고
변두리 사람은 거들떠도 보지 않는
믿을 수 없고 간사한 사람
교활하고 인색한 사람, 이들은
성공한 사람에겐 친하게 굴고 붙지만
실패한 사람에겐 얼씬도 안하네.

한 일에 성공한 사람은
마치 불이 활활 타듯 하리니
착한 벗이나 귀중한 사람 그리고
조용히 착하게 닦는 사람을
잘 거두고 받들어야 하느니
피를 나눈 친형제처럼.

친한 권속들과 같이 있을 때
젊은 소처럼 높이 나타나

그들이 각기 바라는 대로
재물을 베풀고 음식을 나누면
목숨이 다한 뒤에
좋은 곳에 태어나 즐거움 누리리.』
하늘 사람은 세존의 말씀을 듣고 기뻐하며 머리를 조아리고 물러갔다.

　세속에서 생업을 가지고 가족을 부양하는 범부들에게 아주 구체적으로 살아가는 지혜를 일러주시었다. 생업은 사회에 도움이 되는 건전한 직업이 바람직하며 온당한 방법으로 꿀벌처럼 근면하라고 일러주신다. 그리고 합리적인 경제원리까지 잊지 않으셨다. 이른바 〈사분법〉四分法이다.
　수익에 맞추어 합리적으로 생활하되 어려울 때를 대비해서 저축하는 지혜도 일러주신다. 100만 원을 버는 사람이 200만 원을 버는 사람처럼 써서는 안 된다는 것이다. 우리가 거품경제에 놀아나서 흥청망청했던 지난날을 두고 하신 가르침 같다. 이대로만 산다면 IMF라는 어려운 경제상황도 어렵지 않게 극복할 수 있을 것이다.
　그리고 세간에는 선한 사람들의 퇴직금을 노리는 사기한들도 많다. 그들을 조심하라는 충고도 잊지 않으셨다. 늙은 사람을 공대할 줄 모르고 힘없는(변두리) 사람들은 안중에 없으며 신의도 없고 간사하며 제 것은 아끼면서도 남의 것은 야비하게 갖은 수단을 다해서 빼앗아가는 사기한들의 속성—성공한 사람, 가진 사람에게는 비굴하리만큼 친절하고 머리를 숙이지만 그렇지 않은 사람은 거들떠 보지도 않는 야비한 속성을 아주 리얼하게 설하시었다.

그 사람의 됨됨이보다는 가지고 있는 재물이나 권력에 아부하는 것이다. 자신의 마음이 바르고 깨끗하면 이런 자들을 분별하는 지혜가 생기고 눈이 밝아진다. 이런 자들에게 당하고 원망하기 전에 나 자신이 먼저 깨끗하고 바르게 닦아야 한다.

앞에서도 보았듯이 이 세상 범부 중생들은 〈유유상종〉하는 속성이 있다. 내가 깨끗하면 애당초 이런 자들이 꼬여들지 않는다. 나의 탐욕이 동하고 성내는 마음이 치성하여 어리석어질 때 내 주변에 나와 비슷한 무리들이 꼬이게 되는 것이다.

월등한 이자를 주겠다느니 투자한 밑천의 몇 배 이익이 있다느니 하는 부추김에 내 욕심이 동해서 어리석어지기 때문에 당하는 것이다. 원천적으로 나에게 허물이 있는 것이다. 그렇다. 내 스스로가 한 치의 흩어짐도 없을 때 그런 마장은 끼지 않는 법이다.

여기 〈불방일〉不放逸 : 46-1238이라는 경이 있다. 어떻게 스스로를 단속할 것인지를 일깨워 주신다. 수라바스티의 왕 프라세나지트 왕이 제타숲 아나타핀디카로 세존을 찾아뵙고 가르침을 받은 이야기다.

프라세나지트 왕이 홀로 앉아 생각했다.
「어떤 법을 많이 배우고 닦으면 현세에서도 소원을 만족하

게 익히고 또 후세에도 소원을 만족하게 이룰 수 있을
까?」
이렇게 생각한 왕은 세존을 찾아뵙고 그 발에 머리를 조아
리고 한 옆으로 물러나 앉아 왕의 생각을 여쭈었다.
그러자 세존께서 대답하시었다.
『대왕이시여. 많이 닦고 익히면 현세의 소원을 만족하게
이루고 또 후세의 소원도 만족하게 이룰 수가 있습니다.
그것은 〈방일하지 않는 착한 법〉입니다.
비유하자면, 이 세상을 이루고 있는 모든 것들이 다 땅을
의지하고 있듯이, 방일하지 않는 착한 법이 현세와 후세
의 소원을 이루는 바탕이 되는 것입니다. 닦고 또 닦아 익
히면 현세의 소원을 만족하게 이루고 또 후세의 소원도
만족하게 이룰 수가 있습니다.
이 세상의 모든 것을 지탱해 주는 땅의 힘―종자나 뿌리
가 튼튼하고, 안심하고 육지나 물을 딛고 다닐 수 있고,
사자가 굴집을 짓고, 이 모든 것이 땅의 힘인 것처럼 방일
하지 않는 선한 법이 현세와 후세의 두 가지 이익을 주는
힘이 되는 것입니다.
대왕이 방일하지 않으면 대왕의 왕비도 방일하지 않을 것
이고, 왕과 왕비가 방일하지 않으면 왕의 태자나 대신들
그리고 장군들이 방일하지 않을 것이며, 대중들은 이를
본받아 방일하지 않을 것입니다. 그러면 곳간의 재물은
더욱 불어나고 풍족해질 것입니다.』
세존께서 다시 게송으로 설하시었다.

『방일하지 않는 것, 이를 칭찬하고
방일하는 사람, 그를 비방하리라.
착실하여 방일하지 않으면
두 가지 이익을 거두게 되느니.

첫째는 현세에 이익이 되며
둘째는 후세에도 이익이 되네.
이를, 사물을 바르게 관찰하는
깊은 지혜 가진 사람이라 하네.』
프라세나지트 왕은 세존의 말씀을 듣고 기뻐하며 예배하고 떠나갔다.

　사람은 절제節制할 줄 알아야 한다. 분수를 알아야 하고 잘못했을 때 부끄러운 줄羞恥 알아야 하고 잘못을 뉘우칠 줄懺悔 알아야 한다. 이를 불교용어로 참괴慚愧라고 한다. 〈참〉은 스스로 부끄러운 줄 알고 뉘우치는 것이고, 〈괴〉는 남에게 부끄러운 줄 알고 참회하는 것이다.
　이렇게 스스로 삼가면 현세에도 이익이고 후세에도 이익이 된다고 하시었다. 한시 한때라도, 남이 보건 안 보건 방일하지 않는 사람, 이런 사람은 세존께서 칭찬해 주신다. 세존께서 칭찬해 주시는 사람, 그런 사람이 되려면 어떻게 닦아야 할까?

2. 밭을 가는 농군처럼

〈경전〉耕田 : 4-98이라는 경이 있다. 밭을 갈아 농사를 짓는 이야기다. 세존께서 어떻게 밭갈이를 하셨으며 무슨 농사를 지었는지 들어보자.

세존께서 코사라에 계시던 어느 날이었다. 아마도 이른 봄이었던지 어느 브라만집에서 5백이나 되는 일꾼을 데리고 보습으로 밭갈이를 하고 있을 때 세존이 걸식을 하러 들리셨다.

일꾼을 데리고 밭갈이를 하던 브라만이 세존께 말했다.
『고타마시여. 나는 밭을 갈고 씨를 뿌려 농사를 지어 양식을 삼습니다. 사문 고타마께서도 밭을 갈고 씨를 뿌려 양식으로 삼으시지요.』
세존께서 브라만에게 말씀하시었다.
『나도 밭을 갈고 씨를 뿌리고 그것으로 살아가고 있소.』
브라만이 비아냥거리듯 세존께 말했다.
『나는 사문 고타마의 보습도 멍에도 고삐도 호미도 본 일이 없소이다. 그런데 무슨 농사를 짓는다고 하시오.』
그리고 게송으로 다시 말했다.

『스스로 밭을 갈아 농사를 짓는다 하나
 밭 가는 것을 보지 못했네.
 어떻게 밭을 가는지

밭 가는 법을 알아듣게 말해 보시오.』
세존께서도 게송으로 대답하시었다.

『믿음으로 씨앗을 삼고
 계행戒行을 비雨로 삼으며
 지혜를 보습의 자루로 삼고
 참괴의 마음을 멍에로 삼아
 바른 생각으로 스스로 보호하면
 그를 쟁기질 잘하는 농군이라 하네.

 몸과 입의 업業을 삼가고
 음식을 알맞게 먹으며
 진실(진리)을 수레(쟁기)로 삼고
 즐거이 머물되(좌선) 게으르지 않으며
 꾸준히(정진) 나아가
 고요한 안온으로 이끌어
 한 곳으로 바로 가되 물러나지 않으며不退轉
 근심없는 곳(열반)에 이르게 되네.

 이러한 농부는 감로의 열매
 빨리 얻게 되고 이러한 농부는
 모든 존재有:生 다시 받지 않게 되네.』
게송을 듣고 난 그 브라만은 세존께 여쭈었다.
『밭을 잘 가십니다! 고타마시여. 놀랍습니다, 고타마시여!』
 브라만은 맛있는 음식을 발우에 가득 담아서 세존께 바쳤다. 그러자 세존께서는 그것을 받지 않으셨다. 그리고 게송으로 그 까닭을 설하시었다.
『게송을 설한 인연으로 얻었기 때문에 그 음식을 받지 않느니라.』
『그러면 이 음식을 어찌해야 합니까?』
『브라만이여. 그 음식을 벌레가 없는 물이나 풀이 돋지 않은 곳에 버리도록 하시오.』
 그 브라만은 세존의 말씀대로 벌레가 없는 물에 버리고……더욱 믿는 마음이 더했다.

 이것이 세존께서 가르쳐 주신 농사 짓는 법이다. 이대로 지으면 마침내 감로의 열매를 거두게 된다.
 믿음은 씨앗, 계는 비雨, 지혜는 보습의 자루. 세존의 가르침을 배우고 닦는 것 하나하나가 곧 농사다. 선정은 보습의 끈이고 바른 마음은 쟁기가 되고……. 그렇다 이런 수행의 하나하나가 곧 안락과 행복을 지어가는 농사다. 복은 누가 주거나 뚝 떨어지는 것이 아니라 이렇게 땀을 흘리며 노력해서 지어가는 것이다.
 다시 한 경전을 보자. 〈간〉慳 : 46-1232이라는 경이다. 어느 인색한 사람의 이야기다. 하루는 프라세나지트 왕이 세존께 와서 한 부자 이야기를 했다.

프라세나지트 왕이 세존께 아뢰었다.

『세존이시여. 이 수라바스티에 한 장자가 있습니다. 그에게는 재물을 물려줄 자식이 없어서 법에 따라 나라에서 거두어 들였습니다. 그는 순금을 백천이나 쌓아두었습니다. 그러니 다른 재물이야 더 말할 게 있겠습니까. 그런데 그는 싸라기밥을 먹고 콩깨묵만 먹었으며 굵은 베옷을 입고 낡은 신발에 낡은 수레를 타고 다녔습니다. 그뿐 아니라 출가사문이나 브라만에게 뭣 하나 공양한 일이 없고 가난한 나그네나 가엾은 거지에게 베풀었다는 말을 듣지 못했습니다.』

왕이 아뢰자 세존께서 말씀하시었다.

『그는 바른 선비가 아닙니다. 재물이 많으면서 자신도 쓰지 않고, 부모를 공양하지도 않고, 처자와 일가 친척 그리고 집안의 권속들을 봉양하지도 않고, 친구들에게도 베풀 줄 모르는 사람입니다.

때에 따라 사문이나 브라만들에게 보시를 해서 그 공덕으로 안락을 누리고 미래세에는 좋은 곳에 날 줄도 모르는 사람입니다.

또 많은 재물을 널리 써서 큰 이익을 거둘 줄도 모르는 사람입니다.

비유하자면 넓은 들판의 큰 못에 물이 가득 차 있는데 그 물을 마시거나 퍼서 쓰거나 목욕을 하는 사람이 없어 아까운 물이 모두 햇볕에 증발해서 없어지는 것과 같습니다.

그러나 선남자라면 값진 재물을 얻었을 때 스스로도 쓰고, 부모를 공양하며……훌륭한 복밭을 만들어 큰 이익을 거둘 것입니다.
비유하자면 마을 뒤에 못이 있는데 큰 나무가 그늘을 드리우고 맑고 시원한 물이 가득하여 사람들이 쉬며 즐기게 하고……짐승들까지 그것을 즐기는 것처럼.』
세존께서 다시 게송으로 말씀하시었다.
『넓은 들판 큰 못의 물이
 맑고 시원하며 깨끗하여도
 그 물을 즐겨 쓰는 이 없으면
 물은 곧 말라서 없어지리.

 이와 같이 훌륭하고 값진 재물도
 지혜롭지 못한 사람이 가지면
 스스로도 쓰지 못하고
 가엾은 사람에게도 주지 못하니
 괴로움 겪으며 헛되이 모았다가
 스스로 잃고 마네.

 지혜로운 사람은 많은 재물 얻으면
 스스로도 능히 쓸 줄 알고
 널리 보시하여 공덕 지으며
 친척과 권속에게도 베풀어 주네.
 보시할 곳 따라 베푸는 것

마치 큰 소가 무리를 거느리는 것처럼.

남에게도 베풀고 스스로도 쓸 줄 알고
받아야 할 바(과보)를 잃지 않으면
이치(인연) 따라 목숨 마치고 나면
천상에 나서 복과 안락 누리리.』
세존께서 이 경을 다 설하시자 프라세나지트 왕은 기뻐하면서 예배하고 떠났다.

불자들은 이 장자처럼 살아서는 안 될 것이다. 자신에게도 아무 이익이 없으며 남에게는 더더욱 아무 이익도 없는 삶이다. 보람있게 살아야 한다. 자신의 성취와 사회에 대한 공헌, 이것이 삶의 보람이다.

세상에는, 평생 동안 삯바느질을 해서 모은 돈을 아낌없이 장학금으로 내놓았다는 미담의 주인공이 있는 반면 돈은 많은데 이 장자처럼 인색한 사람도 있다. 또 돈을 값어치있게 쓸 줄 몰라서 엉뚱한 데 쓰는 어리석은 사람이 얼마나 많은가.

그 한 예가 골프 치는 사람들이라고 생각한다. 골프라면 미국 사람들만큼 즐기는 사람들도 없을 것이다. 그들은 적은 돈으로 삶을 즐기기 위해 골프를 친다. 그러나 우리 나라 사람들은 돈 있는 사람들이 자신의 재력을 과시하기 위해 골프를 친다.

재력을 과시하려거든 문화단체나 사회복지단체에게 뿌려

주면 고맙다는 말이나 듣지, 골프장 잔디에 뿌리고 다니니 누구 하나 고맙단 말 한 마디 안 한다. 골프장의 잔디만 싱싱해질 뿐이다. 골프에 대한 나의 편견이기를 바란다.

불교방송―라디오건 TV건 모두가 운영난을 겪고 있다. 운영이 어려우니 방송내용이 부실하다. 내용이 부실하니 청취율이 떨어지고 좋은 스폰서가 붙질 않는다. 광고수입이 적으니 좋은 프로를 만들지 못하고……. 병아리가 먼저냐 닭이 먼저냐 하는 논리와 같은 악순환이 거듭된다.

불자들이 방송매체의 중요성을 인식하여 십시일반으로 동참한다면 방송매체를 활성화할 수도 있을 것 같은데 그게 여의치가 않은 모양이다. 참으로 안타까운 일이다.

전국의 크고 작은 많은 사찰에서 거의 다 불사를 하고 있다. 큰 법당을 신축하거나 어마어마한 불상을 조성하거나 혹은 양로원, 납골당을 짓기도 한다. 다 좋은 불사지만 사실은 더 급한 불사가 있다고 생각한다.

훌륭한 인재를 양성하는 일과 불교문화의 진흥이다. 당장 눈에 보이는 가시적인 성과는 없지만 가장 시급하고 가장 요긴한 불사가 아닐 수 없다.

50년 내지 100년 뒤에, 지금 전국 사찰에서 진행하고 있는 갖가지 불사가 더 빛이 날까? 아니면 인재육성이나 불교문화 진흥의 성과가 더 빛이 날까? 또 지금 어린이나 청소년들에게 투자한 성과가 더 빛을 낼까?

진정한 의미의 불사―불교중흥을 위한 불사는 건축불사나 불상조성이 아니라 50년 뒤, 100년 뒤의 불교를 생각하는 투자라고 생각한다. 불자들이 어떤 불사에 보시하는 것이 참다운 공덕이 되는 보시인지 분별할 줄 아는 지혜가 아쉽다.

여기 그 지혜를 일깨운 경이 있다. 〈부〉釜 : 47-1253, 곧 가마솥이라는 경이다. 세존께서 여러 비구들에게 설한 가르침이다. 세존께서는 질문을 받고 설할 때도 있지만 이 경의 경우처럼 세존께서 자의로 설하시는 경우도 있다. 이런 경우를 〈무문자설〉無問自說이라고 한다. 아주 짧은 경이기에 전문을 그대로 인용하기로 한다.

이와 같이 내가 들었다.
어느 때 세존께서 수라바스티의 제타숲에 계실 때 여러 비구들에게 말씀하셨다.
『비구들이여. 비유해서 설하겠다. 어떤 사람이 아침에 300개의 가마솥에 밥을 지어 모두 중생에게 보시하고, 낮과 저녁에도 그렇게 했다고 하자. 또 어떤 사람은 소 젖을 짜는 잠깐 동안이나마 모든 중생을 위하는 자비심을 닦아 익힌다면, 하루 세 때 밥을 보시한 공덕은 이 공덕에 비하면 백분·천분·억만분도 미치지 못할 것이다. 셈이나 비유로는 견주지도 못할 것이다.
비구들이여. 잠깐 동안이라도 모든 중생을 위하는 자비심을 닦아 익히는 것을 배워야 한다.』
세존께서 이 경을 설하시자 여러 비구들은 그 말씀을 듣고 기뻐하여 받들어 행하였다.

이것이 다다. 이렇게 짧은 경이지만 많은 것을 생각케 한다. 어떻게 닦아야 진정한 공덕이 되는지를 분명히 알려 주는 경이라 할 수 있다.

가난한 여인이 동냥한 돈으로 기름을 사서 공양한 단 한 등貧女一燈의 공덕을 이해해야 한다. 물론 공덕이 얼마나 될까 하고 계산해 보고 보시하라는 것은 아니다. 이렇게 계산된 보시는 오히려 죄가 되니까. 보시를 하되 바르게 하라는 가르침이다.

3. 진정한 공덕을 지으려면

진정한 공덕을 지으려면 어떻게 닦아야 하나. 세존께서는 나를 아끼거든 남을 해치지 말라고 일깨우신다. 한문 아함경에는 없지만 〈말리카〉末利: 相應部 3-8라는 경이 《남전경》南傳經에 있다. 세존께서 수라바스티의 제타숲에 계실 때였다.

코사라국의 프라세나지트 왕이 누각에서 부인 말리카와 이야기를 나누고 있었다. 왕이 말리카에게 물었다.
『부인, 부인은 자신보다 더 아끼는 사람이 있습니까?』
『대왕님. 나보다 더 아끼는 사람은 없습니다. 대왕님은 대왕님 자신보다 더 아끼는 사람이 있습니까?』
『나도 나 자신을 가장 아낍니다.』
왕과 왕비는 누각에서 내려와서 세존께 갔다. 예배를 마치고 한 옆으로 물러나 앉아서 왕이 아뢰었다.
『세존이시여. 누각에서 말리카와 이야기를 나누다가「자기 자신보다 더 아끼는 사람이 있느냐」고 물었습니다. 말리카는「나 자신을 가장 아낀다」고 대답하고「대왕께서는 자신보다 더 아끼는 사람이 있느냐」고 묻기에「나도 나 자신을 가장 아낀다」고 말했습니다.』
세존께서는 이 말을 들으시고 게송으로 말씀하시었다.
『사람의 생각은 어디로든 갈 수 있습니다.
 그러나 어디로 향하든
 자신보다 더 아낄 사람을 찾지 못할 것입니다.
 이와 마찬가지로
 다른 사람들도 자신을 더없이 아끼는 법
 자기 자신이 가장 사랑스럽다는 것을 알거든
 남도 해쳐서는 안 되는 것입니다.』
왕과 왕비는 기뻐하며 예배하고 물러갔다.

이 세상에서 나 자신보다 더 소중한 존재가 또 있을까. 물론 자신이 가장 소중할 것이다. 때문에 나 자신은 소중하게 여기면서도 남은 대수롭지 않게 여기는 경우가 많다. 5계의 첫째 불살생계를 설하신 것도 바로 이런 마음을 일깨우시고자 하신 데 그 뜻이 있을 것이다.
 갈수록 심각해지는 이기주의, 남은 아랑곳하지 않고 오직 〈나〉만 생각하는 사람들이 배워야 할 가르침이다. 화재 현장에서 소화작업을 하다가 목숨을 잃은 소방관도 자신이 소중

했겠지만 자신의 위험을 무릅쓰고 남을 구한 그 정신이야말로 자비보살이라 하겠다.

　남을 존중할 줄 아는 사람이라야 남에게 존경을 받는다. 이런 것들이 공덕의 바탕이 되는 것이다. 여기 또 한 경이 있다. 〈모〉母 : 46-1227라는 경이다. 프라세나지트 왕의 할머니가 죽었을 때, 왕은

『할머니의 목숨을 구할 수만 있다면, 나라 안의 모든 코끼리와 말 그리고 왕위까지도 모두 주겠습니다……
세존께서, 일체의 중생·일체의 생물 등 태어난 것은 다 죽지 않는 것이 없다고 하신 말씀이 옳다는 것을 오늘에야 비로소 알았습니다.』
하며 몹시 슬퍼하자 세존께서 게송으로 말씀하시었다.
『일체의 모든 중생들
　목숨 있는 것 마침내 죽는다.
　제각기 자신이 지은 업에 따라
　선·악의 과보 스스로 받느니

　나쁜 업은 지옥에 떨어지고
　선을 행하면 천상에 오르리
　훌륭하고 묘한 도 닦아 익히면
　번뇌 다해 반열반般涅槃에 이르리.

　여래도 또 연각도

그리고 여래의 성문들도 다
마침내는 몸과 목숨 잃게 되리니
항차 저 세속의 범부 중생이랴.』

유한한 인생, 사는 동안이나 미래 세상에서 안락하려거든 바르게 닦으라고 충고하신다.
〈울다라〉鬱多羅 : 4-88라는 경을 들어보자. 울다라라는 브라만 청년이 세존을 찾아왔다.

울다라가 세존께 여쭈었다.
『저는 늘 법에 따라 걸식을 하여 부모님을 공양하여 괴로움을 떠나 안락하게 지냅니다. 이렇게 하면 복이 많겠습니까?』
세존께서 울다라에게 말씀하시었다.
『진실로 복이 많으리라.』
세존께서 다시 게송으로 말씀하시었다.
『공경하고 또 공양 받들면
 이 세상에서는 이름 널리 퍼지고
 죽어서는 천상에 나리라.』
말씀을 마치자 젊은 울다라는 기뻐하며 예배하고 물러났다.

자식과 부모의 관계는 사회생활을 하는—대인관계의 시작이라 할 수 있다. 이것이 바로 부부관계·형제간·일가친척 그리고 스승과 제자·친구·사용자와 고용인 등 모든 대인관계의 시발점인 것이다.

위의 경은 부모에 대한 효를 설하신 가르침이다. 부모에 대한 효는 자식의 도리이며 모든 공덕의 근본이다. 법답게 걸식을 하여 부모를 봉양하여 모든 괴로움을 없애고 부모를 안락하게 받들면 큰 복이 있다고 하신다.

예전에는 부모와 한 집에 사는 것이 당연한 일이었으나 고도 산업사회가 되면서 직장관계 등 여러 가지 사정으로 가족이 뿔뿔이 흩어져 사는 경우가 많아지게 되었다. 그렇다고 자식이 부모를 봉양하는 기본적인 효도가 없어진 것은 아닐 것이다.

4. 좋은 벗은 수행의 전부다

세존께서는 특히 친구—사회생활을 하건 출가 수행을 하건 동반자인 벗과의 관계를 매우 중요하게 여겼다. 여기 그런 경이 있다. 〈선지식〉善知識 : 27-726이라는 경이다. 세존께서 라자그라하에 계실 때였다.

아난다가 혼자 고요한 곳에서 이렇게 생각했다.
「이른바 선지식·선한 벗善友·선함을 따르면 수행의 절반
은 이룬 것이나 다름 없다」
아난다는 선정에서 깨어나 세존께 나아가 머리를 조아려

예배하고 한 옆으로 물러나 앉아 여쭈었다.
『세존이시여. 수행의 절반은 이른바 선지식·선한 벗·선함을 따르는 것이라고 생각했습니다.』
세존께서 아난다에게 말씀하시었다.
『그런 말 말아라. 절반이 아니라 전부다. 왜냐 하면 순수하고 원만하며 깨끗한 범행梵行이란 이른바 선지식·선한 벗·선함을 따르는 것이기 때문이다.
나는 중생들의 착한 벗이며, 중생들은 내 가르침으로 깨달음에 이르는 도를 닦고 탐욕을 없애고 염리厭離하여 버림捨으로 나아가기 때문이다.』
여러 비구들은 그 말씀을 듣고 기뻐하며 받들어 행하였다.

세존은 선지식, 좋은 벗善友 그리고 선한 사람善知識과의 교유交遊야말로 깨달음으로 나아가는 수행의 전부라고 했다. 선한 벗을 잘 만나야 욕망의 대상을 멀리하고 멸하고 마침내는 번뇌를 여의게 된다는 것이다. 〈친구 따라 강남 간다〉는 속담처럼 친구 따라 저 언덕으로 갈 수도 있지만 또 반대로 친구 따라 악에 빠질 수도 있지 않은가.
특히 바른 스승을 만나는 것이 중요하다. 세존의 가르침을 바르게 이해하고 있고 또 바른 계행으로 처음도 중간도 마지막도 바르게 수행하는 선지식을 만나야 나도 바른길로 가게 되는 것이다. 바른 교유가 수행의 전부라고 하신 세존의 참뜻을 알아야겠다.
그리고 세존께서는 서로 이끌어 주어 예류預流에 들게 하라고 하시었다. 〈사불괴정〉四不壞淨:30-836이라는 경이다.

　세존께서 수라바스티의 제타숲에 계시던 어느 날 여러 비구들에게 말씀하시었다.
『그대들은 자비로운 마음을 내야 한다. 만일 어떤 사람이 그대들의 말을 듣고 즐겁게 받아들이거든 그들을 위해 네 가지 무너지지 않는 청정한 믿음을 설해 주어 그들이 거기에 머물게 해주어라.
어떤 것이 네 가지 무너지지 않는 청정한 믿음인가.
부처에 대한 무너지지 않는 깨끗한 믿음.
불법에 대한 무너지지 않는 깨끗한 믿음.
상가僧伽에 대한 무너지지 않는 깨끗한 믿음.
계율에 대한 무너지지 않는 깨끗한 믿음이다.
지수화풍의 4가지 요소는 변하거나 더하고 덜함이 있지만 이 무너지지 않는 네 가지 청정한 믿음은 일찍이 더하거나 덜하거나 변하는 일이 없기 때문이다.』
여러 비구들은 이 말씀을 듣고 기뻐하며 받들어 행하였다.

　자기 자신도 불·법·승 그리고 계율에 대한 확고한 믿음을 지니되 주변의 관심 있는 사람들도 이 믿음을 갖도록 이끌어 주라고 했다. 이런 마음이 바로 진정한 사랑慈이며 가엾이 여기는悲 선한 마음이라는 것이다. 이것이 바로 자비행이라고 하신다.
　출가 사문만 세존의 가르침을 배우고 마음을 닦는 것은 아니다. 재가자 곧 우파사카·우파시카들도 부지런히 배우고 익히고 닦아야 한다. 여기 부지런히 배우라는 격려가 있다. 〈학〉學 : 29-824이라는 경을 들어보자.

세존께서 여러 비구들에게 말씀하시었다.
『두 가지 공부가 있다.
  이른바 상위의 공부와 프라티모옥샤波羅提木叉공부다.』
세존께서 다시 게송으로 말씀하시었다.
『공부하는 사람이 계율을 배울 때
 꼿꼿한 바른 길을 따라 행하고
 알뜰하고 자세하며 부지런하게
 스스로 자기 몸을 잘 단속하면

 처음에는 번뇌가 다하는 지혜 얻고
 다음에는 무지無知를 완전히 알고
 다음에는 무지에서 해탈하고
 모든 지견知見 멀리 뛰어나
 움직이지 않는 해탈 성취하느니
 모든 번뇌의 결박이 다 없어지리.

 그는 모든 감각기관 완전히 성취하고
 모든 감각기관 고요하고 즐거우리니
 그 땐 마지막 몸으로
 온갖 악마와 원한을 무찔러 항복 받으리.』

여러 비구들은 이 말씀을 듣고 기뻐하며 받들어 행하였다.

　공부가 성취되어가는 과정을 매우 소상하게 분석하여 설명하시었다. 이대로 닦아 불도를 성취하도록 정진 또 정진하라고.
　여기 또 벗에 관해 설하신 경이 있다. 〈원유〉遠遊 ; 36-1000 라는 경이다. 앞에서 본 하늘 사람이 밝은 빛으로 제타숲을 비추면서 세존이 계신 아나타핀디카에 왔다.

　하늘 사람이 게송으로 여쭈었다.
『그 어떤 사람이
　나그네의 좋은 벗이며
　어떤 사람이
　집안의 좋은 벗일까.

　어떤 사람이
　재물의 좋은 벗이며
　어떤 사람이
　후세의 좋은 벗일까.』
세존께서 게송으로 대답하시었다.
『대상隊商이야말로
　나그네의 좋은 벗이며
　정숙하고 어진 아내가
　집안의 좋은 벗이며

여러 친척이야말로
재물의 좋은 벗이며
내 스스로 닦은 공덕
이는 후세의 좋은 벗이리.』
하늘 사람은 이 말씀을 듣고 기뻐하며 예배하고 사라졌다.

좋은 벗. 참으로 귀한 존재다. 평생을 두고 좋은 벗이 몇이나 될까. 무슨 일이 있을 때 힘이 되어 주는 친구, 내가 가장 고달프고 어려울 때 나를 잡아 주는 친구가 있다는 것이 얼마나 좋은가. 다만 후세의 일만은 나 스스로가 닦은 공덕 밖에 없다는 이 대목이 가장 중요하지 않을까.

또 〈제이〉第二 : 36-1014라는 경이 있다. 하늘 사람이 제타숲을 밝게 비추면서 나타났다.

하늘 사람이 세존께 예배하고 여쭈었다.
『자신의 몸 다음으로
 중요하게 여길 것이 무엇이며
 어떤 것이 비구가
 즐겨 따를 가르침일까.

비구는 어느 곳에
마음을 두어 즐기고
거기서 즐겨하며
모든 결박을 끊을 것인가.』

세존께서 게송으로 대답하시었다.
『믿음이 둘째로 중요한 것.
 지혜로 그들을 가르쳐 주면
 열반을 기뻐하며 즐겨 머무는 곳.
 거기서 비구는 결박을 끊는다.』
하늘 사람은 기뻐하며 예배하고 사라졌다.

내가 있고 믿음도 있는 것. 자신의 몸 다음으로 믿음이 중요하다고 하신다. 세존의 가르침으로 지혜를 닦고 열반에 이르면 모든 번뇌도 사라진다.
　또 한 경이 있다. 〈지계지로〉持戒至老 : 36-1015라는 경이다. 아름답던 꽃도 곧 시든다. 시든 꽃은 추하다. 사람도 늙으면 추해진다. 그러나 추하지 않게 늙으려면 어떻게 마음을 닦아야 하는가. 세존께서 늙어가는 사람들의 마음가짐을 일러 주시었다.

　하늘 사람이 제타숲을 밝게 비추면서 나타나서 세존께 예배하고 여쭈었다.
『어찌해야 깨끗이 늙고
 어찌해야 안온하게 머물며
 무엇이 사람의 보배이며
 어떤 것이 도둑도 빼앗지 못하는 보배일까.』
세존께서 게송으로 대답하시었다.
『바른 계율 닦으면 깨끗이 늙고

깨끗한 믿음, 안온에 머물게 하리.
지혜는 으뜸가는 보배
평생의 공덕은 도둑도 빼앗지 못하리.』
하늘 사람이 기뻐하며 세존께 예배하고 사라졌다.

믿음과 계 그리고 여기서 우러나는 지혜야말로 으뜸가는 보배이며, 도둑도 이를 빼앗지 못한다고 하신다. 젊어서나 늙어서나 바른 가치관으로 시종이 여일하게 청정을 지키며 지혜를 닦아 안락한 노년이 되게 하라고 일깨우신다.

젊은이는 미리 늙음을 준비하는 지혜가 필요하다. 만년 청춘이 아니다. 그리고 이미 늙음에 접어든 사람은 부지런히 닦아 맑고 깨끗한 노년기가 되도록, 그리고 안락을 누리도록 정진해야 한다.

여기 또 한 경이 있다. 〈극로〉極老 : 41-1141라는 경이다. 노인이 된 세존과, 비슷한 나이인 카샤파迦葉의 대화가 이어진다. 카샤파는 세존께서 막 법륜法輪을 굴리기 시작했을 무렵에 출가한 장로다. 그러니까 평생을 세존과 함께 한 처지라고 볼 수 있다.

노인이 되신 세존, 그리고 노인이 된 상수上首제자 카샤파 존자尊者. 그 대화를 들어보자.

수라바스티의 녹자모鹿子母 강당에서 선정에 들었던 마하카샤파가 저녁 때 세존께 나아가 머리를 조아려 예배하고 한 옆으로 물러나 앉았다. 그러자 세존께서 카샤파에게 말씀하시었다.
『그대는 이미 늙어 모든 기관이 쇠약해져서 누더기옷糞掃衣은 무거울 것이다. 내 옷은 가볍고 좋다. 그대도 이제는 다나檀那 : 신도들이 바친 가벼운 옷을 입도록 하시오.』
그러자 카샤파가 여쭈었다.
『저는 이미 오래도록 아란야阿蘭若 : 고요한 곳를 익혔고 누더기옷과 걸식하는 법을 찬탄하고 그렇게 해왔습니다.』
세존께서 다시 말씀하시었다.
『그대는 아란야를 익히고 누더기옷을 입고 걸식을 하면서 어떤 이익을 얻었는가.』
『세존이시여. 저는 두 가지 이익을 얻었습니다. 곧 현세에서 안락하게 사는 이익을 얻었고, 미래에는 중생을 위해 큰 등불이 되는 이익을 얻었습니다. 그래서 미래 세상의 중생들이「과거의 상좌上座들은 집을 나와 오래도록 아란야를 찬탄하고 누더기옷을 걸치고 걸식을 하여 여섯 가지 신통을 이루었다. 이렇게 오래도록 순수하게 범행을 닦아 세존의 칭찬을 받았고, 지혜로운 성문들이 지극하게 섬겼으며, 오래도록 안락과 이익을 얻었다」고 할 것입니다.』
세존께서 다시 말씀하시었다.
『장하시오. 카샤파여. 그대는 오랫동안 세상을 가엾게 생각하고 중생들을 안락하게 해주었소.』
세존께서 다시 말씀하시었다.
『만일 두타행頭陀行을 비방하는 사람이 있다면 이는 곧 나를 비방하는 것이요. 두타행을 찬탄하는 것은 곧 나를 찬탄하는 것이오. 왜냐 하면 두타행은 내가 기리고 찬탄한 법이기 때문이오. 그러니 그대는 앞으로도 아란야를 찬탄하고 누더기옷을 걸치고 걸식하는 법을 찬탄하도록 하시오.』

카샤파는 세존의 말씀을 듣고 기뻐하며 예배하고 물러났다.

그 옛날 노인이 되신 세존과 늙은 카샤파가 이야기를 나누는 장면을 상상만 해도 매우 감동적이다. 옆에서 이 광경을 보고 있던 젊은 비구들의 감동은 어떠했을까. 인도를 순례하면서 가는 곳곳에서, 이런 장면 장면을 마음에 그릴 때 그 감동을 어찌 말로 다하겠는가.

늙어서 기력이 쇠한 제자를 걱정해서 좀 편안히 지내라고 위로하시는 세존. 그리고 오래도록 그렇게 생활을 해왔기에 오히려 편하다는 늙은 제자. 때는 해가 질 무렵 저녁이라고 했다. 땅거미가 안개처럼 서서히 번지고 서쪽 하늘에는 아직 엷은 저녁놀이 남아서 내일을 잉태하고 있다.

열대지방의 일몰은 산이 많은 우리 나라에서는 느낄 수 없는 장관이다. 그런 장관이 서서히 사그라들고 어둠이 깔리기 시작한 제타숲에는, 다 타고난 모닥불처럼 번뇌가 다한 고요와 그 무엇과도 견줄 수 없는 닐바나의 기쁨 만이 자욱하다.

햇빛은 사라졌지만 더 밝은 진리의 광명이 황금빛으로 제타숲을 비추기 시작했다. 세존의 등 뒤에서 자금색紫金色의 신광이 비추고 카샤파를 비롯한 장로들의 머리에는 해무리 같은 황금빛 두광頭光이 은은하게 비춘다.
  죽 늘어앉아 있던 젊은 성문聲聞들은 이 놀라운 광경을 보고 자신도 모르는 사이에 눈시울을 적시며 합장하고 우러른다. 그리고 일제히 입을 모아 찬탄한다.

  허공에 부는 바람처럼 걸림없고 가없는 석가 세존.
  바다보다 넓은 대자비로 무량한 묘법 보이시고
  바른 법 널리 설하시어 지혜와 복덕 베푸시니
  보름달이 밤길 비추듯이 시방을 고루 비추시네.

  게으르고 방일하여 탐욕의 불길 악업 짓고
  끝없이 육도 윤회하는 어리석고 둔한 중생들
  가뭄에 단비 만나듯이 감로로 받아 마음을 닦아
  억겁의 죄업 참회하고 세존 곁에 다가가네.

  밤 하늘의 별이 반짝이듯 불국토의 칠보 빛나듯이
  여래의 묘법 빛이 되어 어두운 사바를 비추시니
  산골짝에 부는 바람처럼 타오르는 불길 식혀 주는
  석가여래 은덕 그늘에서 한없는 복덕 누리리라.
                        〈교성곡「사바의 바다」중에서〉

맺는말

태

맺는말

　《아함경》에서 설하신 천오백에 가까운 가르침 중에서 겨우 백 남짓 되는 경을 임의로 뽑아 세존의 육성을 듣는 마음으로 살펴보았다.

　그러나 아무리 많은 경을 독송해도 그 내용을 이해하지 못하면 헛일이며, 또 이해했더라도 그 가르침대로 실천하지 못하면 이 또한 아무 의의가 없는 가르침이 되고 말 것이다. 이해한 만큼 실천하는 것이 중요한 것이다.

　흔히 비유하기를, 〈무연無緣 중생은 부처도 구제 못한다〉고 한다. 세존의 가르침이 아무리 좋다고 해도 인연이 닿지 않으면 전혀 무관한 것이다. 그래서 이런 비유도 한다. 〈말을 물가로 끌고 갈 수는 있어도 그 말에게 물을 먹일 수는없다〉고. 물을 마시고 안 마시고는 그 말에 달렸기 때문이다. 아무리 귀한 진수성찬도 먹을 생각이 없으면 역시 그림의 떡이다.

그렇다. 단 한 구절, 단 한 마디의 가르침이라도 나 자신이 감동을 느끼고 실천할 때 그 가르침의 효용이 나타나는 것이지 실천하지 않는다면 박물관에 있는 골동품에 지나지 않는다.

세존의 가르침을 바르게 듣고 바르게 읽고 이해하면 누구나 깊은 감동과 무한한 환희를 느끼게 된다. 그래서 세존의 가르침을 되도록이면 정확하고 이해하기 쉽게 전하고자 딴에는 노력을 했지만 워낙 무딘 필력이라 생각처럼 되지 않아서 송구하기 짝이 없다.

이 책을 읽고 세존의 가르침 중에서 단 한 가지라도 기억하고 실천하는 이가 있다면 그것으로 보람을 삼고자 한다. 하지만 독자께서 아무 감흥도 느끼지 못했다면 이는 전적으로 필자의 책임이라는 것을 밝혀둔다.

아울러 보다 많은 분이 세존의 자비와 가르침을 가슴으로 느끼고 일상 생활을 하는데 조금이라도 의지가 되기를 충심으로 바라는 바이다.

이제 《아함경》 중의 가르침 몇 가지를 더 소개하는 것으로 끝을 맺고자 한다.

하늘 사람이 게송으로 말하였다.
『어떤 사람은 방일하고
　또 어리석지만 나쁜 지혜 떠나니
　선정禪定을 닦고 방일하지 않으면
　모든 번뇌에서 빨리 떠나리.』

세존께서 게송으로 대답하시었다.
『이 세상의 가지가지 일들
 그것이 다 탐욕은 아니다.
 멋대로 날뛰는 가지가지 생각
 그것이 사람의 탐욕이다.

 이 세상의 가지가지 일은
 이 세상에 언제나 있는 것.
 항상 지혜로 선정 닦으면
 애욕은 아주 소멸한다.

 믿음은 사람의 좋은 벗이니
 믿지 않으면 저 강을 건너지 못하리
 믿음은 그 이름을 더욱 빛내주고
 명을 마치면 좋은 데 나게 되리.

 몸은 허망한 것이라 생각하라.
 이름과 색깔名色은 견고하지 않은 것.
 이 명색에 집착하지 않으면
 오온에서 멀리 떠나게 되리.

 이 진실한 이치를 잘 보고
 내가 해탈한 것처럼 남도 해탈하게 하라.
 이런 지혜로 말미암아

세상은 찬탄하고 공양을 바칠 것이다.

　온갖 잡된 생각을 끊어 버리고
　나고 죽는 흐름을 뛰어 넘으라.
　모든 흐름을 뛰어 넘어야
　비로소 비구라 일컫느니.』
그 하늘 사람이 기뻐하며 예배하고 물러갔다.

種種經 : 48-1286

세존께서 게송으로 대답하시었다.
『깨끗이 믿고 즐거워하는 마음
　그것이 선비의 훌륭한 재물이며
　바른 법 닦아 행하면
　안락한 결과가 있으리니.

　참된 진리, 미묘한 말씀
　그것이 맛 중의 최상이며
　성인聖人이 지닌 지혜의 목숨
　그것이 목숨 중의 제일이다.』
하늘 사람이 다시 게송으로 아뢰었다.
『내 모처럼 성인 중의 성인을 뵈었네.
　온전한 반열반 얻고
　일체의 두려움 이미 사라져
　이 세상의 모든 집착 뛰어넘었네.』

하늘 사람이 기뻐하며 예배하고 떠났다. 信經 : 36-1013

세존께서 비구들에게 말씀하시었다.
『비구들이여.
 내 이제 네 가지 법구法句를 설하고자 한다.
 자세히 듣고 잘 생각하여라.

 여래는 법에 따라 연설하시니 법 아닌 말 없네.
 이것이 첫째고
 자비로운 말씀을 하되 매정한 말은 하지 않느니
 이것이 그 둘째다.

 진실만 말씀하시되 거짓은 말하지 않느니
 이것이 그 셋째고
 선한 말씀하시되 악한 말 안하시니
 이것이 그 넷째다.』
이 때 한 존자가 일어나 합장하고 아뢰었다.
『법에 따라 잘 연설하시니
 자신을 괴롭히지 않고
 또한 남이 두려워하지 않네.
 이것이 법을 잘 연설하는 것일세.

 그 말, 자비로워 듣기 좋으니
 듣는 사람들 기뻐하고

또한 악한 말 하지 않느니
이것이 듣기 좋은 말일세.

진실을 설하시니 이것이 감로수고
진실한 말은 무상無上의 보배
진실한 법을 연설함은
바른 선비의 주장일세.

여래께서 설하시는 법
안락하고 고요한寂靜 열반의 길
일체의 괴로움 없애주네.
이것이 법을 잘 연설하는 것일세.』
여러 비구들이 기뻐하며 받들어 행하였다. 四法句經 : 45-1218

세존께서 게송으로 대답하시었다.
『지혜로운 사람은 계율을 성취하여
 마음을 닦고 지혜를 닦느니
 분별있고 부지런한 비구는
 결박 안에서 결박을 푼다.』
하늘 사람이 게송으로 말했다.
『내 모처럼 성인을 뵈었네.
 반열반般涅槃 이루고
 모든 두려움에서 벗어나
 세상의 집착을 뛰어넘은 이를.』

하늘 사람은 기뻐하며 예배하고 곧 사라졌다.縕結經:22-599

번뇌의 결박에서 벗어나는 것이 범부 중생의 가장 큰 과제다. 앞에서도 보았듯이 모름지기 어둠에서 나와 밝음으로 나아가야 한다. 지금 어둠에 처해 있거든 한시 바삐 밝음으로 나아가고, 지금 밝음에 있거든 더욱 밝은 데로 나아가야 한다.

결박, 이는 바로 내가 지은 우리檻다. 흔히 〈결자해지〉結者解之라고 하지 않던가. 매듭을 지은 사람이 매듭을 풀어야 한다. 매듭을 짓는 것도 나지만 그 매듭에 얽혀 있는 것도 바로 나다. 어서어서 매듭을 풀고 모든 고뇌에서 벗어나 밝음으로 나아가는 일, 이 이상 급한 일은 없다.

세존께서는 범부 중생이 당하는 괴로움을 어떻게 벗어나야 하는지 화살의 비유를 들어 설하시었다. 〈전경〉箭經;17-470이라는 경이다.

어느 때 세존께서 라자그라하의 대나무 동산에 계실 때, 여러 제자들에게 설하시었다.
『어리석고 바른 법을 듣지 못한 범부들은,
  괴롭거나苦 · 즐겁거나樂 · 괴롭지도 즐겁지도 않은捨受 느낌을 안다.
  또 바른 법을 들은 거룩한 제자들도 역시 괴롭거나 · 즐겁거나 · 괴롭지도 즐겁지도 않은 느낌을 안다.
  그렇다면 어리석은 범부와

맺는말 • 359

거룩한 제자는 무엇이 다른가.』
제자들이 아뢰었다.
『세존이시여. 법의 근본이시며 법의 눈이시며 법의 의지처 이신 세존께서 설해 주십시오. 모든 비구들이 듣고 받들어 행할 것입니다.』
『비구들이여. 잘 듣거라.
어리석고 바른 법을 듣지 못한 범부들은, 밖의 경계에 부딪쳐 몸으로 갖가지 느낌을 받으면 그 고통이 다시 마음의 고통을 더하여 마침내 목숨까지 잃게 된다. 그래서 근심하고 슬퍼하며 눈물을 흘리고 원망하며 부르짖는다.
비유하자면 두 개의 독한 화살을 맞으면 지극히 고통스러운 것처럼 몸의 느낌이 마음의 느낌이 되어 두 가지로 자라게 되어 크게 고통을 당한다.
이는 무슨 까닭인가.
어리석고 바른 법을 듣지 못한 범부들은 밝게 알지 못하기 때문에, 5욕의 즐거움을 느끼면 그 즐거움에 휘말리게 되기 때문이다. 괴로움을 느끼면 곧 성을 내고, 성을 내기 때문에 괴로움의 고통에 휘말리게 된다.
이 두 가지 느낌에 대한 고·집·멸·도를 모르고 그 맛·근심·떠남을 참답게 알지 못하기 때문에 어리석음에 휘말리게 된다.
그래서 즐거움에 매여 벗어나지 못하고, 괴로움에 매여 끝내 벗어나지 못하고 괴롭지도 즐겁지도 않은 느낌에 매여 역시 벗어나지 못한다.

매인다는 것은 무슨 뜻인가. 탐욕·성냄·어리석음에 집착하고, 생·노·병·사에 집착하고 근심·슬픔·고통·번뇌에 휘말리는 것을 말한다.

바른 법을 들은 거룩한 제자들은 괴로움을 느끼고 큰 고통이 닥치어 목숨을 잃게 되더라도 몸으로만 느낄 뿐 마음은 괴로움을 느끼지 않는다. 비유하자면 첫번째 독화살은 맞지만 두번째 독화살은 맞지 않는 것처럼.

혹 즐거움을 느끼더라도 탐욕의 즐거움에 물들지 않고, 탐욕에 물들지 않기 때문에 즐거움에 휘말리지 않는다. 또 괴로움을 느끼더라도 성을 내지 않고, 성을 내지 않기 때문에 괴로움에 휘말리지 않는다.

이 두 느낌에 휘말리지 않고 고·집·멸·도를 알고 그 맛·근심·떠남을 잘 알기 때문에 어리석음에 휘말리지 않는다.

이처럼 괴로움에 매이지 않고 즐거움에 매이지 않고 즐겁지도 괴롭지도 않은 느낌에 매이지 않는다.

무엇에 매이지 않는가. 이른바 탐욕·성냄·어리석음에 집착하지 않고 생·노·병·사와 근심·슬픔·고통·고뇌에 매이지 않는다.』

세존께서 다시 게송으로 말씀하시었다.

『바른 법을 들은 거룩한 제자들도
괴로움·즐거움을 똑같이 느끼네.
그들은 차라리 저 무지한 범부들보다
더 많이 느끼고 더 잘 아느니.

즐거움 받더라도 함부로 놀지 않고
괴로움을 당해도 근심하지 않느니
즐거움과 괴로움 둘 함께 떠나서
따르지도 않으며 어기지도 않네.

비구들이여, 부지런히 배우고 익혀
바른 지혜 닦아 휩쓸리지 말라.
이 모든 느낌의 참 모양을
지혜로운 사람은 밝히 아느니.

모든 느낌의 참 모양 잘 알기에
현세에서는 모든 번뇌 다하고
죽은 뒤에는 다시 수數에 떨어지지 않느니
영원히 반열반에 머물게 되리라.』
모든 비구들이 기뻐하며 받들어 행하였다.

   어리석으면 이래저래 고통을 받게 된다. 일상 생활에서도 마찬가지다. 무지하고 가난한 사람들이 오히려 이중 삼중으로 어려움을 겪고 또 고통을 당하며 악한 사람들에게 당하기도 하지 않던가.
   세존의 가르침을 부지런히 배우고 익히고 열심히 닦아 지혜를 키우면 세존의 말씀처럼 이 생에서나 저 생에서나 다 안락하게 복덕을 누리게 될 것이다.
   모든 분이 저 언덕에 이르러 안락하기를 기원한다.

반영규 님은 서울 태생으로 현재 불교문서포교회 자비의 소리 대표이며, 젊은 푸루나들 모임의 대표회장, 재단법인 대원정사 이사 및 출판부 주간, 불교음악연구회 회장 등을 역임했다.

저서로는 〈자비의 소리〉, 〈나무 석가모니불―부처님 일대기〉, 〈법화경 30일 공부〉, 희곡집 〈아자타사투왕〉 등이 있고, 역서에는 〈불교의 상식〉, 〈새로운 마음의 불교〉, 〈붓다―그 생애와 가르침〉 등이 있다.

한편 교성곡 〈불밭에 피는 꽃―찬! 지장보살 / 김희경 작곡〉, 〈사바의 바다 / 김동환 작곡〉, 불교노래 〈무상계 / 박범훈 작곡〉 외 100여 곡의 노랫말을 지었다.

솔바람 경전 시리즈 4
아함경으로 배우는 불교

지은이 | 반영규
펴낸이 | 이동출
펴낸곳 | 도서출판 솔바람

초판 1쇄 발행 | 1998년 9월 15일
초판 5쇄 발행 | 2014년 8월 25일

등록 | 1989년 7월 4일(제5-191호)
주소 | 서울특별시 종로구 삼봉로 81 두산위브파빌리온 504호
전화 | (02)720-0824
전송 | (02)722-8760
이메일 | sulpub@nate.com

＊인지는 저자와의 협의하에 생략합니다.
＊잘못된 책은 바꿔드립니다.
ISBN 978-89-85760-77-5 03220